MacPraxis

D1703987

Der Mac im Netzwerk

Ronald Puhle

DATA BECKER

Copyright	© DATA BECKER GmbH & Co. KG
	Merowingerstr. 30
	40223 Düsseldorf
E-Mail	buch@databecker.de
Reihenkonzeption	Hans-Peter Kusserow
Produktmanagement	Hans-Peter Kusserow
Textmanagement	Jutta Brunemann
Layout	Jana Scheve
Umschlaggestaltung	Inhouse-Agentur DATA BECKER
Textbearbeitung und Gestaltung	Udo Bretschneider
Produktionsleitung	Claudia Lötschert
Druck	Media-Print, Paderborn

ISBN 978-3-8158-2940-0

Wichtiger Hinweis

Die in diesem Buch wiedergegebenen Verfahren und Programme werden ohne Rücksicht auf die Patentlage mitgeteilt. Sie sind für Amateur- und Lehrzwecke bestimmt.

Alle technischen Angaben und Programme in diesem Buch wurden vom Autor mit größter Sorgfalt erarbeitet bzw. zusammengestellt und unter Einschaltung wirksamer Kontrollmaßnahmen reproduziert. Trotzdem sind Fehler nicht ganz auszuschließen. DATA BECKER sieht sich deshalb gezwungen, darauf hinzuweisen, dass weder eine Garantie noch die juristische Verantwortung oder irgendeine Haftung für Folgen, die auf fehlerhafte Angaben zurückgehen, übernommen werden kann. Für die Mitteilung eventueller Fehler ist der Autor jederzeit dankbar.

Wir weisen darauf hin, dass die im Buch verwendeten Soft- und Hardwarebezeichnungen und Markennamen der jeweiligen Firmen im Allgemeinen warenzeichen-, marken- oder patentrechtlichem Schutz unterliegen.

Vorwort

Der Neukauf eines Computers wirft viele Fragen auf. Liebäugeln Sie gar mit einem Mac, kommt ein weiterer Schwung Fragezeichen hinzu. Es beginnt bei den Programmen, die für die tägliche Arbeit und das andere Betriebssystem benötigt werden, und gipfelt in der Frage nach der Kompatibilität und dem Austausch von Daten mit der Windows-Welt. Die Antworten, oftmals von Unkundigen gegeben, reflektieren viele Mythen und Unwahrheiten. Mit der Einführung des UNIX-basierten Betriebssystems Mac OS X hat Apple die Weichen gestellt, den Mac trotz aller systembedingten Unterschiede in Sachen Datenkommunikation zum vollwertigen Mitglied im Windows-dominierten Netzwerk zu machen.

Ziel meines Buches ist es, Ihnen zu zeigen, wie einfach sich der Mac in ein gemischtes Netzwerk einbinden lässt und welche Möglichkeiten Sie haben, Daten über Systemgrenzen hinaus auszutauschen. Oftmals sind es nur kleine Fallstricke, die eine große Wirkung nach sich ziehen. Kein Betriebssystem nimmt sich davon aus. Sind die richtigen Systemeinstellungen einmal gewählt und ist das eine oder andere Häkchen an der richtigen Stelle gesetzt, dann steht der Arbeit im Netzwerk nichts mehr im Weg. Ist der Punkt erreicht, werden Sie außerdem schnell feststellen, dass es vielen Programmen, die auf beiden Plattformen zu Hause sind, völlig egal ist, ob die Datei am Windows-PC oder Mac erstellt wurde.

Jedes neue Betriebssystem zieht für den Anwender Veränderungen nach sich. Anpassungen, die beim Vorgänger erforderlich waren, sind beim Nachfolger nicht mehr notwendig oder die Programmierer haben neue Hürden eingebaut. Dem aktuellen Stand folgend, bilden XP Professional und Vista Business bei Windows, die Versionen 10.4 und 10.5 bei Mac OS X die Grundlage für mein gemischtes Heimnetzwerk. Ein DSL-Anschluss übernimmt die Anbindung an das Internet und ein handelsüblicher DSL-Router, über den sich auch drahtlose Netzwerkverbindungen realisieren lassen, wird zum zentralen Kreuzungspunkt.

Genug der Vorrede, lassen Sie mich beginnen.

Inhaltsverzeichnis

1.

Den Mac mit dem Internet verbinden

Der Mac bietet eine Vielzahl von Möglichkeiten, Netzwerke im Allgemeinen und das Internet im Speziellen nutzen zu können. Dazu gehören das in die Jahre gekommene Analogmodem, der kabelgebundene und drahtlose Netzwerkanschluss. Ich möchte mich auf die beiden letztgenannten Adapter konzentrieren und Ihnen zeigen, wie Sie den Mac an das DSL-Modem anschließen oder mit einem drahtlosen Knotenpunkt, dem sogenannten Hotspot verbinden.

Gerade in Bezug auf die drahtlose Kommunikation zwischen Rechner und Internet möchte ich Ihnen zeigen, dass Sie zwar vom Hinterherziehen eines Netzwerkkabels befreit sind, im Interesse der eigenen Sicherheit und Privatsphäre hingegen einiges beachten müssen.

Der Computer gehört heute wie der Kühlschrank, die Mikrowelle oder der Fernseher zur Grundausstattung der meisten Haushalte. Ob Schule, Arbeit oder Hobby, ohne ihn läuft (fast) nichts mehr. Befinden sich gleich mehrere digitale Rechenkünstler im Familienbesitz, stellt sich neben dem Internetzugang zwangsläufig auch die Frage, wie man bequem und ohne ständiges Umstöpseln des USB-Sticks Dateien zwischen den Rechnern tauschen kann. Es muss ein Netzwerk her und alle Rechner, egal ob Windows-PC oder Mac, sollen darin integriert werden.

Damit stellt sich zwangsläufig die Frage, wie ein solches gemischtes lokales Netzwerk aufgebaut wird, alle Rechner und Netzwerkkomponenten miteinander verbunden werden und sie untereinander die gleiche Sprache sprechen. Zum Dreh- und Angelpunkt wird ein Router, der gleich mehrere Aufgaben erledigt. Er ermöglicht allen an das Netzwerk angeschlossenen Computern den Zugriff auf das Internet. Ebenso kümmert sich der Router darum, dass jeder Rechner seinen festen Platz im Heimnetzwerk hat. Wie sonst wollen Sie den Computer eines Familienmitglieds finden, um die Schnappschüsse der letzten Familienfeier auf einer beliebigen Festplatte im Heimnetzwerk abzulegen.

Mobile Rechner werden immer leistungsfähiger und laufen deshalb dem Computer als Standgerät den Rang ab. Was spricht deshalb dagegen, das MacBook unterwegs einzusetzen. Von wechselnden Netzwerkkonfigurationen lassen Sie sich nicht abschrecken. Mac OS X bietet mit den Umgebungen eine einfache und praktikable Lösung. Einmal eingerichtet, rufen Sie die Einstellungen für einen speziellen Netzwerkzugang mit zwei Mausklicks auf. Wie Sie Netzwerkumgebungen einrichten können, erfahren Sie am Ende des Kapitels.

1.1 Den Mac per DSL mit dem Internet verbinden

Das Internet als Kommunikations- und Informationsplattform hat sich in den letzten Jahren etabliert und viele Dinge des täglichen Lebens lassen sich mittlerweile kaum noch anders als über eine Verbindung zum weltweiten Datennetzwerk bewerkstelligen. Die Öffnung des Bereichs Telekommunikation für Mitbewerber hat nicht nur ein Staatsunternehmen nachhaltig auf Trab gebracht, auch die Preise und sogenannte Flatrate-Angebote machen den Internetzugang quasi zur Standardausrüstung in vielen Haushalten. Dabei nicht außer Acht gelassen werden darf die sprunghafte Entwicklung der Heimcomputer.

Im ständigen Preissturz begriffen, tummeln sich heute mehrere Prozessorkerne in einem Chipgehäuse, die Größe der Festplatten kratzt an der TByte-Grenze und ein GByte Arbeitsspeicher stellt die unterste Grenze des Zumutbaren dar. So bleibt es nicht aus, dass in einem personell durchschnittlich ausgestatteten Haushalt mehrere Computer ihr Zuhause haben.

Ungeachtet der Möglichkeit, einen Rechner auch drahtlos mit dem Internet zu verbinden, liegt der kabelgebundene Zugang noch immer hoch im Kurs. Die Telefondose oder ein zugangstauglicher Kabelanschluss markiert den Übergang von der realen zur virtuellen Welt. Während beim rückkanalfähigen TV-Anschluss spezielle Kabelmodems zum Einsatz kommen, die keine Konfiguration durch den Kunden erforderlich machen, muss der Computer für eine DSL-Verbindung extra präpariert werden. Die Ursache hierfür wird uns im Laufe des Buches immer wieder über den Weg laufen.

So kommt DSL zu Ihnen nach Hause

Bevor Sie Ihren Mac per DSL mit dem Internet verbinden können, sind gewisse Voraussetzungen zu schaffen.

Abgesehen von der Verfügbarkeit müssen zwei Bedingungen für einen DSL-Zugang erfüllt sein. Sie benötigen einen Vertrag bei einem sogenannten Provider (Internetprovider oder Internet Service Provider) und Ihnen wird ein DSL-Modem inklusive Splitter für die Vertragslaufzeit zur Verfügung gestellt. Der Splitter ist eine Frequenzweiche und trennt das Telefonsignal vom DSL-Datenstrom.

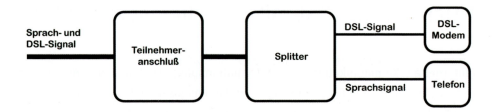

Durch die bereits erwähnten technischen Kunstgriffe sind nicht nur höhere Übertragungsraten als beim klassischen Analogmodem möglich. Sie können außerdem zeitgleich telefonieren und im Internet surfen. Je nach Telefonanbieter können Splitter und DSL-Modem aus einem Gerät bestehen.

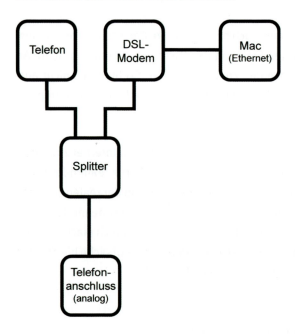

DSL – kurz & knapp erklärt

Wie bereits erwähnt ist DSL ein Übertragungsverfahren in der Telekommunikation, das privaten Haushalten im Vergleich zur analogen Signalübertragung der Sprachtelefonie einen schnellen Internetzugang zur Verfügung stellt. Genau betrachtet steht den meisten Haushalten ADSL zur Verfügung. Das A steht für asymmetrisch. Das heißt, dass das Hochladen (Upstream) und Herunterladen (Downstream) von Daten mit unterschiedlichen Übertragungsgeschwindigkeiten erfolgt. Eine Tabelle soll Ihnen die Unterschiede am Beispiel von T-DSL (Deutsche Telekom AG) verdeutlichen.

Produktname	Downstream	Upstream	Anmerkung
DSL 1000	1.024 KBit/s	128 KBit/s	ADSL
DSL 2000	2.048 KBit/s	192 KBit/s	ADSL
DSL 6000	6.016 KBit/s	576 KBit/s	ADSL
DSL 16000	16.000 KBit/s	1.024 KBit/s	ADSL2+, Weiterentwicklung von ADSL

Quelle: Deutsche Telekom AG, März 2008

So kommen Sie ins Internet

Über die technischen Voraussetzungen habe ich bereits geschrieben, ebenso über den notwendigen Zugang zu einem Internetprovider (ISP). Mit dem Vertragsabschluss erhalten Sie alle notwendigen Zugangsdaten. Dazu gehören ein eher kryptisch anmutender Benutzername sowie das persönliche Kennwort.

Einige Internetprovider bieten für das Betriebssystem Windows mehr oder minder kleine Programme an. Sie konfigurieren die Netzwerkeinstellungen so weit, dass der Anwender ohne zusätzlichen Aufwand schnell eine Internetverbindung herstellen kann. Das Vernachlässigen der Mac-Anwender soll uns in den weiteren Schritten nicht davon abhalten, den Mac erfolgreich mit dem Internet zu verbinden.

In Deutschland wird zum Aufbau der Internetverbindung via DSL das PPPoE-Protokoll verwendet. Für Sie ist die Information insoweit wichtig, als Ihnen der Begriff PPPoE an der einen oder anderen Stelle über den Weg läuft. Die Besonderheit bei der Generierung des Account-Namens hat mich dazu bewogen, Ihnen die Netzwerkkonfiguration am Beispiel von T-Online zu demonstrieren.

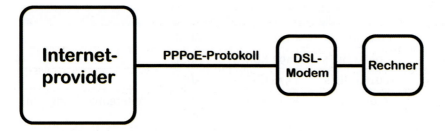

Ich muss den Mac verwalten dürfen

Um Änderungen an der Konfiguration Ihres Macs vornehmen zu können, müssen Sie sich als ein Benutzer anmelden, der den Mac verwalten darf (Administrator). Ungeachtet der Anmeldung als Administrator sind Anpassungen erst möglich, wenn Sie das Schloss-Symbol in der linken unteren Ecke der Systemeinstellungen entsichern. Das Prozedere mag im ersten Moment unverständlich und lästig sein, gehört aber zum Sicherheitskonzept von Mac OS X. Wie Sie Ihren Mac vor Änderungen wichtiger Systemeinstellungen schützen, wird zu einem späteren Zeitpunkt erläutert. Unabhängig von dem Hinweis werde ich an den entsprechenden Stellen immer auf die Eingabe des Kennworts verweisen.

Mac OS X 10.4 mit dem DSL-Anschluss verbinden

Um den Mac mit dem DSL-Modem zu verbinden, benötigen Sie ein sogenanntes Netzwerkkabel, auch Patch- oder Ethernet-Kabel genannt. Es liegt entweder dem Anschlusspaket, das Ihnen der Provider übergeben hat, bei oder kann im Computerfachgeschäft oder Elektromarkt nachgekauft werden. Ist das beiliegende Netzwerkkabel zu kurz, können Sie es problemlos gegen ein längeres Kabel austauschen. Leitungslängen bis zu 20 m, die im Heimgebrauch durchaus vorkommen können, sollten ohne nennenswerte Störungen überbrückbar sein. Trotzdem sollte beim Kauf der Verlängerung nicht zu sehr der Geiz regieren. Es muss zum Schutz vor elektrischen Störsignalen geschirmt ausgeführt sein und aus einer belastbaren Kunststoffummantelung bestehen. Netzwerkkabel werden in zwei Beschaltungsvarianten angeboten: gekreuzt und ungekreuzt. Wenn Sie Ihren Mac direkt mit dem DSL-Modem und später kabelgebunden mit einem DSL- oder WLAN-Router verbinden wollen, wird ein ungekreuztes Netzwerkkabel benötigt. Ich werde später an geeigneter Stelle erläutern, wann Sie ein gekreuztes Verbindungskabel benötigen.

Kurze Wege zwischen Telefonanschluss und DSL-Modem

Sehr oft liegen Telefonanschlussdose und Computerarbeitsplatz räumlich weit ausei-
nander. Sie sollten für die Installation des Splitters und DSL-Modems jene Anschluss-
leitungen verwenden, die der Provider Ihnen mitgeliefert hat. Zum einen handelt es sich
um spezielle Anschlussadapter, zum anderen sind die kurzen Leitungen für einen Sen-
de- und Empfangsbetrieb optimiert. Erst ab dem DSL-Modem sollten Sie längere, han-
delsübliche Datenkabel verwenden.

Abgesehen von den höheren Datenübertragungsraten ist der Aufbau einer Internetverbindung per DSL-Modem mit dem analogen Modem oder der ISDN-Karte identisch.
Starten Sie ein Programm, das den Zugriff zum Internet benötigt (z. B. den Internetbrowser Safari oder das E-Mail-Programm Mail), stellt das DSL-Modem eine Verbindung
zu den Rechnern (Server) des Internetproviders her. Für den Verbindungsaufbau werden die bereits erwähnten Zugangsdaten benötigt. Um sich die Eingabe der Daten bei
jedem erneuten Verbindungsaufbau zu ersparen, hinterlegen Sie sie auf Ihrem Rechner. Besteht kein Bedarf mehr an einer aktiven Internetverbindung, lässt sie sich manuell oder nach einer vorgegebenen Zeit automatisch trennen. Doch bevor Sie den Mac
per Netzwerkkabel mit dem DSL-Modem verbinden, muss seine Netzwerkkonfiguration angepasst werden.

Update-Funktionen der Programme

Nicht nur Applikationen, die wir direkt mit dem Internet in Verbindung bringen, nehmen den Kontakt zum Internet auf. Viele Programme inklusive Mac OS X suchen nach
dem Start automatisch nach Aktualisierungen. Vielleicht wurden Sie sogar beim ersten
Programmstart danach gefragt? Findet die Software eine neue Version auf den Servern
der Programmentwickler, werden Sie darüber informiert und können entscheiden, ob
Sie eine Aktualisierung vornehmen wollen. Zu einem späteren Zeitpunkt stelle ich Ihnen ein Programm vor, das den ausgehenden Datenverkehr Ihres Macs überwacht und
mit dessen Hilfe Sie entscheiden können, ob Sie den Internetzugriff zulassen oder blockieren wollen.

1 Gehen Sie über das Apfel-Symbol der Menüleiste oder das Dock-Symbol *Systemeinstellungen* in die Systemeinstellungen Ihres Macs. Beide Wege führen zum selben Ziel. Die Systemeinstellungen sind die Schaltzentrale in Sachen globaler Konfiguration von Mac OS X. Global bedeutet, dass sie das Betriebssystem in seiner Gesamtheit betreffen. Wenn Sie sich als einfacher Benutzer an Ihrem Mac angemeldet haben, bleibt Ihnen der Zugriff auf einige Einstellungen verwehrt. Anstelle schwarzer Schriftzüge sind sie teiltransparent in Hellgrau sichtbar. Zu den besonders gesicherten Bereichen gehört die Kon-

figuration der Netzwerkadapter (Ethernet, AirPort etc.). Sie können nur von einem Benutzer geändert werden, der den Mac verwalten (Administrator) darf. Ungeachtet der Tatsache, dass Sie sich als Benutzer mit administrativen Befugnissen angemeldet haben, ist die Eingabe des Administratorkennworts über das bereits erwähnte Schloss-Symbol erforderlich.

2 Die Systemeinstellungen unterteilen sich in einzelne Abschnitte. Für Ihr Vorhaben, ein Heimnetzwerk aufzubauen, werden Sie die Bereiche *Hardware, Internet & Netzwerk* sowie *System* gelegentlich anlaufen.

3 Gehen Sie im Bereich *Internet & Netzwerk* zur Auswahl *Netzwerk* und klicken Sie mit dem Mauszeiger auf das Symbol. In der Grundkonfiguration sind die Netzwerkeinstellungen so gewählt, dass sie unter bestimmten Voraussetzungen ein Netzwerk automa-

tisch erkennen (DHCP). Zunächst sind alle netzwerkfähigen Adapter Ihres Macs aktiv (Auswahlmenü *Anzeigen*, Option *Netzwerk-Konfigurationen*).

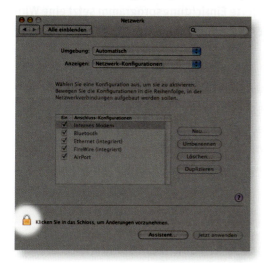

4 Klicken Sie im Fenster *Netzwerk* in der linken unteren Ecke auf das Schloss-Symbol. Wie bereits beschrieben, werden Sie aufgefordert, Ihr Administratorkennwort einzugeben. Nachdem das Passwort eingegeben wurde, ist das Fenster mit dem Button *OK* zu schließen. Jetzt sind alle bisher grau unterlegten Einträge zugänglich und Änderungen an der Konfiguration möglich.

5 Wählen Sie in der Menüauswahl *Anzeigen* den Netzwerkadapter *Ethernet* aus und gehen Sie in dem geöffneten Fenster zum Register *PPPoE*. Hier sind eigentlich nur zwei Angaben notwendig: Ihr Account-Name und das dazugehörige Kennwort. Sie erhalten diese Zugangsdaten vom Internetprovider (ISP) bei Abschluss eines Vertrags.

6 Als Beispiel zur Konfiguration einer PPPoE-Verbindung ins Internet habe ich T-Online gewählt. Wenn Sie sich für einen Internetzugang über diesen Provider entschei-

den, schickt Ihnen das Unternehmen Zugangsdaten, die aus vier Teilen bestehen: die Anschlusskennung, T-Online- und Mitbenutzernummer sowie das persönliche Kennwort. Das auf der beiliegenden CD mitgelieferte Einrichtungsprogramm setzt eine Windows-Installation voraus. Angaben zu Mac OS X hält das Unternehmen im Bereich *Service* auf seiner Internetseite bereit.

Um sich den eigenen Account-Namen zusammenzubasteln, beginnen Sie in dem entsprechenden Eingabefeld mit der Anschlusskennung, gefolgt von der T-Online- und Mitbenutzernummer. Die Zahlen sind ohne Leerzeichen hintereinander weg zu schreiben. Die Zahlenkolonne ist mit einem *@t-online.de* abzuschließen. Das Zugangspasswort übernehmen Sie so ins Eingabefeld *Kennwort*, wie es Ihnen T-Online mitgeteilt hat.

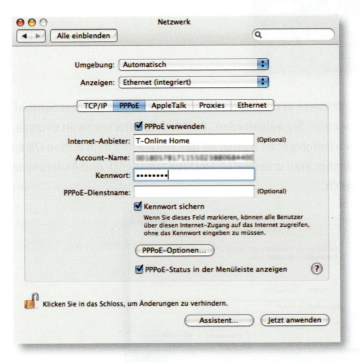

So generieren Sie Ihren Account-Namen bei T-Online

Der Account-Name bei T-Online setzt sich aus der Anschlusskennung *a*, der T-Online-Nummer *b* und der Mitbenutzernummer *c*, gefolgt von *@t-online.de* zusammen: *aaaaaaaaaaaa-abbbbbbbbbbbbbcccc@t-online.de*. Besteht Ihre T-Online-Nummer aus weniger als zwölf Zeichen, fügen Sie zwischen T-Online-Nummer *b* und Mitbenutzernummer *c* eine Raute (#) ein.

Mit dem Eintrag des Account-
Namens und des Kennworts
ist Mac OS X 10.4 so konfiguriert, dass Ihr Mac mit dem
DSL-Modem verbunden und
eine Internetverbindung aufgebaut werden kann.

Praktisch – Netzwerkstatus in der Menüleiste

Bevor Sie die Netzwerkkonfiguration schließen, möchte ich Sie auf ein paar praktische
Optionen hinweisen. Da wäre zum Beispiel das Einblenden des PPPoE-Status in der
Menüleiste. Die kleine Erweiterung der Menüleiste zeigt Ihnen nicht nur, wie es die
Beschreibung schon vermuten lässt, den aktuellen Zustand der PPPoE-Verbindung an.
Über das Symbol lässt sich die Verbindung zum Internet auch manuell starten bzw. beenden. Weitere Optionen, die vor allem die Verbindung zum Internet betreffen, blen-
den Sie mit einem Mausklick auf den Button *PPPoE-Optionen* ein. In den nun vor Ihnen
liegenden Einstellungen lässt sich das Verhalten von Mac OS X bei einer Anforderung
an das Internet und bestehender Netzwerkverbindung steuern.

Soll Ihr Mac automatisch eine Internetverbindung herstellen, wenn
eine Applikation die Anforderung
stellt, dann ist die Option *Bei Bedarf automatisch verbinden* zu aktivieren. Das Nachfragen zur Auf-
rechterhaltung einer bestehenden
Internetverbindung kann sich zur

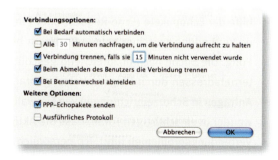

echten Nervensäge entwickeln, wird das Intervall sehr kurz gewählt. Zu empfehlen ist

deshalb, erst die Verbindung automatisch trennen zu lassen, wenn die Internetverbindung für eine gewisse Zeit nicht genutzt wird.

Internetverbindung bei schnellem Benutzerwechsel halten

Mac OS X ist ein Mehrbenutzer-Betriebssystem. Jeder Benutzer muss sich am Mac an- bzw. abmelden. Teilen sich mehrere Benutzer den Mac, bedeutet ein Benutzerwechsel, dass alle aktiven Applikationen geschlossen werden. Nicht so beim schnellen Benutzerwechsel (siehe *Systemeinstellungen/Benutzer/Anmeldeoptionen*). Wird der schnelle Benutzerwechsel genutzt, bleiben der Benutzer-Account aktiv und alle verwendeten Programme geöffnet. Deaktivieren Sie die Option *Bei Benutzerwechsel abmelden*, wird eine bestehende Internetverbindung nicht getrennt. Das ist vor allem dann sinnvoll, wenn Mac OS X während Ihrer kurzzeitigen Abwesenheit einen Download fortsetzen oder weiterhin E-Mails abrufen soll.

Alle notwendigen Einstellungen sind vorgenommen. Bevor Sie einen ersten Verbindungsaufbau wagen können, müssen Sie mit dem Mauszeiger auf den Button *Jetzt anwenden* klicken. Nach kurzer Zeit ist der Ethernet-Anschluss einsatzbereit. Schließen Sie die Systemeinstellungen.

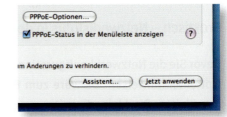

Wozu werden Echopakete gesendet?

Sicherlich haben Sie in den PPPoE-Optionen den Eintrag *Echopakete senden* entdeckt. Was verbirgt sich hinter der Option und muss sie wirklich aktiviert sein? Wenn Sie mit Ihrem Mac (Client) eine Verbindung zum Internetprovider (Server) aufbauen, wird mithilfe der Echopakete (Echo-Request oder Ping) in zeitlichen Abständen geprüft, ob eine Verbindung zwischen beiden Rechnern besteht. Als Antwort folgt das sogenannte Pong. Die Suche nach unzureichend geschützten Rechnern hat das Abklopfen von Internetadressen durch Pings in Verruf gebracht. Oft lassen sich Antworten auf solche Anfragen in Schutzeinrichtungen wie Firewalls sogar abschalten. Ebenso berichten Anwender in einschlägigen Foren, dass die Aktivierung des Sendens von Echopaketen zu Verbindungsproblemen führt. Ich persönlich tendiere eher zum Abschalten der Option *Echopakete senden*.

Eine Internetverbindung herstellen und trennen

1 Bevor Sie den Mac und das DSL-Modem mit einem Netzwerkkabel verbinden, ist darauf zu achten, dass sich das Modem im ausgeschalteten Zustand befindet, da sonst das Gerät beschädigt werden kann. Sind beide Geräte über ein Netzwerkkabel miteinander verbunden, schalten Sie das DSL-Modem an. Es durchläuft eine Initialisierungsroutine, die am unterschiedlichen Blinken der Leuchtdioden zu erkennen ist. Erkundigen Sie sich bereits im Vorfeld anhand des Handbuches, welche Kombination der Leuchtdioden die Betriebsbereitschaft signalisiert.

2 Ist die Initialisierung des DSL-Modems abgeschlossen, kann eine Verbindung zum Internet hergestellt werden. Haben Sie die Option *Bei Bedarf automatisch verbinden* aktiviert, starten Sie den Internetbrowser, das E-Mail-Programm oder eine andere Anwendung, die eine Verbindung zum In-

ternet erfordert. Alternativ klicken Sie auf das Statussymbol für PPPoE-Verbindungen in der Menüleiste und wählen den Eintrag *Verbinden*. Voraussetzung ist natürlich, dass von Ihnen das Einblenden der Statusanzeige in der Netzwerkkonfiguration aktiviert wurde. Dasselbe Symbol können Sie benutzen, um die bestehende Internetverbindung zu trennen.

Mac OS X 10.5 mit dem DSL-Modem verbinden

In Mac OS X 10.5 hat Apple die Netzwerkeinstellungen überarbeitet. An der eigentlichen Konfiguration des Ethernet-Adapters für eine PPPoE-Verbindung hat sich wenig geändert.

1 Der Weg führt wieder in die Systemeinstellungen und zur Auswahl *Netzwerk*. Um die Einstellungen vornehmen zu können, müssen Sie auch hier über die Rechte verfügen, den Mac verwalten zu können. Wie gewohnt folgt nach dem Mausklick

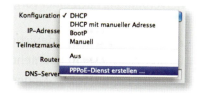

auf das Schloss-Symbol die Abfrage des Administratorkennworts. In Mac OS X 10.5 beinhaltet die Auswahl *Konfiguration* eine Option *PPPoE-Dienst erstellen*.

2 Wählen Sie den Eintrag aus, öffnet sich ein Fenster, in dem Ihre
persönlichen Zugangsdaten einzugeben sind. Tragen Sie hier den
vom Provider vergebenen Account-
Namen und Ihr persönliches Kennwort ein. Wie in der Vorgängerversion besteht auch hier die Möglichkeit, das Symbol des PPPoE-Status

in der Menüleiste einzublenden. Neben der Überwachung des Verbindungsstatus lässt
sich der Internetzugang hierüber ebenso manuell aufbauen und trennen. Ich kann Sie
nur animieren, diese hilfreiche Option zu aktivieren.

3 Alle weiteren Netzwerkeinstellungen verbergen sich hinter dem
Button *Weitere Optionen*. In der
Regel sind hier keine weiteren
Anpassungen erforderlich. Alle
erforderlichen Einstellungen bezieht der Mac automatisch beim

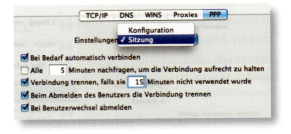

Verbindungsaufbau vom Provider (Register *TCP/IP*, Voreinstellung *DHCP*).

Wie bei der PPPoE-Konfiguration unter Mac OS X 10.4 lohnt sich ein Blick in die Optionen, die den Verbindungsaufbau und das Trennen der bestehenden Internetverbindung betreffen. Wechseln Sie zum Register *PPP*. Hier werden die Einstellungen *Sitzung* und *Konfiguration* angeboten. Letztgenannte Auswahl betrifft unter anderem das
Versenden von Echopaketen. Die Auswahl *Sitzung* erlaubt Anpassungen zum automatischen Verbindungsaufbau und mein bevorzugtes Beenden einer bestehenden Internetverbindung nach einer vorgegebenen Zeit der Inaktivität.

4 Haben Sie die erforderlichen Einstellungen vorgenommen und sind alle Optionsfenster geschlossen, übernehmen Sie die Änderungen mit *Anwenden*. Verbinden Sie
das ausgeschaltete DSL-Modem und den Mac mit einem Netzwerkkabel. Aktivieren Sie
das DSL-Modem und warten Sie die Initialisierung ab. Danach sollte dem ersten Gang
ins Internet nichts mehr im Wege stehen.

1.2 Den Mac drahtlos mit dem Internet verbinden

Einen Rechner, egal ob mit Apfel-Symbol oder wehendem Fenster, drahtlos mit dem Internet zu verbinden, klingt einfach. Zumindest in der Theorie. Ohne eine widerborstige Ethernet-Leitung quer durch die Wohnung legen zu müssen, ist das begehrte Funksignal in jedem Winkel der häuslichen vier Wände oder von unterwegs abrufbar. Gleich mehrere Möglichkeiten einer drahtlosen Verbindung tun sich für den Anwender auf. Was sagt die Praxis?

Drahtlos ins Mobilfunknetz

Eine Vielzahl von Mobiltelefonen besitzt einen Bluetooth-Adapter und ist GPRS-fähig. Daraus lässt sich die Möglichkeit ableiten, den Mac und das Handy per Bluetooth zu verbinden und das Handy kurzerhand in ein Modem umzuwandeln. Voraussetzung ist, dass Ihnen der Mobilfunkanbieter diesen Dienst bereitstellt. Unter quasi idealen Bedingungen lassen sich im GSM-Netz Übertragungsgeschwindigkeiten erzielen, die über das Niveau des analogen Telefonmodems nicht hinausgehen (55,6 KBit/s). Der Mobilfunkstandard UMTS, Nachfolger von GSM, soll dagegen Transferraten bis zu 384 KBits/s ermöglichen. Ein Vorteil dieser Art der drahtlosen Netzwerkkommunikation ist die fast flächendeckende Verfügbarkeit des Mobilfunknetzes. Das ist vor allem für jene Mac-Anwender interessant, die viel unterwegs sind und keine großen Datenmengen abrufen müssen.

> **Die Mobilfunkstandards GSM und UMTS**
>
> GSM (**G**lobal **S**ystem for **M**obile Communications) und UMTS (**U**niversal **M**obile **T**elecommunications **S**ystem) sind aktuelle Mobilfunkstandards. Die Funksignale zwischen dem Mobilfunktelefon und der Funkzelle werden als digitaler Datenstrom übertragen. In Deutschland basieren die sogenannten D- und E-Funknetze auf dem GSM-Standard. Für reine Datenverbindungen zwischen Mobilfunkgeräten kommen spezielle Übertragungsverfahren zum Einsatz. In einem GSM-Funknetz sind es überwiegend der **Gene**ral **P**acket **R**adio **S**ervice (GPRS) sowie die Weiterentwicklung EDGE (**E**nhanced **D**ata Rates for **GSM** Evolution). Im Funknetz nach dem UMTS-Standard setzen die Mobilfunkanbieter auf das HSDPA-Verfahren (**H**igh **S**peed **D**ownlink **P**acket **A**ccess), das um ein Vielfaches schneller ist.

Wie beim DSL-Anschluss werden die Daten über den Bluetooth-Adapter asymmetrisch übertragen. Das heißt, die Übertragungsgeschwindigkeit beim Hoch- und Herunterladen der Daten unterscheidet sich (Download maximal 706,25 KBit/s, Upload maximal 57,6 KBit/s).

Zwar schöpfen GSM und UTMS die theoretisch erreichbaren Transferraten via Bluetooth der ersten Generation nicht vollends aus, doch jeder zusätzliche Netzwerkadapter in der Übertragungsstrecke vom Mac zum Funknetz entwickelt sich zum Flaschenhals. Für mobile Vielsurfer ist deshalb die Überlegung lohnenswert, das PowerBook oder MacBook Pro mit einer mobilfunktauglichen PC- oder ExpressCard, dem Nachfolger der PC-Card, auszustatten. Mobile Macs ohne den zusätzlichen Steckplatz können auf eine Variante zurückgreifen, die mit einem freien USB-Steckplatz verbunden werden kann.

Einen Mobilfunkadapter am Mac einrichten

Die im Vergleich zum WLAN höhere Verbreitung und Verfügbarkeit der Mobilfunknetze hat mich dazu veranlasst, der Installation und dem Einrichten eines UMTS-Adapters einen eigenen Abschnitt zu widmen.

Die dafür notwendige Soft- und Hardware Mobile Connect wurde mir freundlicherweise von der Firma Vodafone (*www.vodafone.de*) zur Verfügung gestellt. Das Mobilfunkunternehmen bietet für Mac OS X eine ExpressCard- und USB-Lösung an.

Bis auf das unterschiedliche Einsetzen der SIM-Karte und den Zusammenbau des UMTS-Modems bei der ExpressCard-Lösung weichen die Schritte nicht voneinander ab. Abgesehen von der Wahl der Schnittstelle ist es von der Softwarekonfiguration her egal, wie Sie den Mac mit einem Mobilfunknetz verbinden.

1 Bevor die Hardware mit dem Mac verbunden werden kann, muss zunächst ein Programm installiert und anschließend der Rechner neu gestartet werden. Legen Sie die beiliegende CD ein und öffnen Sie den Ordner *Mac*. In ihm befindet sich das Disk Image *VodafoneMCInstaller*. Doppelklicken Sie auf das Disk Image. Nach dem Mounten haben Sie Zugriff auf das Installationsprogramm VodafoneMCInstaller.app. Die Anwendung ist mit einen Doppelklick zu starten. Anschließend werden Sie aufgefordert, das Administratorkennwort einzugeben.

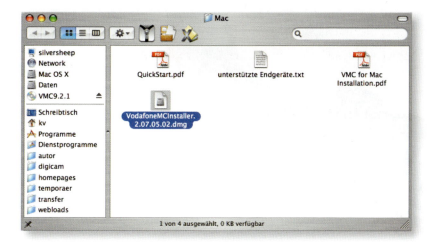

2 Bei der Installation müssen keine Besonderheiten beachtet werden. Das Installationsprogramm kopiert alle Daten auf die Festplatte und fordert nach dem erfolgreichen Abschluss zum Neustart auf. Klicken Sie deshalb mit dem Mauszeiger auf den Button *Neustart.*

3 Während des Neustarts können Sie die SIM-Karte in den jeweiligen UMTS-Adapter einsetzen. Bei der ExpressCard-Lösung ist außerdem der Kartenadapter an den Steckkontakten von der Transportsicherung zu befreien. Setzen Sie anschließend den ExpressCard-Adapter und das UMTS-Modem zur einsatzfähigen UMTS-ExpressCard zusammen.

Einstecken der SIM-Karte in den UMTS-USB-Adapter.

Einstecken der SIM-Karte in den UMTS-Adapter.

Entfernen der Schutzkappe am ExpressCard-Adapter.

Einstecken des UMTS-Moduls in den ExpressCard-Adapter.

4 Nachdem der Neustart ausgeführt und die UMTS-ExpressCard bzw. das UMTS-USB-Modem vorbereitet ist, kann der jeweilige Adapter an den Mac angeschlossen werden. Halten Sie für die Einrichtung des Verbindungsprogramms die sogenannte PIN der SIM-Karte bereit. Sie wird nach dem Programmstart und der Initialisierung des UMTS-Adapters abgefragt. Starten Sie das Programm Vodafone Mobile Connect.app im Programmordner *Vodafone Mobile Connect* und geben Sie die PIN ein.

Einstecken der ExpressCard und der USB-Stick-Lösung.

5 Im Anschluss daran beginnt das Einrichtungsprogramm mit der Suche nach einer zur Verfügung

stehenden Mobilfunkverbindung. Die aktive Option *Bester verfügbarer Dienst – UMTS Breitband/UMTS/GPRS* wählt dabei automatisch den schnellsten Verbindungstyp aus. Welcher letztendlich verfügbar ist, zeigt das Programm Vodafone Mobile Connect in der Zeile *Signalstärke* an. Hier steht *2G* für den langsameren GPRS-Dienst und *3G* für das schnellere UMTS. Klicken Sie abschließend auf den Button *Aktivieren* und geben Sie zum Einrichten der Konfiguration das Administratorkennwort ein.

Nach dem Neustart und Ruhezustand

Wenn sich Ihr Mac im Ruhezustand befand oder neu gestartet wurde, ist der beschriebene Vorgang zu wiederholen. Sie erkennen die Betriebsbereitschaft des UMTS-Modems an den farbigen Leuchtdioden des Mobilfunkadapters. Meist signalisieren rote Leuchtdioden, dass der Adapter mithilfe von Vodafone Mobile Connect aktiviert werden muss. Eine blaue Leuchtdiode zeigt beim UMTS-ExpressCard-Adapter die Betriebsbereitschaft an.

6 Der nächste Schritt unterscheidet sich je nach der Mac OS X-Version, die auf Ihrem Rechner installiert ist. In Mac OS X 10.4 müssen Sie das Programm Internet-Verbindung.app starten. Um zukünftig die Verbindung über die Menüleiste starten zu können, wählen Sie das Register des UMTS-Modems aus und aktivieren die Option *Modem-Status in der Menüleiste anzeigen*. Alle anderen Einstellungen sind vorgegeben und bedürfen keiner weiteren Überarbeitung. Anschließend kann das Programm geschlossen werden.

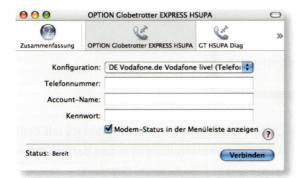

7 Gehen Sie danach in der Menüleiste zum Statussymbol der Internetverbindung. Hier sollte der mit Vodafone Mobile Connect eingerichtete Dienst aufgeführt sein. Um eine Mobilfunkverbindung herzustellen, wählen Sie die Option *Verbinden* aus.

Hilfe bei Verbindungsproblemen

Gelegentlich erwies sich der UMTS-ExpressCard-Adapter als widerspenstig. Sei es bei der Aktivierung nach einem Neustart oder was die richtige Position der SIM-Karte betrifft. Im letztgenannten Fall müssen Sie gut darauf achten, dass die Miniatur-Chipkarte richtig und bis zum Anschlag eingesetzt wird.

Wenn die Aktivierung der UMTS-ExpressCard nach dem Neustart fehlschlägt, beenden Sie das Programm Vodafone Mobile Connect und entfernen anschließend das UMTS-Modem aus dem ExpressCard-Adapter des Macs. Nach ein paar Sekunden setzen Sie es wieder ein und starten das Programm erneut.

8 Um die Verbindung zum Mobilfunknetz zu unterbrechen, gehen Sie wieder zum Statussymbol der Internetverbindung und wählen die Option *Trennen* aus.

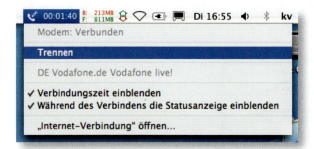

9 Unter Mac OS X 10.5 gehen Sie nach der Aktivierung des UMTS-Adapters mit dem Programm Vodafone Mobile Connect in den Systemeinstellungen in den Bereich *Internet & Netzwerk* und klicken mit dem Mauszeiger auf die Auswahl *Netzwerk*.

In der linken Liste aller zur Verfügung stehenden Netzwerkadapter ist der entsprechende UMTS-Adapter auszuwählen. Soll die Verbindung zum Mobilfunk ständig an Ihrem mobilen Mac genutzt werden, können Sie die Option *Bei Bedarf automatisch verbinden* aktivieren.

Ansonsten wird die Mobilfunkverbindung beim Mausklick auf den Button *Verbinden* hergestellt. Besteht eine aktive Netzwerkverbindung, beendet der Button *Trennen* diese.

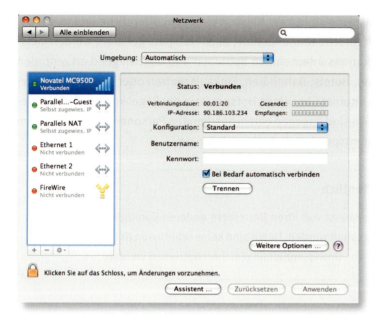

WLAN mobil nutzen

Zwar wird das drahtlose Netzwerk (**W**ireless **L**ocal **A**rea **N**etwork, Wireless LAN oder WLAN) nie mit der Netzabdeckung des Mobilfunks mithalten können, dennoch gewinnt es an Popularität und erfreut sich zunehmender Beliebtheit. WLAN als Internetverbindung am mobilen Mac oder PC nutzen zu wollen, klingt sehr verlockend. Das Wetter lädt zum Café-Besuch ein und dank eines sogenannten Hotspots, dem öffentlichen Internetzugang für drahtlose Datenkommunikation, rufen Sie bei einer Tasse Kaffee Ihre E-Mails ab und erledigen Bankgeschäfte. Anschließend geht es in die Firma. Wie selbstverständlich werden die Ressourcen der Gruppenarbeit drahtlos genutzt. Derart mobil und flexibel, möchten Sie auch zu Hause nicht auf den Komfort verzichten. Drahtlos werden Musik und Filme aus dem Internet geladen. Drei Szenarien, die in den Risiken und Nebenwirkungen nicht unterschiedlicher sein können.

WLAN = Wi-Fi = AirPort?

AirPort ist ein Markenname der Firma Apple, unter dem sie Produkte zur drahtlosen Netzwerkkommunikation vermarktet. AirPort-Produkte benutzen dieselben Standards wie Wi-Fi oder das bekannte Synonym WLAN (IEEE 802.11). Zumindest was die Anbindung an ein drahtloses Netzwerk betrifft, handelt es sich hierbei um ein und dasselbe.

Drahtlose Netzwerke lassen sich in zwei Klassen einteilen: öffentliche und geschlossene Knotenpunkte. Öffentliche Knotenpunkte, auch Hotspots genannt, werden meistens von Telekommunikationsunternehmen betrieben und überwiegend an zentralen Punkten wie Restaurants, Hotels, Bahnhöfen, Einkaufszentren oder Tankstellen angeboten. Der Zugang zum Internet über einen Hotspot ist in der Regel kostenpflichtig. Geschlossene Knotenpunkte sind dagegen einem bestimmten Personenkreis vorbehalten und erfordern eine dementsprechende Authentifizierung.

Offen nicht gleich öffentlich

Es gibt Hotspots, die bewusst von ihren Betreibern anderen Computernutzern unentgeltlich zur Verfügung gestellt werden. Damit sind keine drahtlosen Netzwerke gemeint, die versehentlich oder aus Unwissenheit ungesichert betrieben werden.

Hotspots – Risiken und Nebenwirkungen

Wie es schon das Local in der Bezeichnung WLAN erahnen lässt, beschränkt sich die Reichweite eines drahtlosen Netzwerks auf einen eng abgegrenzten Raum. Die Größe der sogenannten Ausleuchtung hängt von vielen Faktoren ab. Exemplarisch möchte ich den Funkstandard, die Sendeleistung und Abstrahlcharakteristik der Antennen sowie die räumlichen Gegebenheiten nennen. Unabhängig davon wird der gesamte Datenverkehr eines drahtlosen Zugangsknotens in die „Ausleuchtungszone" abgestrahlt. Damit besteht theoretisch wie praktisch die Möglichkeit, den Datenverkehr an jedem Punkt der Ausleuchtung abzuhören. In Ihrem eigenen Interesse sollte der Netzwerkverkehr zwischen dem mobilen Rechner und dem drahtlosen Knotenpunkt deshalb verschlüsselt übertragen werden. Ist das nicht der Fall, ist vom ungesicherten Verschicken sensibler Daten unbedingt Abstand zu nehmen.

In der Regel werden Hotspots unverschlüsselt betrieben. Einzige Ausnahme ist das Anmelden des Benutzers. Hier kommt das sichere Hypertext-Übertragungsprotokoll HTTPS zum Einsatz. Sie kennen es sicherlich vom Onlinebanking und Internethandel. Zwar sind die Betreiber eines Hotspots bemüht, dem Nutzer des drahtlosen Knotenpunktes die Sicht auf andere Nutzer zu verwehren, eine Garantie gibt es allerdings nicht. Da aus den bereits genannten Gründen das Verschlüsseln der drahtlosen Netzwerkverbindung ein sicherheitsrelevantes Thema auch in unserem Heimnetzwerk ist, werde ich im nächsten Unterkapitel gesondert darauf eingehen.

Benutzeranmeldung im kostenpflichtigen Hotspot

Bevor Sie einen kostenpflichtigen Hotspot nutzen dürfen, müssen Sie sich bei dessen Betreiber anmelden. Dazu ist das drahtlose Netzwerk (z. B. bei T-Mobile T-Mobile_T-Com) über das AirPort-Symbol in der Menüleiste auszuwählen und der Internetbrowser zu starten. Er öffnet selbsttätig eine frei zugängliche Anmeldeseite, auf der Sie Ihren persönlichen Zugangscode oder einen Benutzernamen und das dazugehörige Passwort eingeben müssen. Ist die Anmeldung erfolgreich, wird der Internetzugang aktiviert und es fällt ein entsprechendes Nutzungsentgelt an.

Die Grundeinstellungen der AirPort-Netzwerkkonfiguration sind bei aktiviertem AirPort-Adapter so gewählt, dass Mac OS X die Funkumgebung automatisch nach offenen Netzwerken durchsucht. Wird es fündig, lässt sich das drahtlose Netzwerk über das AirPort-Symbol in der Menüleiste auswählen. Über einen öffentlich zugänglichen WLAN-Knoten werden die notwendigen Einstellungen des Netzwerkadapters automatisch zugewiesen

(*DHCP* in den Netzwerkeinstellungen, Register *TCP/IP*). Wir nehmen den Fakt zunächst einmal als gegeben hin. Ich werde an anderer Stelle ausführlich auf die Vergabe der sogenannten IP- bzw. Netzwerkadressen eingehen.

Bestimmte drahtlose Netzwerke bevorzugen

Sind im unmittelbaren Umfeld Ihrer Wohnung viele Funknetzwerke präsent, lässt sich die Auflistung im Menü des AirPort-Symbols auf Netzwerke beschränken, die Sie bevorzugt oder ausschließlich nutzen wollen. Dazu ist die Netzwerkeinstellung von AirPort anzupassen. Deshalb ist wieder zu beachten, dass die nachfolgenden Änderungen einen Benutzer-Account erfordern, der den Mac verwalten darf.

1 Gehen Sie in die Systemeinstellungen (Apfel-Symbol in der Menüleiste oder das Symbol *Systemeinstellungen* im Dock). Mit dem Mauszeiger ist die Auswahl *Netzwerk* im Abschnitt *Internet & Netzwerk* anzuklicken. Wechseln Sie zum Register *AirPort*. Hier finden Sie die Auswahl *Standardmäßig verbinden mit.*

2 Ein Mausklick auf den Eintrag *Automatisch* öffnet die Optionsliste und ist in *Bevorzugte Netzwerke* zu ändern. Mac OS X blendet daraufhin die Liste der zur Verfügung stehenden drahtlosen Netzwerke ein. Klicken Sie mit dem Mauszeiger auf den Namen des Netzwerks, das Sie von der Liste löschen. Das Minuszeichen unterhalb der Liste entfernt die Auswahl aus der Liste Ihrer bevorzugten drahtlosen Netzwerke.

3 Selbstverständlich können Sie zu einem späteren Zeitpunkt die Liste der bevorzugten Netzwerke erweitern. Benutzen Sie für diesen Fall das Pluszeichen und passen Sie die Konfiguration des AirPort-Adapters nach den Vorgaben des Anbieters an.

Verschlüsselte WLAN-Zugänge nutzen

Über die Notwendigkeit, die drahtlose Kommunikation zwischen Ihrem Rechner und einem Knotenpunkt verschlüsselt zu übertragen, wurden bereits einige Ausführungen gemacht. Auch aus technischer Sicht spricht einiges dafür, den Kreis der Nutzer im

Heimnetzwerk einzuschränken. Man braucht sich nichts vorzumachen, dass das primä-
re Ziel des Heimnetzwerks in der Anbindung an das Internet liegt. Mit dem Abschluss
des Vertrags bei einem Internetprovider steht Ihnen eine bestimmte Übertragungsrate, z. B. 1 MBit/s, 2 MBit/s oder mehr, zur Verfügung. Diese müssen sich alle an das
Heimnetzwerk angeschlossenen Rechner teilen. Je mehr Familienmitglieder zeitgleich
das Internet nutzen, umso größer wird die Wahrscheinlichkeit, dass die vom Provider
bereitgestellte Bandbreite ausgeschöpft wird. Die Konsequenzen des erhöhten Zugriffs
auf das Internet spüren Sie in Form von langen Reaktionszeiten auf Ihre Anforderungen
und schleppenden Downloads.

Wenn Sie Ihren Mac in ein verschlüsseltes drahtloses Netzwerk einbinden wollen, benötigen Sie vom Administrator einige Angaben. Sie betreffen den Zugang im Allgemeinen (Account-Name und Passwort) und die Verschlüsselung. Apple unterstützt mit seiner Produktreihe AirPort den aktuellen WLAN-Standard (IEEE 801.11), der die Grundlage des WLAN bildet. Damit sind alle Voraussetzungen geschaffen, dass sich auch Ihr
Mac problemlos in das drahtlose Netzwerk einfügen lässt.

1.3 Den Mac für das Heimnetzwerk einrichten

Bisher wurden Ihnen Lösungsvorschläge vorgestellt, wie Sie Ihren Mac direkt in ein be-
stehendes Netzwerk einbinden. Nunmehr möchte ich mit Ihnen den ersten Schritt wagen und gemeinsam ein Netzwerk aufbauen. Dreh- und Angelpunkt ist ein sogenannter DSL- oder WLAN-Router.

Auf dem Papier ist der Aufbau eines lokalen Netzwerks einfach und mit wenigen Worten erklärt. Die Praxis sieht leider etwas anders aus. Es beginnt beim Wartungsupdate
Ihres Betriebssystems und endet bei technischen Problemen des Providers. Ich bin
bemüht, so viele Randerscheinungen wie möglich und nötig in das Buch einfließen zu
lassen. Steht das Netzwerk und erledigt zu 99 % seine Aufgaben, dann lassen Sie sich
nicht von kleinen Unwägbarkeiten aus der Ruhe bringen.

Sie werden nicht umhinkommen, Ihr lokales Netzwerk einem Feintuning zu unterziehen.
Es beginnt bei der Wahl des WLAN-Funkkanals und endet beim automatischen Trennen
der Internetverbindung. Gehen Sie dabei systematisch vor und ändern Sie immer nur
einen Parameter. Zeigt Ihre Anpassung die erhoffte Wirkung, folgt der nächste Schritt.

Übermut tut selten gut. Denken Sie deshalb daran, sich die jeweilige Ausgangsbasis zu notieren und vor jedem wagemutigen Experiment Datensicherungen anzulegen. Geht etwas schief, erspart die Vorsichtsmaßnahme aufwendige Neuinstallationen.

Die Mininetzwerkverbindung einrichten

Der Form wegen möchte ich zunächst auf die einfachste Form der Netzwerkverbindung zwischen zwei Computern eingehen. Beide Rechner werden, die entsprechenden Ethernet-Anschlüsse vorausgesetzt, über ein Netzwerkkabel miteinander verbunden. Die Besonderheit bei dieser Netzwerkverbindung liegt in den gekreuzten Datenleitungen.

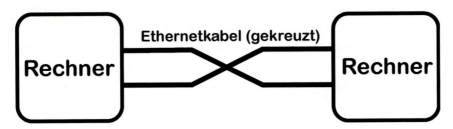

Im Zusammenhang mit dem Anschluss des Macs an ein DSL-Modem wurde bereits auf die Besonderheit bei der Verdrahtung der Datenleitungen verwiesen. Rein äußerlich können Sie das Netzwerkkabel mit gekreuzten Datenadern (Cross-over-Kabel) nicht vom normal beschalteten Netzwerkkabel unterscheiden. Deshalb ist es zusätzlich durch eine farbliche Markierung oder Beschriftung gekennzeichnet.

Die PC-zu-PC-Verbindung erfordert die manuelle Konfiguration des Netzwerkadapters. Jedem Rechner muss eine eigene Netzwerkadresse zugewiesen werden. Setzen Sie den finanziellen und zeitlichen Aufwand dem zu erwartenden Nutzen gegenüber, gibt es bessere Alternativen, Daten zwischen zwei Rechnern auszutauschen. Zu meinem Favoritenkreis gehört in dem Zusammenhang der Wechseldatenträger (z. B. der USB-Stick oder iPod) bzw. die Ad-hoc-Verbindung über den Bluetooth- oder AirPort-Adapter. Sie gehören seit Jahren zur Grundausstattung des Macs.

Netzwerkkabel nach Kategorien

Netzwerkkabel sind komplexe Gebilde, die vom Hersteller auf hohe Übertragungsraten und geringe Störempfindlichkeit getrimmt werden. Aderpaare sind im Inneren nach einem besonderen Muster verdrillt und zusätzlich durch Abschirmungen vor äußeren Störsignalen geschützt. Netzwerkverbindungsleitungen werden in Kategorien eingeteilt. An dieser Einteilung erkennt der Fachmann, für welche Übertragungsraten das Kabel ausgelegt ist. Heute kommen überwiegend Netzwerkleitungen der Kategorie 5 (Cat-5-Kabel) zum Einsatz. Um in Ihrem Heimnetzwerk optimale Bedingungen zu schaffen, sollten alle kabelgebundenen Verbindungen aus Cat-5-Kabeln und höherwertig gezogen werden.

Die Kommunikationszentrale des Heimnetzwerks

Führen Sie sich zunächst vor Augen, welche Aufgaben die gesuchte Kommunikationszentrale im geplanten Heimnetzwerk erfüllen muss. In erster Linie sollen unterschiedliche Rechner dem Netzwerk hinzugefügt werden und untereinander der Austausch von Daten möglich sein. Die Anbindung zum Netzwerk kann kabelgebunden wie drahtlos erfolgen. Jeder an das Netzwerk angeschlossene Rechner soll Zugriff auf das Internet haben.

Damit alle Rechner des lokalen Netzwerks direkt angesprochen werden können, benötigen sie eine eigene Netzwerkadresse. Um Ihnen die Konfiguration des Netzwerks so einfach wie möglich zu gestalten, übernimmt der sogenannte DHCP-Server die Arbeit. Stellt ein Rechner drahtlos oder kabelgebunden eine Verbindung zum Netzwerk her, reserviert der DHCP-Server für ihn eine Netzwerkadresse und übergibt ohne Ihr Zutun die benötigten Einstellungen. Ihre Anforderungen an das Herzstück des Heimnetzwerks schreien nach einem gewaltigen Technikpark, der fortan neben dem Teilnehmeranschluss und DSL-Modem die Zimmerwand zieren wird. Ich kann Sie beruhigen: Alle

Funktionen stecken in einem Gerät, das je nach Hersteller nur unwesentlich größer als das DSL-Modem ist. Den sogenannten DSL- oder WLAN-Router, die Kurzform soll fortan alle genannten Funktionen in einem Gerät vereinen, gibt es bereits für unter 50 Euro im Elektrofachmarkt oder Onlineversand. Einige Geräte sind sogar mit einem eigenen DSL-Modem ausgestattet. In dem Fall ersetzt der DSL-Router das externe DSL-Modem Ihres Providers.

DSL-Router versus DSL-Gateway

Welche Aufgaben und Funktionen ein DSL-Router beinhaltet, wurde bereits umrissen. Der sogenannte Gateway hat im Netzwerk die wichtige Aufgabe, zwischen unterschiedlichen Protokollen zu übersetzen. Beinhaltet der DSL-Router ein DSL-Modem, erfolgt im weitesten Sinne eine Umsetzung des Internetprotokolls TCP/IP in das PPPoE-Protokoll des Internetproviders. Deshalb werden DSL-Router mit integriertem DSL-Modem auch als Internet- oder DSL-Gateway bezeichnet.

Typisch für DSL- oder WLAN-Router sind vier Netzwerkanschlüsse (RJ-45). Unter den technischen Voraussetzungen sind kabelgebundene Netzwerkanschlüsse auch weiterhin Mangelware. Ein Netzwerkanschluss muss für die Konfiguration des DSL- oder WLAN-Routers reserviert bleiben. Somit können noch drei freie Anschlüsse vergeben werden.

Beim drahtlosen Netzwerkzugang sieht es etwas anders aus. Hier bilden die zur Verfügung stehenden Netzwerkadressen (max. 255 pro Zugangsknoten) die theoretische Obergrenze. In der Praxis sieht es etwas anders aus. Wahrscheinlich ist, dass der Hersteller des WLAN-Routers den Adressbereich einschränkt. Der von mir eingesetzte Belkin Pre-N Wireless Router stellt insgesamt 99 Adressen zur Verfügung. Es gibt noch einen anderen Grund, die Anzahl der drahtlos eingebundenen Rechner deutlich einzuschränken. Abhängig vom WLAN-Standard (detaillierte Ausführungen folgen im nächsten Abschnitt) und den Ausleuchtungsbedingungen steht Ihnen pro Knotenpunkt eine höchstmögliche Transferrate (802.11g = max. 54 MBit/s) zur Verfügung. Diese müssen sich alle Rechner teilen, die mit dem drahtlosen Knotenpunkt verbunden sind. Je nachdem, wie intensiv die Nutzung durch die drahtlos verbundenen Rechner ausfällt, sollten am Ende nicht mehr als fünf bis zehn Computer mit dem Knotenpunkt verbunden sein.

Was muss ich bei der Standortwahl beachten?

Bevor dem WLAN-Router in Ihrer Wohnung ein fester Standort zugewiesen wird, ist der auserkorene Platz einer genauen Prüfung zu unterziehen. Überprüfen Sie, ob sich große Gegenstände aus Metall (Kühlschrank, Waschmaschine, Wäschetrockner), ein großes Aquarium oder andere Geräte, die selbst Strahlungen abgeben (Mikrowelle, schnurloses Telefon) in seiner Nähe befinden? Das Gleiche gilt für Stahlarmierungen in den Zimmerwänden. Alle Faktoren beeinflussen negativ die Signalqualität, sind damit potenzielle Störquellen und sollten deshalb gemieden werden.

Drahtlos kommunizieren – aber wie?

Die Angabe IEEE 802.11 kennzeichnet die internationale Norm zur drahtlosen Netzwerkkommunikation, alltagssprachlich WLAN oder Wi-Fi genannt. Der nachfolgende Buchstabe definiert unterschiedliche Spezifikationen des Standards. Von besonderem Interesse sind die Standardspezifikationen 802.11b, 802.11g und 802.11n.

Sie sind indirekte Angaben zur bereits angesprochenen Transfer- bzw. Übertragungsrate (802.11b = max. 11 MBit/s, 802.11g = max. 54 MBit/s). Die Zahlen sprechen eine eindeutige Sprache. Der neue WLAN-Router sollte mindestens mit der 802.11g-Spezifikation konform sein.

Ganz bewusst habe ich die 802.11n-Spezifikation ausgespart. Hier sind von mir ein paar gesonderte Anmerkungen erforderlich. Mit der Einführung von AirPort Extreme unterstützt Apple diese Spezifikation, die immerhin eine Übertragungsgeschwindigkeit bis zu 540 MBit/s verspricht. Doch im sprichwörtlichen Kleingedruckten zu AirPort Extreme und 802.11n im Allgemeinen können Sie nachlesen, dass sich die Spezifikation in der Entwicklungsphase befindet.

Mittlerweile unterstützen WLAN-Router anderer Hersteller den Standard in spe. Ende März 2008 hat Apple alle AirPort-Adapter, die IEEE 802.11n-tauglich sind, per Softwareupdate auf diesen Standard getrimmt.

Wie sieht es mit der Abwärtskompatibilität aus?

Sollen sich mehrere drahtlose Netzwerkadapter unterschiedlicher Spezifikationen einen Knotenpunkt teilen, muss er dementsprechend abwärtskompatibel sein. Das heißt, keine Spezifikation wird ausgeschlossen und für einzelne Rechner der drahtlose Zugriff auf das Heimnetzwerk verwehrt. Entsprechende Konfigurationseinstellungen sollten WLAN-Router anbieten. Seien Sie sich aber der Konsequenzen bewusst. Der Kompatibilitäts-modus reduziert innerhalb des drahtlosen Netzwerks die Übertragungsgeschwindigkeit auf das Niveau der langsamsten Spezifikation. Deshalb kann sich die Überlegung lohnen, den alten WLAN-Adapter durch eine schnellere Spezifikation zu ersetzen und in Ihrem drahtlosen Netzwerk generell den schnelleren Standard vorzugeben.

Der WLAN-Standard in der Übersicht

Die Grundlage des Wireless LAN (WLAN oder Wi-Fi) bildet die Norm IEEE 802.11. Sie besteht aus einer Reihe von Spezifikationen, die durch Buchstaben unterschieden werden. Neben Festlegungen zum Frequenzband und dem Datentransfer regelt der Standard auch Fragen zur Sicherheit. Nachfolgend sind die wichtigsten Normen in einer Tabelle zusammengestellt.

Norm	Transferrate (brutto/netto)	Frequenzband	Anmerkung
802.11	2 MBit/s/0,9 MBit/s	2,4–2,485 GHz	veraltet
802.11a	54 MBit/s/23 MBit/s	5 GHz	geringe Akzeptanz
802.11b	11 MBit/s/4,3 MBit/s	2,4–2,485 GHz	veraltet, hohe Akzeptanz
802.11g	54 MBit/s/19 MBit/s	2,4–2,485 GHz	hohe Akzeptanz
802.11i	–	–	regelt Sicherheitsfragen
802.11n	300 MBit/s/74 MBit/s	2,4–2,485 GHz	zurzeit in der Entwicklung, noch geringe Verbreitung

Stand: März 2008

Transferraten – Theorie und Praxis

Alle Angaben zu den erreichbaren Übertragungsgeschwindigkeiten oder Transferraten sollten Sie mit einer gewissen Skepsis betrachten. Salopp formuliert sind die Angaben für den Praktiker eine theoretische Zahlenspielerei. Neben den eigentlichen Nutzdaten enthält das übertragene Datenpaket noch systembedingte Informationen (z. B. Adressierung, Prüfsumme etc.). Ohnehin sind optimale technische Bedingungen Voraussetzung, hohe Netto-Transferraten zu erzielen. Im Zusammenhang mit dem optimalen Standort des WLAN-Routers wurden einige Störfaktoren bereits angesprochen. Die Ausführungen gelten genauso für kabelgebundene Netzwerkverbindungen. Ungünstige Umgebungsbedingungen, Störsignale oder große Datenlasten drücken gehörig auf die Datenbremse.

Ihr Schlüssel zum Schutz der Privatsphäre

Die folgenden Protokolle zur Sicherung des drahtlosen Netzwerks sind für den Heimanwender relevant: WPA (**W**i-Fi **P**rotected **A**ccess), WPA2 und WEP (**W**ired **E**quivalent **P**rivacy). Das letztgenannte Protokoll stammt aus den Anfangstagen des WLAN und gilt heute als unsicher. Die gesicherte WEP-Verbindung benötigt eine Identifizierung, die Shared Key Authentication. Sie wird zwar verschlüsselt übertragen, doch die Art der Verschlüsselung ist aus heutiger Sicht relativ einfach und leicht zu entschlüsseln.

Um sich den Inhalt des Datenverkehrs zugänglich zu machen, genügt es, den Datenverkehr für kurze Zeit abzuhören. Aus dem aufgezeichneten Datenstrom errechnen spezielle Programme binnen weniger Sekunden das verwendete Kennwort.

WPA und WPA2 benötigen ebenfalls ein Kennwort, die sogenannte PSK-Authentifizierung (**P**re-**S**hared **K**ey). Die Art der Verschlüsselung ist derart ausgereift, dass ein Knacken des Codes à la WEP nicht möglich ist. Die einzige bisher bekannte Methode, des PSK habhaft zu werden, sind sogenannte Kennwortgeneratoren. Sie erzeugen nach einem bestimmten Muster Kennwortphrasen und versuchen nach dem Zufallsprinzip, Einblick in den Datenverkehr zu bekommen.

Das richtige Passwort

WPA und WPA2 sowie seine Verschlüsselungstechniken TKIP bzw. AES lassen sich derzeit nur durch das Herausfinden Ihres Kennworts umgehen. Dementsprechend ist äußerste Sorgfalt bei der Wahl Ihres Pre-Shared Key (PSK) geboten. Für den PSK stehen Ihnen maximal 63 Zeichen zur Verfügung. Benutzen Sie für die Kennwortphrase Buchstaben in Groß- und Kleinschreibung, Zahlen und Sonderzeichen. Die Länge des Kennworts und die Variabilität der verwendeten Zeichen erhöhen die Sicherheit vor zufälliger Entdeckung.

Sendeleistung – viel hilft viel?

Einige WLAN-Router sind mit schwenkbaren Antennen ausgestattet. Dementsprechend können Sie beim Aufstellen des Gerätes die Abstrahlcharakteristik in gewissen Grenzen beeinflussen. Neben der richtigen Wahl des Standorts sollten Sie genauso mit der Antennenausrichtung experimentieren. Erst wenn alle Freiheitsgrade ausgeschöpft sind, sollte die Position des drahtlosen Zugangspunktes festgelegt werden.

Die typische Sendeleistung handelsüblicher WLAN-Router liegt bei 30 mW. Maximal 100 mW sind laut Standard erlaubt. Durch den Zusammenschluss mehrerer Antennen am WLAN-Router kann sich der Wert nahezu verdoppeln. In dem Zusammenhang fällt oft der Begriff des MIMO-Verfahrens (**M**ultiple **I**nput **M**ultiple **O**utput), das zum festen Bestandteil der IEEE 802.11n-Spezifikation werden soll. Primäres Ziel der MIMO-Technologie ist eigentlich nicht die Steigerung der Sendeleistung, sondern die Verbesserung der Signalqualität und die Erhöhung der Transferrate.

Die Sendeleistung und Antennencharakteristik des WLAN-Routers sind in Bezug auf ein stabil arbeitendes Funknetzwerk zwei Einflussfaktoren. Funkwellen unterliegen auch Störeinflüssen. Dazu gehören die örtlichen Gegebenheiten, die bei der Standortwahl der WLAN-Geräte unbedingt zu beachten sind. Zu berücksichtigen sind Wände und Türen, die von den Funkwellen durchdrungen werden müssen. Stahlbeton schwächt die elektrischen Signale weitaus stärker ab als eine gemauerte Ziegelwand. Die Strahlung kann an Oberflächen reflektiert werden. Der Effekt kann zum Auslöschen oder Reflektieren der Funkwellen führen. Feuchtigkeit und große Wasserreservoires wie Aquarien dämpfen Funkwellen.

Das Ethernet in der Übersicht

In Verbindung mit einem kabelgebundenen Netzwerk fällt oft der Begriff Ethernet. Ethernet ist ein Sammelbegriff für eine Technik, der die kabelgebundene Datenkommunikation in einem lokalen Netzwerk (LAN) zusammenfasst. Er schließt Festlegungen bis hin zur Konfektion von Datenleitungen ein. Grundlage ist der IEEE 802.3-Standard. In der folgenden Tabelle werden Ihnen ausgewählte Spezifikationen gegenübergestellt.

Norm	Transferrate	Anmerkung
802.3 Klausel 10	10 MBit/s	Koaxialkabel
802.3 Klausel 14	10 MBit/s	Twisted-Pair-Kabel
802.3 Klausel 24	100 MBit/s	Fast Ethernet
802.3 Klausel 40	1000 MBit/s	Gigabit Ethernet

Stand: März 2008

In meiner Übersicht zu den erreichbaren Transferraten im WLAN habe ich bereits darauf hingewiesen, dass die Angaben zu relativieren sind. Dasselbe gilt auch für die kabelgebundene Datenübertragung via Ethernet. Um die Aussage besser zu verstehen, müssen wir am Beispiel des Internetprotokolls TCP/IP einen Blick auf die Daten- und Netzwerkstruktur werfen.

Beim Netzwerk im Allgemeinen und dem Internet im Speziellen handelt es sich um ein verteiltes System. Wenn Sie sich mit einem Rechner in das Internet einwählen, bildet es scheinbar eine geschlossene Einheit. In Wirklichkeit stecken hinter dem weltweiten Datennetz viele unabhängige Rechner. Die Verbindung der Computer untereinander übernimmt ein Netzwerk aus Kabeln, Lichtleitern und Funkverbindungen, die scheinbar wahllos wie ein überdimensionales Einkaufsnetz den Globus umspannen. Wenn ich Ihnen zum Zweck der Datenübertragung und anhand des aufgespannten Netzwerks die Aufgabe stelle, eine beliebige Verbindung von Punkt A nach Punkt B herzustellen, ergäbe sich eine Vielzahl von Varianten, wie die Daten vom einen zum anderen Punkt gelangen könnten. Die Aufteilung des Internets in Knotenpunkte hat den großen Vorteil, dass sich Störungen oder extreme Datenlasten in einzelnen Punkten und Verbindungen zwischen den Knoten über andere Wegstrecken kompensieren lassen.

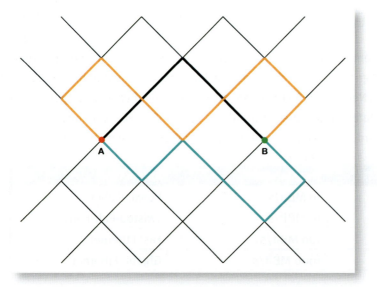

Das bedeutet aber auch, wenn Sie in Ihrer Heimstadt einen Server am gleichen Standort anwählen, muss die Verbindung nicht zwangsläufig die kürzeste Strecke darstellen. Allein die Überlegung, dass die von Ihnen verschickten Daten nicht über eine direkte PC-zu-PC-Verbindung (besser eine Client-Server-Verbindung) zum Ziel gelangen,

macht die Adressierung der Datenpakete zwingend erforderlich. Wie das Klebeetikett auf dem Postpaket enthält die Adressierung den Empfänger und Absender.

Bleiben wir beim Beispiel Postpaket und schauen uns an, wie Daten über das Netzwerk transportiert werden. Die äußeren Abmessungen des Pakets geben uns vor, wie viel Inhalt maximal transportiert werden kann. Ähnlich verhält es sich beim Internet. Überschreiten die zu übertragenden Daten eine gewisse Größe, müssen sie im Computer in mehrere Pakete aufgeteilt werden.

Die maximale Größe dieser Datenpakete wird in der MTU (**M**aximum **T**ransmission **U**nit) angegeben und kann je nach Übertragungsprotokoll variieren (PPPoE: 1.492 Byte, Ethernet: 1.500 Byte und WLAN: 2.312 Byte). Mit dem Zerlegen (Fragmentieren) der Daten stehen Sie vor einem weiteren Problem. Da beim Datentransport zur Zieladresse unterschiedliche Wege möglich sind und damit das Eintreffen zu unterschiedlichen Zeiten erfolgen kann, muss der Empfänger wissen, wie er die Datenpakete wieder richtig zusammenzusetzen hat. Neben der Adressierung sind also weitere Informationen zur Nummerierung der versendeten Pakete erforderlich.

Bei der Übertragung Ihrer Daten können Fehler nicht ausgeschlossen werden. Dementsprechend müssen sie beim Empfänger auf ihre Richtigkeit kontrolliert werden. Dazu erstellt der Absender eine sogenannte Prüfsumme, die ebenfalls Bestandteil des versendeten Datenpakets ist. Die Liste der erforderlichen Bestandteile eines Datenpakets, dass Sie per WLAN oder Ethernet versenden oder empfangen, ließe sich bis ins kleinste Detail fortsetzen. Mir kommt es darauf an, Ihnen zu zeigen, dass unsere eigentliche Nutzlast mit einem Rattenschwanz an weiteren Informationen gespickt ist. Um zum Abschluss noch einmal das Beispiel des Postpakets zu bemühen, müssen wir mit dem Hintergrundwissen einen nicht unwesentlichen Teil des zu verschickenden Inhalts aus dem Karton entfernen und den gewonnenen Leerraum mit den zwingend erforderlichen Begleitinformationen auffüllen.

maximal zulässige Paketgröße - MTU			
Adresse	Typ	Nutzdaten	Prüf-summe

Welche Bedeutung haben die Ausführungen für Sie in der Praxis? Wenn Sie Ihren Mac oder Windows-PC über ein Netzwerk mit einem anderen Rechner verbinden, sind zum

Datenaustausch mehr Informationen erforderlich, als man zunächst vermutet. Der Datentransfer nimmt praktisch mehr Zeit in Anspruch, als Sie es vom Zugriff auf eine interne Festplatte gewohnt sind. Um bei der Netzwerkübertragung dennoch optimale Ergebnisse zu erzielen, muss die MTU den Gegebenheiten angepasst werden. Im Heimnetzwerk bedeutet das, sich an der kleinsten Paketgröße zu orientieren und die Netzwerkadapter dementsprechend zu konfigurieren. Ich werde Ihnen an geeigneter Stelle zeigen, wo und wie sich die MTU der Netzwerkadapter anpassen lässt.

Schutzbarriere Router

Die Aufgabe des Routers wurde bereits thematisiert. Er stellt eine Verbindung zwischen zwei unterschiedlichen Netzwerken her. Im Fall Ihres Heimnetzwerks sind es Ihr lokales Netzwerk (LAN) und das Internet (WAN). Jeder Rechner, der mit einem Netzwerk verbunden wird, bekommt eine eigene Netzwerkadresse, die sogenannte IP-Adresse, zugewiesen. Der Vorgang läuft überwiegend im Hintergrund ab und gilt gleichermaßen für das lokale Netzwerk und Internet.

> ### Sonderfall Netzwerkdressen für lokale Netzwerke
>
> Das Internet besteht aus einer unbestimmten Anzahl vernetzter Rechner. Ebenso existieren weltweit unzählige lokale Netzwerke. Müsste allen vernetzten Computern eine eigene Netzwerkadresse zugewiesen werden, wäre ein unendlich großer Adressenvorrat erforderlich. Stattdessen hat man für lokale Netzwerke einen Adressenbereich reserviert, der von jedem Betreiber eines LANs individuell verwaltet werden kann. Es handelt sich dabei um die Adressbereiche 10.0.0.0 bis 10.255.255.255, 172.16.0.0 bis 172.31.255.255 und 192.168.0.0 bis 192.168.255.255. Sie dürfen im WAN nicht öffentlich vergeben werden. Die Schnittstelle zwischen den Netzwerkadressen des Internets (WAN) und den lokalen Netzwerkadressen bildet der Router.

Sendet ein Rechner aus dem lokalen Netzwerk eine Anforderung in das Internet, merkt sich der Router die IP-Adresse und leitet bei Eintreffen der abgeforderten Informationen diese an den betreffenden Rechner weiter. Das Umsetzen der Netzwerkadressen (NAT, **N**etwork **A**ddress **T**ranslation) durch den Router hat nicht nur den Vorteil, dass mehrere Rechner eines lokalen Netzwerks gleichzeitig auf das Internet zugreifen können. Es erfüllt ebenso eine Schutzfunktion für das Heimnetzwerk.

Ich möchte wieder ein kleines Gedankenspiel bemühen, um die Funktionsweise der Namensumsetzung zu erläutern. Diesmal muss ein Hotel, nebst Rezeption, Portier und angeschlossener Autovermietung herhalten. Die Zimmer des Hotels repräsentieren unser lokales Netzwerk. Die Stadt, in der das Hotel steht, ist dem Internet gleichzusetzen. Jedes Hotelzimmer hat eine eigene Zimmernummer, die mit der lokalen Netzwerkadresse identisch ist. Wollen Hotelgäste die Stadt erkunden, geben sie an der Rezeption ihre Schlüsselkarte ab und können kostenlos ein Auto des Hotels benutzen. Zum Zweck der Eigenwerbung ist das Fahrzeug äußerlich in den Farben des Hotels gehalten. Diese Assoziation soll die IP-Adresse im Internet widerspiegeln.

Meine fiktive Rezeption hat die erste Aufgabe der Namensumsetzung übernommen. Sie hat dem Hotelbesucher (ein Rechner im lokalen Netzwerk) einen Leihwagen (Datenverkehr im Internet) zugeordnet. Bepackt mit allerlei Souvenirs (Informationen aus dem Internet) kehren die Hotelbesucher in ihrem Leihwagen zum Hotel zurück. Im Austausch erhalten sie die richtige Schlüsselkarte und gelangen so in ihr Hotelzimmer. Der zweite Schritt der Namensumsetzung ist getan und die Souvenirs sind im richtigen Hotelzimmer angekommen.

Im Normalfall sollte das beschriebene Verfahren sicherstellen, dass nur Hotelgäste Zugang zur Stadt und dem Hotelzimmer haben. Versucht ein Stadtbewohner, sich Zugang zum Hotel zu verschaffen, fehlt ihm die entsprechende Legitimation in Form des Leihwagens. Ihm bleiben die Schlüsselkarte und damit der Zugang zum Hotelzimmer verwehrt. Um auf eine wichtige Besonderheit in Sachen NAT zu verweisen, möchte ich dem Nicht-Hotelgast eine gewisse kriminelle Energie unterstellen. Er unternimmt einen entsprechenden Anlauf und gibt sich als touristisches Mitbringsel aus.

Als blinder Passagier im Gepäck der Hotelgäste versteckt, würde er nach dem bisherigen Sicherheitskonzept Erfolg haben. Vielleicht erinnern Sie sich an meinen Portier. Jetzt schlägt seine große Stunde. Er hilft den heimgekehrten Gästen aus dem Wagen und trägt ihr Gepäck. Dabei mustert er unauffällig den Inhalt, entdeckt den blinden Passagier und hindert ihn am Zugang zum Hotel.

Die Rolle des Portiers übernimmt im Router der sogenannte Paketfilter (Stateful Packet Inspection). Er ist ein wichtiges Sicherheitsmerkmal, das ein DSL- und WLAN-Router erfüllen sollte. Datenpakete, die kein bestimmtes Kriterium erfüllen und nichts mit der eigentlichen Anforderung aus dem lokalen Netzwerk zu tun haben, werden von ihm abgewiesen bzw. blockiert. Sicherlich haben Sie bereits mit dem Begriff und der Funktion einer Firewall Bekanntschaft gemacht.

Ihre Aufgabe im weitesten Sinne ist es, unerwünschten Datenverkehr zu verhindern. Sowohl die Namensumsetzung als auch der Paketfilter sind Techniken, die in einer Firewall Anwendung finden. Neben seiner eigentlichen Funktion als Schnittstelle zwischen den Netzwerken erfüllt der Router auch Aufgaben zum Schutz vor unliebsamen Besuchern aus dem Internet.

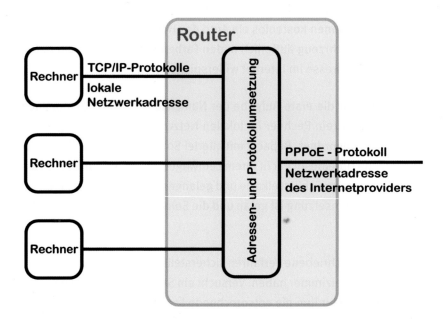

Es gibt durchaus Anwendungsbeispiele, wo der Schutzmechanismus der NAT-Firewall unerwünscht und eher hinderlich ist. Das ist der Fall, wenn vom Internet aus auf einen lokalen Rechner zugegriffen werden soll. Um das zu ermöglichen, lässt sich der betreffende Rechner als Exposed Host definieren. Hier greift die Namensumsetzung nicht mehr. Alle aus dem Internet ankommenden Daten, die sich keinem lokalen Rechner hinter der NAT zuordnen lassen, werden an den freigegebenen Rechner weitergeleitet.

Das Vergeben des Status ist mit vielen Risiken verbunden und kann mit dem direkten Anschließen des Rechners an das DSL-Modem verglichen werden. Oft wird die Option Exposed Host in Routern auch als Demilitared Zone (DMZ) oder Exposed DMZ bezeichnet. Mit der eigentlichen Sicherheitstechnik DMZ und der damit verbundenen Abschirmung eines Rechners hat der Exposed Host allerdings nichts zu tun.

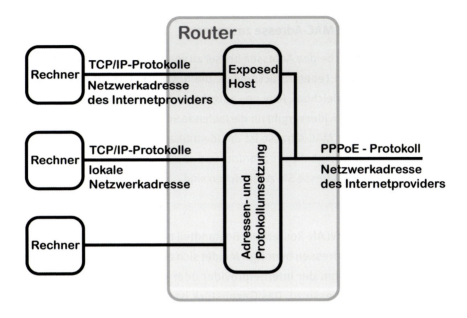

> **Sicherheit für Ihr Heimnetzwerk**
>
> Sicherheit spielt im lokalen Netzwerk inklusive Internetanbindung eine große Rolle und
> ist keinesfalls mit Maßnahmen wie der Namensumsetzung oder dem Paketfilter abge-
> golten. Deshalb habe ich dem Thema ein eigenes Kapitel gewidmet. Viele Router bieten
> weitere Optionen, so zum Beispiel das Blockieren sogenannter Pings. Pings werden gern
> dazu benutzt, die Erreichbarkeit von Rechnern zu ermitteln. Ist das aufdringliche Anklop-
> fen erfolgreich, reagiert der Befragte mit einer entsprechenden Antwort (Pong).

Die MAC-Adresse – Ihr elektronischer Fingerabdruck

Zunächst einmal möchte ich betonen, dass die MAC-Adresse nichts mit dem Apple-Computer Mac im Allgemeinen zu tun hat. Der Begriff MAC steht für **M**edia **A**ccess **C**ontrol
und ist eine sogenannte Hardwareadresse. Jeder Netzwerkadapter, der an der Kommunikation im Netzwerk aktiv beteiligt ist, verfügt über eine solche MAC-Adresse. Sie
dient der eindeutigen Identifizierung eines Computers.

So spielen Netzwerk- und MAC-Adresse zusammen

Um Ihnen die Bedeutung der beiden Adressen besser zu verdeutlichen, möchte ich auf eine Analogie zum täglichen Leben zurückgreifen. Die Netzwerk- oder IP-Adresse ist mit Ihrer Wohnanschrift vergleichbar. Jede neu aufgebaute Internetverbindung gleicht einem Umzug. Ihr Internetprovider vergibt für die laufende Sitzung eine neue Netzwerkadresse. Das Äquivalent der MAC-Adresse ist die Identifikationsnummer Ihres Personalausweises. Sie ist Ihnen persönlich zugeordnet und es spielt keine Rolle, unter welcher Wohnanschrift bzw. IP-Adresse Sie zu erreichen sind.

Um Ihren Rechner, DSL- oder WLAN-Router zum Bestandteil eines Netzwerks zu machen, werden zwingend Netzwerkadressen benötigt. Meldet sich ein Rechner im Internet oder lokalen Netzwerk an, weist ihm der Internetprovider oder DHCP-Server für die Dauer der Sitzung eine Netzwerkadresse zu. Das Gegenstück ist die feste Vergabe der Netzwerkadresse an einen Rechner. Vor allem in Bezug auf den Internetprovider setzt die feste Vergabe der Netzwerkadresse voraus, dass der Provider über einen hinreichend großen Adressenpool verfügt. Nur so kann von ihm gewährleistet werden, dass die fest vergebenen Netzwerkadressen permanent reserviert sind, egal ob der Kunde mit seinem Rechner und dem Internet verbunden ist oder nicht. Was auf den ersten Blick wenig effizient erscheint, kann für den einen oder anderen Leser durchaus Bedeutung haben. Soll ein ständiger Zugriff über das Internet auf Ihren Rechner möglich sein, hätte eine Änderung der Netzwerkadresse durch den Provider fatale Folgen. Sie müssten den entfernten Benutzern jedes Mal Ihre neue Netzwerkadresse mitteilen.

Zurück zum eigentlichen Thema und der MAC-Adresse. Um Ihnen die Bedeutung besser aufzuzeigen, möchte ich kurz auf meine Ausführungen zur Struktur und der Kommunikation im Netzwerk zurückkommen. In dem Zusammenhang hatte ich angemerkt, dass die Datenpakete adressiert werden müssen. Hier kommt die MAC-Adresse des Senders und Empfängers ins Spiel. Beide MAC-Adressen werden als zusätzliche Information im Datenpaket hinterlegt. Mit dieser Aussage lässt sich die Aufgabe des Routers konkretisieren. Ist die von einem lokalen Rechner abgeschickte Anforderung für das Internet bestimmt, adressiert der Router die Datenpakete dementsprechend um. Als Empfänger trägt er die MAC-Adresse des Servers im Internet und als Absender seine eigene MAC-Adresse ein. Treffen die abgeforderten Daten beim Router ein, ändert er in den eingetroffenen Paketen seine eigene Empfänger-MAC-Adresse in die MAC-Adresse des lokalen Rechners, der die Anforderung verschickt hat, und leitet die Daten entsprechend weiter.

MAC-Adressen sind manipulierbar

Die MAC-Adresse des Netzwerkadapters soll den Computer eindeutig identifizierbar machen. Allerdings lässt sie sich auf unterschiedliche Weise manipulieren. Eine Möglichkeit ist es, die bestehende MAC-Adresse mithilfe eines speziellen Programms dauerhaft zu überschreiben oder kurzzeitig zu ändern. Der letztgenannte Fall tritt zum Beispiel ein, wenn Sie unter Windows oder Mac OS X einen virtuellen PC installiert haben. Um Konflikte bei der Adressierung zu vermeiden, benutzt das Gast-Betriebssystem eine eigene MAC-Adresse, obwohl der Gast-PC physisch denselben Netzwerkadapter wie der Host-PC benutzt.

Es sollte Ihnen nunmehr bewusst sein, dass die MAC-Adresse einen weiteren wichtigen Baustein im Netzwerk bildet. Im Vergleich zur Netzwerkadresse tritt sie jedoch eher selten vordergründig in Erscheinung. Sollte wider Erwarten die MAC-Adresse doppelt vergeben sein, treten ähnliche Konflikte wie bei der Mehrfachvergabe der Netzwerkadresse auf. Rechner und Daten lassen sich nicht eindeutig zuordnen.

MAC-Adressen lassen sich auch für andere Aufgaben heranziehen. Dazu gehören unter anderem die Lizenzierung von Software oder spezielle Filterfunktionen im DSL- oder WLAN-Router. Sie bilden die Grundlage, Zugriffsbedingungen auf das lokale Netzwerk und Internet definieren zu können. Als ein Beispiel möchte ich die Kindersicherung oder Parental Control erwähnen. Neben dem Sperren unerwünschter Internetseiten lässt sich anhand der MAC-Adresse auch der Netzwerkzugriff zeitlich steuern. Auf diese Art und Weise ließe sich der vereinbarten Schlafenszeit Ihrer Kinder Nachdruck verleihen. Generell können Sie den Zugriff auf Ihr Netzwerk von der Hardwareadresse abhängig machen. Nur Rechner, deren MAC-Adressen im DSL- oder WLAN-Router hinterlegt sind, können die gemeinsamen Ressourcen nutzen. In Anbetracht der Tatsache, dass sich die MAC-Adresse durchaus manipulieren lässt und sie in den versendeten Datenpaketen einsehbar ist, liegt die Hürde für Eindringversuche nicht wirklich hoch. Betrachten Sie deshalb den MAC-Adressen-Filter als einen kleinen Baustein im Gesamtgebäude Sicherheit.

Wie beziehe ich eine Netzwerkadresse?

Um eine gemeinsame Ausgangsbasis zu schaffen, setze ich voraus, dass die Netzwerkkonfiguration Ihres Macs seit der ersten Installation des Betriebssystems nicht verän-

dert wurde. Wenn Sie auf dieser Grundlage eine Netzwerkverbindung zwischen dem Mac und DSL- oder WLAN-Router herstellen, bezieht der Rechner alle notwendigen Einstellungen vom Router, der in seiner Grundkonfiguration die automatische Konfiguration des Netzwerkadapters nach dem **D**ynamic **H**ost **C**onfiguration **P**rotocol (DHCP) unterstützt. Binnen Bruchteilen einer Sekunde ist der Rechner automatisch zum Mitglied des Netzwerks (Client) aufgestiegen.

DHCP – Netzwerkkonfiguration ohne Aufwand

Bevor ein Rechner mit dem Netzwerk verbunden werden kann, ist der Netzwerkadapter dementsprechend zu konfigurieren. Die Arbeit kann Ihnen der sogenannte DHCP-Server abnehmen. Anstelle der Eingabe kryptischer Zahlenkolonnen in der Netzwerkkonfiguration verschickt er die benötigten Parameter beim ersten Kontakt des Rechners mit dem Netzwerk.

Zum DHCP-Server und der dynamischen Vergabe der Netzwerkadressen möchte ich noch ein paar Anmerkungen machen. In der Regel unterliegen die vergebenen IP-Adressen einem Verfallsdatum (Lease Time). Stellt ein Rechner vor Ablauf der Frist keine Verbindung zum DHCP-Server her, verfällt die Reservierung und die freigewordene Netzwerkadresse kann vom DHCP-Server an andere Rechner vergeben werden. Das Verfallsdatum verlängert sich automatisch mit jedem neuen Kontakt zum Netzwerk. Die Gültigkeit der Reservierung einer IP-Adresse sollte sich im Router einstellen lassen.

Im Heimnetzwerk ist nicht immer das Erreichen des Verfallsdatums Ursache für die Neuvergabe der IP-Adressen. Eine kurze Stromunterbrechung oder der erforderliche Neustart des DSL- oder WLAN-Routers schicken die bisherige Zuordnung ins Jenseits. Jetzt entscheidet oft die Reihenfolge, in der sich die Rechner des lokalen Netzwerks anmelden, über die Neuvergabe der Netzwerkadresse. An sich ist der Umstand nicht weiter tragisch. Immerhin bekommen die Netzwerkadapter alle notwendigen Einstellungen vom DHCP-Server frei Haus geliefert. Kritisch wird die Angelegenheit erst, wenn Sie zu einem späteren Zeitpunkt zwischen dem Mac und Windows-PC eine Netzwerkverbindung herstellen wollen. Hier ist die Angabe der IP-Adresse erforderlich. Hat sie sich aufgrund der genannten Umstände geändert, geht Ihr Verbindungsversuch ins Leere und wird mit einer Fehlermeldung abgebrochen.

Namen statt Zahlen

Mitmenschen, die über die Fähigkeit verfügen, sich in kürzester Zeit lange Zahlenreihen einzuprägen, benutzen einen genial einfachen Trick. Sie verbinden Zahlen mit Gegenständen und erzählen danach eine Geschichte. Es liegt in unserer Natur, sich Namen schneller als zum Beispiel die neue PIN der EC-Karte einzuprägen. So ist es nicht verwunderlich, dass das Internet bzw. Netzwerke im Allgemeinen eine ähnliche Lösung parat halten. Statt Netzwerkadressen geben Sie den Domainnamen als Ziel im Internetbrowser an. Das Übersetzen des Namens in die erforderliche IP-Adresse übernimmt der sogenannte DNS-Server.

Um der Misere aus dem Weg zu gehen, würde ein lokaler DNS-Server (**D**omain **N**ame **S**ystem) Abhilfe schaffen. Router im höheren Preissegment bieten diese Option an. Statt der Netzwerkadresse geben Sie den Computernamen bei der Netzwerksuche ein. Der DNS-Server übersetzt im Hintergrund den Namen in die aktuell gültige IP-Adresse und die Netzwerkverbindung wird hergestellt. Es gibt aber auch andere Lösungen für die Problemstellung. Im reinrassigen Mac-Netzwerk übernimmt Bonjour unter anderem diese Aufgaben. Das Pendant der Windows-Welt ist NetBIOS.

Was ist und kann Bonjour?

Bonjour ist ein sogenanntes Zeroconf-System und vereinfacht den Aufbau eines lokalen Netzwerks. In einem homogenen Mac-Netzwerk entfallen dank Bonjour lästige Konfigurationen des Netzwerkadapters. Drucker, die an einem Mac angeschlossen und zur Nutzung im lokalen Netzwerk freigegeben sind, lassen sich am Mac und mithilfe des Bonjour-Druckerassistenten auch unter Windows XP & Vista nutzen (*http://www.apple.com/support/downloads/bonjourforwindows.html*). Unauffällig verrichtet Bonjour seinen Dienst in iPhoto und iTunes. Haben Sie Fotos und eine Mediathek für die gemeinsame Nutzung freigegeben, konfiguriert Bonjour im Hintergrund dementsprechend das Netzwerk und die angeschlossenen Macs.

Ein anderer gangbarer, aber mühseliger Weg ist die manuelle Vergabe der Netzwerkadressen. In dem Fall ist der DHCP-Server in der Konfiguration des DSL- oder WLAN-Routers auszuschalten. Sie müssen in der Netzwerkkonfiguration jedes Rechners eine IP-Adresse vergeben und alle weiteren Angaben von Hand ergänzen. Wird ein Neustart des DSL- oder WLAN-Routers erforderlich, geben die Rechner die Netzwerkadres-

se vor. Irrtümer sind somit ausgeschlossen. Die manuelle Vergabe der Netzwerkadresse ist auch dann von Vorteil, wenn die Einrichtung und Identifizierung eines Rechners, der direkt mit dem Internet verbunden werden soll (Exposed Host) nicht über die MAC-Adresse erfolgt.

Zur Vergabe der Netzwerkadresse bieten einige Router-Hersteller noch andere Varianten an. So lässt sich zum Beispiel die Zuweisung mit der MAC-Adresse koppeln. Auf diesem Weg wird ebenfalls verhindert, dass die IP-Adressen nach einem Router-Neustart durcheinandergeraten. Problematisch könnte es nur werden, wenn die Vergabeliste flüchtig im Router abgelegt ist. Kommt es zu einem Stromausfall oder verhilft nur die Trennung von der Spannungsversorgung zum Neustart, ist die Zuordnung verloren.

So spielen Rechner und Dienste im Netzwerk zusammen

In einem Netzwerk zusammengeschlossene Rechner werden in Clients und Server unterschieden. Der Server stellt sogenannte Dienste (z. B. Internet und E-Mail) zur Verfügung. Jeder Dienst erfordert zwecks Kommunikation über das Netzwerk ein bestimmtes Protokoll (z. B. Internet: TCP/IP, E-Mail-Empfang: POP3, E-Mail-Versand: SMTP). Der Client ruft über eine Netzwerkverbindung den Dienst des Servers ab.

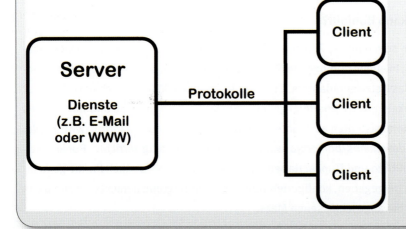

Den DSL- und WLAN-Router konfigurieren

Zugegeben war der letzte Abschnitt mit vielen technischen Details gespickt. Wir sind an dem Punkt angekommen, uns praktisch mit der Konfiguration des DSL- oder WLAN-Routers auseinanderzusetzen. Die Produktvielfalt am Markt ist groß und jeder Herstel-

ler greift zur Konfiguration des Zugangsknotens auf eigene Lösungen zurück. Ich möchte mich deshalb auf allgemeingültige Einstellungen beschränken.

Um Ihren DSL- oder WLAN-Router konfigurieren zu können, benötigen Sie keine zusätzliche Software. Die Geräte lassen sich über eine webbasierte Benutzeroberfläche anpassen. Dadurch wird sichergestellt, dass das Gerät sich von jedem Betriebssystem aus konfigurieren lässt. Alle Einstellungen sollten kabelgebunden vorgenommen werden. Das heißt, ein Rechner ist über das Ethernet-Kabel mit dem DSL- oder WLAN-Router verbunden. Von ihm aus wird der Router konfiguriert und später gewartet. Ungeachtet meiner weiteren Ausführungen sollten Sie sich im Vorfeld das Handbuch Ihres Routers durchlesen. Einige Hersteller haben ihre Geräte mit einem Konfigurationsassistenten ausgestattet, der beim ersten Anmelden am Router automatisch startet. Während der Konfiguration des Routers kann es erforderlich sein, dass Sie einzelne Einstellungen zum Beispiel mit *OK*, *Apply* oder *Apply Changes* bestätigen müssen. Achten Sie deshalb auf die Buttons am Ende der jeweiligen Webseite. Wird der betreffende Button nicht angeklickt, werden Ihre Änderungen verworfen.

Geräte miteinander verbinden

Bevor alle Komponenten miteinander verkabelt werden, sind sie herunterzufahren (Rechner) bzw. von der Spannungsversorgung zu trennen (DSL-Modem und DSL- oder WLAN-Router).

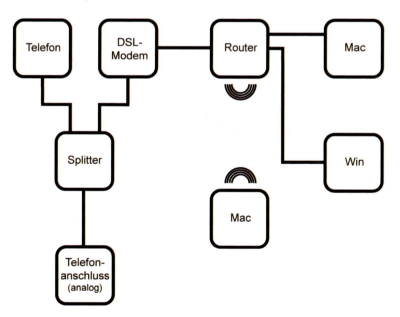

Ich setze voraus, dass das DSL-Modem bereits installiert und über den sogenannten Splitter mit dem Teilnehmeranschluss verbunden wurde. Stellen Sie mithilfe eines Netzwerkkabels eine Verbindung zwischen dem DSL-Modem und dem DSL- oder WLAN-Router her. Am DSL-Modem sollte dafür nur ein Ethernet-Anschluss frei sein. Am DSL- oder WLAN-Router benutzen Sie den Anschluss, der mit *Internet* oder *WAN* gekennzeichnet ist.

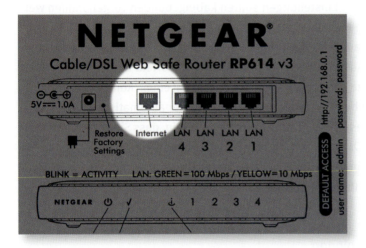

Mithilfe eines zweiten Ethernet-Kabels ist eine Netzwerkverbindung zwischen dem DSL- oder WLAN-Router und Ihrem Mac herzustellen. Benutzen Sie am Router den Anschluss, der mit *LAN 1* oder ähnlich gekennzeichnet ist.

Die richtige Einschaltreihenfolge der Netzwerkkomponenten

1 Nachdem das DSL-Modem über den DSL- oder WLAN-Router mit dem Mac verbunden wurde, beginnen wir die Komponenten nacheinander zuzuschalten. Beginnen Sie mit dem DSL-Modem. Schalten Sie es ein und warten Sie, bis die Initialisierung abgeschlossen ist.

Wann ist die Initialisierung abgeschlossen?

Werden das DSL-Modem und der DSL- oder WLAN-Router an die Spannungsversorgung angeschlossen, durchlaufen sie eine Start- und Testroutine. Rein äußerlich ist der Vorgang an unterschiedlich blinkenden Leuchten zu erkennen. Im Gerätehandbuch beschreiben viele Hersteller, welcher Zustand erreicht sein muss, bis die Initialisierung abgeschlossen und die Betriebsbereitschaft hergestellt ist.

---

2 Ist das DSL-Modem betriebsbereit, folgt der DSL- oder WLAN-Router. Der Minirechner durchläuft ebenfalls eine Initialisierung und fährt sein Betriebssystem hoch.

3 Nachdem der Vorgang abgeschlossen ist, können Sie den Mac starten. Alle für Ihr Netzwerk relevanten Systeme sind hochgefahren und Sie können mit der Konfiguration des DSL- oder WLAN-Routers beginnen.

Den Router das erste Mal einrichten

Wie bereits erwähnt, lässt sich das Konfigurationsmenü des DSL- oder WLAN-Routers über eine Webseite aufrufen. Starten Sie Ihren Internetbrowser und geben Sie die vom Hersteller voreingestellte Netzwerkadresse ein (z. B. 192.168.2.1). Achten Sie unbedingt auf die korrekte Schreibweise und drücken Sie anschließend die [return]-Taste. Um das Konfigurationsmenü vor unerlaubten Zugriffen zu schützen, sind bei einigen Herstellern ein Benutzername und Kennwort oder nur ein Kennwort einzugeben. Ist das der Fall, entnehmen Sie die Zugangsdaten dem Gerätehandbuch. Egal ob der Zugang zum Konfigurationsmenü mit oder ohne Kennwort erfolgt, am Ende der Anpassung des DSL- oder WLAN-Routers werden wir aus Gründen der Sicherheit das bestehende Kennwort ändern bzw. ein Passwort für den Zugriff auf das Konfigurationsmenü vergeben.

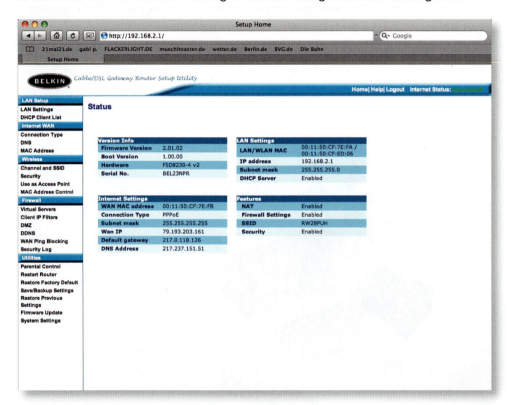

Wenn sich ein Einrichtungsassistent meldet

Einige DSL- und WLAN-Router verfügen über einen Assistenten, der Ihnen beim Einrichten des Gerätes behilflich sein möchte. Folgen Sie seinen Anweisungen. Meine nächsten Schritte nehmen ähnliche Anpassungen vor.

Die Vergabe der Netzwerkadressen regeln

Wir haben ausführlich die Problematik der automatischen Vergabe der Netzwerkadressen diskutiert. Nun ist der Punkt gekommen, an dem Sie sich für bzw. gegen DHCP oder eine andere Variante entscheiden müssen. Da der DSL- oder WLAN-Router auf DHCP voreingestellt ist, können Sie unter Beibehaltung der Konfiguration den folgenden Schritt überspringen. Wollen Sie einen anderen Modus aktivieren, ist ein Wechsel in den Bereich der Konfiguration erforderlich, der mit *LAN*, *LAN Settings* oder ähnlich gekennzeichnet ist. Wenn Sie sich für die manuelle Vergabe der IP-Adresse entscheiden, müssen Sie sich unbedingt die Netzwerkadresse des Routers und der Teilnetzmaske (Subnet Mask) notieren. Die Angaben sollten im Handbuch des DSL- und WLAN-Routers stehen.

Ist der DHCP-Server im Konfigurationsmenü deaktiviert und sind die Einstellungen übernommen, folgt an dieser Stelle ein Abstecher in die Netzwerkkonfiguration von Mac OS X. Der Ethernet-Adapter muss der veränderten Situation angepasst werden. Im direkten Anschluss an die Konfiguration des DSL- oder WLAN-Routers gehe ich detailliert auf die manuelle Netzwerkkonfiguration unter Mac OS X ein.

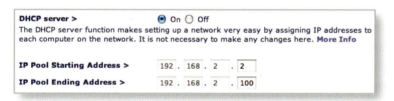

Die Verbindung zum Internet einrichten

In einem der vorherigen Kapitel wurde der Mac direkt mit dem DSL-Modem verbunden. Dementsprechend mussten der Ethernet-Adapter für das PPPoE-Protokoll fit gemacht und die Zugangsdaten des Providers angegeben werden. Diese Aufgabe soll zukünftig der DSL- oder WLAN-Router erledigen. Sendet ein Rechner aus dem lokalen Netzwerk eine Anforderung an das Internet, baut der Router selbsttätig eine Verbindung zum Provider auf.

❙ Wechseln Sie im Konfigurationsmenü in die Auswahl *Internet* oder *WAN*. Sehr wahrscheinlich ist das Gerät für verschiedene Zugangsarten in den europäischen Ländern ausgelegt und bietet deshalb im Folgenden eine Auswahl (*Connection Type*) an. Wählen Sie den Verbindungstyp *PPPoE* aus. Analog der Netzwerkkonfiguration *PPPoE* müs-

sen hier der Account-Name (*User Name*) und Ihr persönliches Kennwort (*Password*) eingegeben werden.

WAN > Connection Type > PPPoE

To enter your PPPoE settings, type in your information below and click "Apply changes". **More Info**

User Name >   [▮▮▮ ▮▮▮▮▮▮▮0001@t-online.de]

Password >   [••••••••]

Retype Password >   [••••••••]

Service Name (Optional) >   [   ]

MTU (576-1492) >   [1454]

Do not make changes to the MTU setting unless your ISP specifically requires a different setting than 1454. **More Info**

☐ Disconnect after [   ] minutes of no activity.

More Info

[Clear Changes]   [Apply Changes]

2 Des Weiteren werden Sie ein Eingabefeld *MTU* finden. Im Zusammenhang mit meinen Ausführungen zur Größe des Datenpakets, das sich je nach Protokoll übertragen
lässt, bin ich auch auf die maximale Paketgröße MTU eingegangen. Der Wert wird in
Bytes angegeben und kann von Provider zu Provider variieren. Unter dem Gesichtspunkt
der geringsten Fragmentierung aller zu übertragenden Daten wird in einschlägigen Internetforen dieser Wert ausgiebig diskutiert. Entsprechend vielfältig und leider für den
Laien verwirrend sind die Angaben. Generell haben Sie mit der MTU eine Option, die
zum erwähnten Feintuning gehört. Es gilt ein Optimum herauszufinden, dass die Übertragung der Datenpakete zwischen Ihrem Internetanschluss und dem Server des Providers schnell und reibungslos funktioniert.

Kurz erwähnen möchte ich die Problematik, dass zu hohe MTU-Werte unbemerkt Fehl-
funktionen bei der Darstellung von Webseiten zur Folge haben. In dem Zusammenhang
oft erwähnt werden GMX und Microsoft. In jedem Fall ist die MTU herabzusetzen. Maximal darf die MTU einen Wert von 1.492 Byte nicht überschreiten. Setzen Sie die Größe zu niedrig an, muss der Router aus den Nutzdaten kleinere Pakete machen, die zu
mehr Informationsballast und damit einer geringeren Netto-Transferrate führen. Es gilt
also, einen Kompromiss zu finden. Doch das eigentliche Problem liegt vielleicht ganz
woanders.

Datenpakete richtig schnüren

Heimlich, still und leise schleicht sich ein kleiner Fehler in unser zukünftiges Heimnetz-werk ein. Während die MTU im Ethernet eine Größe von 1.500 Byte und im WLAN von 2.312 Byte haben kann, beträgt sie beim PPPoE-Protokoll maximal 1.492 Byte. Ursache ist die notwendige Erweiterung der Dateninformation (Header) um 8 Byte. Damit redu-ziert sich die Nutzlast. Um Konflikte und eine Verlangsamung der Internetanbindung zu vermeiden, sind deshalb Anpassungen am Netzwerkadapter erforderlich.

Die Schwierigkeit der Aufgabe besteht darin, den DSL- oder WLAN-Router und die ver-netzten Rechner im Nachgang auf eine einheitliche MTU abzustimmen. Würde das lo-kale Netzwerk über keine Internetanbindung via PPPoE verfügen oder direkt mit dem WAN verbunden sein, wäre der Schritt nicht erforderlich. Ich werde zum Abschluss des Kapitels gesondert auf die Anpassung der MTU eingehen.

In der Regel beziehen Sie von Ihrem Provider dynamisch eine Netzwerkadresse und damit auch alle anderen Angaben wie etwa zum Gateway und DNS-Server. Sollten Sie dagegen eine Internetanbindung mit fester IP-Adresse nutzen, muss die WAN-Option DHCP (bitte nicht mit dem DHCP-Server des lokalen Netzwerks verwechseln) deakti-viert und alle Angaben müssten entsprechend der Vorgabe des Internetproviders über-nommen werden.

Vorsicht Falle: Konfliktpotenzial am Netzwerkanschluss

Um über einen DSL-Anschluss mit dem Internet in Verbindung zu treten, müssen Sie sich beim Verbindungsaufbau mit Ihrem Account-Namen und dem persönlichen Kennwort anmelden. Wird der Mac direkt mit dem DSL-Modem verbunden, ist die PPPoE-Konfigu-ration des Ethernet-Netzwerkadapters zu wählen. Binden Sie dagegen den Mac über ei-nen DSL- oder WLAN-Router in ein Netzwerk ein, übernimmt der Router die Aufgabe und stellt eine Verbindung zum Internet her. Dementsprechend sind die Zugangsdaten im DSL- oder WLAN-Router zu hinterlegen. Am Mac benötigen Sie dagegen einen normalen Ethernet-Adapter, der in seiner Basiskonfiguration auf DHCP gesetzt ist.

WLAN im Router konfigurieren

Abgesehen von der noch ausstehenden Anpassung der MTU ist die Schnittstelle zwischen dem lokalen Netzwerk und Internet konfiguriert. Theoretisch sollte es Ihnen bereits möglich sein, kabelgebunden Webseiten aufzurufen. Der nun folgende Abschnitt bezieht sich auf die Konfiguration des WLAN-Routers.

Ihr drahtloses Netzwerk muss zunächst mit einer Stationskennung, der sogenannten SSID, versehen werden. Die Kennung sollte allgemeingültigen Charakter haben und darf bis zu 32 Zeichen lang sein. Später stellen alle Rechner, die zu Ihrem drahtlosen Netzwerk gehören, über den SSID-Namen des Knotenpunktes (Access Point) die Verbindung zum Netzwerk her.

In der Regel wird der WLAN-Router vom Hersteller so konfiguriert, dass der Access Point und alle drahtlos verbundenen Rechner automatisch einen Funkkanal (Wireless Channel) aushandeln. Für den Anfang sollten Sie die Einstellung zunächst belassen. Stellt Sie die Qualität der drahtlosen Anbindung nicht zufrieden, liegt das nächste Tuningpotenzial in der Vorgabe eines festen Funkkanals.

So funkt WLAN richtig

Insgesamt 13 Funkkanäle stehen Ihnen mit Wireless LAN nach dem 802.11b- und 802.11g-Standard zur Verfügung. In Mehrfamilienhäusern oder dicht bewohnten Regionen kann es deshalb schon mal zu Konflikten bei der Belegung der Funkkanäle kommen. Geht die Datenübertragung nur schleppend voran oder wird die Arbeit von häufigen Aussetzern unterbrochen, wechseln Sie in den Einstellungen des WLAN-Routers den Funkkanal. Sie sollten bei Ihrem Versuch mindestens drei Funkkanäle Abstand halten. Die an das drahtlose Netzwerk angeschlossenen Rechner erkennen die Änderung automatisch und müssen nicht umgestellt werden.

Im WLAN nach den IEEE-Standards 802.11b und g steht eine Gesamtbandbreite von ca. 60 MHz zur Verfügung. Jeder Funkkanal hat eine Bandbreite von 20 MHz. Die Funkkanäle sind in einem Abstand von ca. 5 MHz zueinander angeordnet. Daraus ergibt sich zwangsläufig die Überlappung der Funkkanäle.

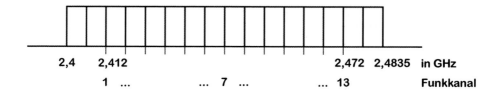

Daraus ergibt sich der Fakt, dass nur wenige Funkkanäle in einem hinreichend großen Frequenzabstand parallel und voneinander störungsfrei betrieben werden können. Die Aussage trifft primär auf die Funkkanäle 1, 7 und 13 zu.

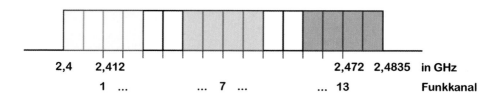

Insoweit sich ein drahtloses Netzwerk dem unmittelbaren Nachbarn überhaupt zuordnen lässt, gestaltet sich die Organisation einer friedlichen Koexistenz mehrerer, parallel betriebener Knotenpunkte schwierig. Allgemein wird die Meinung vertreten, auf der Suche nach der optimalen Sende- und Empfangsfrequenz im Abstand von 3 Funkkanälen schrittweise vorzugehen. Dabei ist zu beachten, dass die Funkkanäle 9 und 10 in einem Frequenzbereich liegen, der in Mikrowellenherden zum Aufwärmen von Speisen genutzt wird. Störpotenzial können ebenso mobile DECT-Telefone entwickeln, die ebenfalls im gesamten Frequenzbereich des WLAN (2,4–2,48 GHz) arbeiten können.

Wenn Sie den Funkkanal im WLAN-Router ändern, sind mittlerweile keine weiteren Änderungen an den drahtlos verbundenen Rechnern erforderlich. Unter Mac OS X genügt es, sich als Benutzer ab- und anzumelden, damit die Änderung vom Mac übernommen wird. In der Windows-Welt hilft unter Umständen der obligatorische Neustart nach.

Im WLAN-Router muss vorgeben werden, welchen Standard (802.11b, 802.11g oder 802.11n) Sie für die drahtlose Netzwerkkommunikation benutzen wollen. Sind alle drahtlos zu vernetzenden Rechner mit WLAN-Adaptern der gleichen Spezifikation ausgestattet, dürfte die Entscheidung nicht schwerfallen. Werden im sogenannten Kompatibilitätsmodus alle unterstützten Standards zugelassen, erhöht die Maßnahme die Verträglichkeit Ihres drahtlosen Netzwerks mit älteren WLAN-Adaptern, bremst dafür die Übertragungsgeschwindigkeit gewaltig aus. Der drahtlose Knotenpunkt richtet sich

im Bedarfsfall am langsameren Funkstandard aus. Deshalb sollten Sie überlegen, ob nicht der Kauf eines schnelleren WLAN-Adapters die bessere Alternative ist.

Wireless > Channel and SSID

To make changes to the wireless settings of the router, make the changes here. Click "Apply Changes" to save the settings. **More Info**

Wireless Channel >	6	**Current Channel >** 6
SSID >	RW28PUH	
Wireless Mode >	802.11g&802.11b	**More Info**
Broadcast SSID >	☑	**More Info**
Protected Mode >	Off	**More Info**

QoS Configuration

ACK Mode >	Immediate ACK	**More Info**
802.11e QoS >	Off	**More Info**

Clear Changes   Apply Changes

Die richtige Verschlüsselung wählen

Die Notwendigkeit, den drahtlosen Datenverkehr zu verschlüsseln, wurde bereits thematisiert. Neben rechtlichen Bedenken und dem Schutz Ihrer Privatsphäre sollte auch aus technischer Sicht der Zugang zum Heimnetzwerk eingeschränkt werden. Immerhin müssen sich alle Rechner, egal ob kabelgebunden oder drahtlos, die Netzwerkressourcen inklusive des Internetzugangs teilen. Das Abriegeln des drahtlosen Netzwerks nach außen sollte ohne Kompromisse auf einem hohen Niveau erfolgen. Deshalb kommen nur das WPA- und WPA2-Protokoll in die engere Auswahl. Sollten Sie sich für das unsichere WEP-Verfahren entscheiden, kann ich Ihnen nur den Rat geben, im Wochenrhythmus den WEP-Schlüssel zu wechseln und im Konfigurationsmenü des WLAN-Routers die Auflistung der angeschlossenen Rechner im Auge zu behalten.

Wechseln Sie in der Konfiguration des WLAN-Routers, der mit WLAN-Sicherheit (WLAN Security oder Wireless Security) betitelt ist. Es ist das Protokoll zur Verschlüsselung der drahtlosen Kommunikation (WPA oder WPA2) sowie die Verschlüsselungsmethode (TKIP oder AES) auszuwählen. Mein Muster-Heimnetzwerk ist nach WPA/PSK (TKIP) gesichert. Daraus ergibt sich zwangsläufig die Festlegung des Pre-Shared Key (PSK). Der Schlüssel kann aus Buchstaben in Groß- und Kleinschreibung, Zahlen und Sonderzeichen bestehen. Die Länge des PSK darf maximal 63 Zeichen, die Mindestlänge sollte

größer als 8 Zeichen sein. Notieren Sie sich unbedingt den Schlüssel, er muss in allen Rechnern mit WLAN-Adapter übertragen werden.

Das Router-Passwort ändern

Wir sind an dem Punkt angekommen, dass der DSL- oder WLAN-Router für erste Testläufe und Probeverbindungen konfiguriert wurde. Zwei Punkte sind derzeit offen und bedürfen des Feintunings. Da wären die Anpassung der Datenpakete (MTU) an die Bedürfnisse Ihres Providers und der mögliche Wechsel der Funkkanäle. Zur erstgenannten Problemstellung werde ich Ihnen konkrete Lösungen anbieten.

1 Bevor Sie sich am DSL- oder WLAN-Router abmelden, sollten Sie unbedingt das Zugangspasswort ändern. Die Option finden Sie in den Systemeinstellungen des Konfigurationsmenüs. Kennwörter nicht zu ändern, die der Hersteller vorgegeben hat, birgt ein großes Sicherheitsrisiko in sich. Sie können dazu in Onlinedokumentationen und Internetforen viele Beispiele nachlesen. Wenn es einem Angreifer gelingt, Ihren DSL- oder WLAN-Router zu identifizieren, ist es für ihn ein leichtes Spiel, die Konfiguration des Gerätes nach seinen Vorstellungen zu manipulieren.

2 Nachdem das Zugangskennwort zum Konfigurationsmenü des DSL- oder WLAN-Routers geändert wurde, können Sie sich am Gerät abmelden.

Die Netzwerkeinstellungen am Mac ändern (Mac OS X 10.4)

Sie haben sich bei der Konfiguration des DSL- oder WLAN-Routers für die manuelle Vergabe der Netzwerkadressen entschieden? Im folgenden Abschnitt möchte ich mit Ihnen den Ethernet-Adapter unter Mac OS X 10.4 und 10.5 dementsprechend konfigurieren.

Wenn Sie Ihren Mac zum ersten Mal einschalten und das Betriebssystem konfiguriert wird, ist Mac OS X bemüht, selbsttätig eine Verbindung zu einem bestehenden Netzwerk herzustellen. Deshalb ist der Ethernet-Adapter in der Basiskonfiguration auf DHCP eingestellt. Unter der Voraussetzung könnten Sie sofort ins Internet gehen, bekommen die Liste der Softwareaktualisierung für Mac OS X angezeigt oder können Ihr E-Mail-Konto einrichten und anschließend abrufen.

Haben Sie sich für die manuell vergebenen IP-Adressen entschieden, müssen die Netzwerkeinstellungen den Gegebenheiten angepasst werden.

1 Gehen Sie über das Apfel-Symbol in der Menüleiste oder das Symbol *Systemeinstellungen* im Dock in die Systemeinstellungen, dort im Abschnitt *Internet & Netzwerk* zur Auswahl *Netzwerk*. Um Änderungen vorzunehmen, benötigen Sie das Recht, den Mac zu verwalten (Administrator). Dementsprechend müssen Sie sich über das Schloss-Symbol mit Ihrem Passwort identifizieren.

2 Standardmäßig sind in den *Netzwerk-Konfigurationen* (Auswahl *Anzeigen*) alle Anschlüsse aufgelistet, die momentan eine Verbindung zum Netzwerk halten oder zulassen.

Da wir nur den Ethernet-Anschluss benötigen, habe ich alle anderen Netzwerkadapter in der Spalte *Ein* abgeschaltet. Damit greife ich etwas dem nächsten Kapitel vor, in dem ich die Möglichkeit beschreibe, mehrere Netzwerkanschlüsse und Internetzugänge unter Mac OS X einzurichten und zu nutzen.

3 Wechseln Sie in der Auswahl *Anzeigen* zum Netzwerkanschluss *Ethernet*. Im Register *TCP/IP* ist *DHCP* aktiviert. Klicken Sie auf den Eintrag *DHCP* und gehen Sie in der sich öffnenden Auswahl auf die Option *Manuell*.

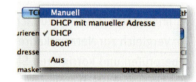

Konfliktpotenzial: manuell IP-Adressen richtig vergeben

Um Konflikte in Ihrem Netzwerk zu vermeiden, müssen Sie bei der manuellen Vergabe der IP-Adressen unbedingt darauf achten, dass jeder Zahlenschlüssel nur einmal vergeben werden darf. In Ihrem Netzwerk belegt bereits der DSL- oder WLAN-Router eine IP-Adresse (z. B. 192.168.2.1). Damit kann die erste von Ihnen zu vergebende Netzwerkadresse nur 192.168.2.2 lauten. Es muss immer nur die letzte Zahl fortlaufend geändert werden.

4 Nun sind mehrere Einträge erforderlich. Die notwendigen Angaben sollten Sie sich bei der Konfiguration des DSL- oder WLAN-Routers notieren. Alternativ schauen Sie im Handbuch des Geräteherstellers nach. Hier sollten sie ebenfalls festgehalten sein. Wir benötigen die Netzwerkadresse des Routers und der Teilnetzmaske.

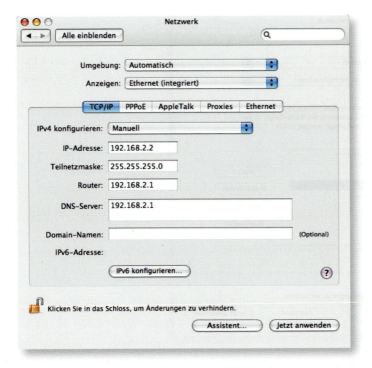

5 Im Register *TCP/IP* ist zunächst die zukünftige IP-Adresse des Rechners einzutragen. Im Vergleich zur Netzwerkadresse des Routers ist lediglich die letzte Stelle zu ändern. Überprüfen und korrigieren Sie bei Bedarf die Adresse der Teilnetzmaske. Mac OS X hat sie automatisch eingefügt. Nun muss noch die IP-Adresse des Routers eingetragen werden. Auch wenn wir in unserem Heimnetzwerk keinen DNS-Server einsetzen, muss der Eintrag ausgefüllt werden. Hierfür ist die Netzwerkadresse des Routers zu verwenden. Sind alle Angaben korrekt, beenden Sie die Netzwerkkonfiguration des Ethernet-Anschlusses mit *Jetzt anwenden* und schließen die Systemeinstellungen.

Brauche ich AppleTalk für mein Netzwerk?

In den Netzwerkeinstellungen befindet sich ein Register *AppleTalk*. Hierbei handelt es sich um eine Reihe von Netzwerkprotokollen, die in den Vorgängerversionen von Mac OS X große Bedeutung beim Aufbau eines reinen Mac-Netzwerks hatten. Ohne in Apple-Talk einen Alleinschuldigen zu suchen, trug es zum „Mythos" des inkompatiblen Macs bei. Heute hat AppleTalk kaum noch Bedeutung. Viele positive Aspekte von AppleTalk spiegeln sich in Bonjour (vormals Rendezvous) wider.

Die Netzwerkeinstellungen am Mac ändern (Mac OS X 10.5)

Die Netzwerkeinstellungen in Mac OS X 10.5 hat Apple nicht nur äußerlich überarbeitet. Mir gefällt die neue Anordnung der Netzwerkadapter besser als die bisher dreigeteilte Auswahl. Am Prinzip des Einrichtens des Netzwerkanschlusses hat sich indessen nichts geändert.

1 Gehen Sie zur Auswahl *Netzwerk* (Bereich *Netzwerk & Internet*) in den Systemeinstellungen. Klicken Sie auf das Schloss-Symbol und melden Sie sich als Benutzer mit administrativen Rechten an. Nun ist der Ethernet-Anschluss aus der Liste der vorhandenen Netzwerkadapter und in der Auswahl *Konfiguration* die Option *Manuell* auszuwählen.

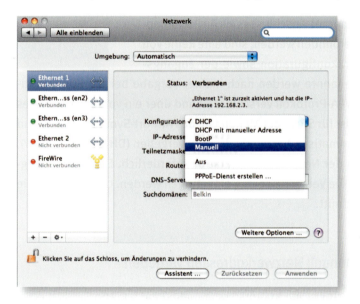

2 Tragen Sie die Netzwerkadresse ein und korrigieren Sie bei Bedarf die Teilnetzmaske. Achten Sie unbedingt darauf, dass die von Ihnen eingetragene Netzwerkadresse noch nicht im Netzwerk vergeben wurde. Wenn Sie mit dem Mauszeiger auf den Button *Anwenden* klicken, wird die Konfiguration übernommen und die Systemeinstellungen können wieder geschlossen werden.

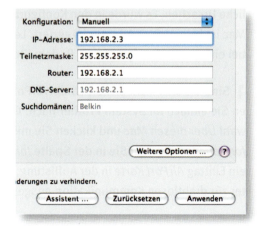

Was ist die Teilnetzmaske?

Die Aufgabe der Teilnetzmaske, auch Subnetzmaske genannt, lässt sich nicht mit kurzen Worten beschreiben. Primär geht es darum, mithilfe der Teilnetzmaske eine Möglichkeit zu schaffen, große Netzwerke in kleine Teilnetzwerke zu splitten und mehr Spielraum bei der Vergabe von Netzwerkadressen zu erlangen. So lassen sich dieselben Netzwerkadressen in unterschiedlichen Subnetzmasken verwenden.

Die WLAN-Einstellungen am Mac ändern (Mac OS X 10.4)

Soll der Mac anstelle des Ethernet-Anschlusses via AirPort-Adapter mit dem WLAN-Router verbunden werden, sind eine Reihe von Anpassungen der Netzwerkkonfiguration sowie der Zugangs-  daten erforderlich. Letztgenannte werden nach meiner Vorgabe bei der Konfiguration des WLAN-Routers im WPA-Protokoll verschlüsselt und über ein vorab vereinbartes Kennwort (PSK) gesichert. Ist für Sie in der Menüleiste das AirPort-Symbol sichtbar und lassen sich vom Router automatisch Netzwerkadressen vergeben (DHCP-Server aktiv), sind keine Änderungen an der Netzwerkkonfiguration erforderlich. Es müssen lediglich die Zugangsdaten und die Verschlüsselung eingetragen werden. Überspringen Sie einfach den nächsten Abschnitt.

AirPort aktivieren und manuell Netzwerkadressen vergeben

Wenn das AirPort-Symbol nicht in der Menüleiste eingeblendet ist, gibt es zwei mögliche Ursachen: Es wurde in den Konfigurationseinstellungen deaktiviert oder in Ihrem Mac ist kein AirPort-Adapter integriert. Letztgenannter Hinweis mag banal klingen, ist bei einigen älteren Geräten (z. B. dem iBook) hingegen gar nicht so abwegig.

1 Sind Sie sich nicht sicher, ob ein AirPort-Adapter in Ihrem Mac installiert ist, schauen Sie einfach im System Profiler nach. Gehen Sie über das Apfel-Symbol in die Auswahl *Über diesen Mac* und klicken Sie mit dem Mauszeiger auf den Button *Weitere Informationen*. Suchen Sie in der Spalte *Inhalt* nach der Gruppe *Netzwerk*. Befindet sich ein Eintrag *AirPort Karte* in der Auflistung, ist Ihr Mac mit einem entsprechenden Adapter zur drahtlosen Kommunikation ausgestattet.

2 Nunmehr können Sie davon ausgehen, dass das AirPort-Symbol in den Netzwerkeinstellungen deaktiviert wurde. Wie bereits mehrfach praktiziert, führt Sie der Weg in die
Netzwerk-Konfigurationen der Systemeinstellungen. Melden Sie sich über das Schloss-
Symbol als Benutzer an, der den Mac verwalten darf. Gehen Sie in der Umgebung *Automatisch* über die Auswahl *Anzeigen* in die AirPort-Konfiguration. Aktivieren Sie im
unteren Fenster die Option *AirPort Status in der Menüleiste anzeigen* und das Symbol
wird in der Menüleiste eingeblendet.

3 Haben Sie sich bei der Konfiguration des
WLAN-Routers für eine manuelle Vergabe der
Netzwerkadressen entschieden, nutzen wir un-
seren Abstecher in die AirPort-Konfiguration, um
die entsprechenden Einstellungen vorzunehmen.
Sie sind mit der Ethernet-Konfiguration manuell

vergebener Netzwerkadressen identisch. Klicken Sie mit dem Mauszeiger auf das Register *TCP/IP* und wechseln Sie in der Auswahl *IPv4 konfigurieren* von *DHCP* zur Option *Manuell*.

4 Unter Berücksichtigung aller bisher im Heimnetzwerk vergebenen Netzwerkadressen folgen nun die Vergabe der Netzwerkadresse des WLAN-Clients, die Eingabe der Netzwerkadresse des WLAN-Routers und gegebenenfalls die Anpassung der Teilnetzmaske. Da es für den Aufbau des Netzwerks egal ist, über welche Anbindung der Rechner mit dem Netzwerk verbunden ist (Ethernet oder Wireless Access Point), dürfen keine Dopplungen der Netzwerkadressen vorliegen. Der AirPort-Adapter ist konfiguriert und die Einstellungen können mit *Jetzt anwenden* übernommen werden. Schließen Sie die Systemeinstellungen.

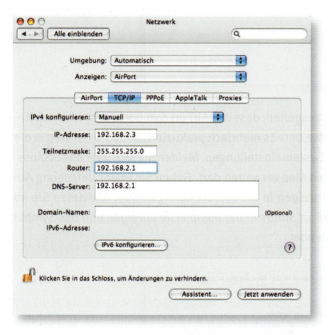

Den Mac per AirPort mit dem Heimnetzwerk verbinden

Nachdem der AirPort-Adapter konfiguriert wurde, können Sie eine drahtlose Netzwerkverbindung zum WLAN-Router herstellen.

1 Klicken Sie mit dem Mauszeiger auf das AirPort-Symbol in der Menüleiste und wählen Sie den Namen Ihres drahtlosen Netzwerks aus. Der Name ist identisch mit der SSID, die bei der Konfiguration des WLAN-Routers angegeben wurde.

2 Die Auswahl des drahtlosen Netz-werks öffnet ein Fenster, in dem Sie aufgefordert werden, ein Kennwort einzugeben (Schutz: *Persönlicher WPA*). In diesem Fall handelt es sich um den PSK. Er wurde wie die Sta-tionskennung SSID beim Einrichten

des WLAN-Routers von Ihnen vergeben. Achten Sie unbedingt auf die Groß- und Klein-schreibung der Buchstaben. Beide hinterlegten Kennwörter (WLAN-Router und Mac) müssen identisch sein. Um sich später bei jedem Verbindungsaufbau die Eingabe des vorab vereinbarten Kennworts zu ersparen, lässt es sich zum Schlüsselbund hinzufü-gen. Sind alle Einträge erfolgt, bestätigen Sie die Angaben mit dem *OK*-Button.

3 Nach wenigen Sekunden sollten sich die hellgrauen Teilkreise des AirPort-Symbols in schwarze Kreiszüge verwandeln. Die drahtlose Netzwerkverbindung steht und Ihr Mac wurde dem Heimnetzwerk hinzugefügt.

Die WLAN-Einstellungen am Mac ändern (Mac OS X 10.5)

Nun soll ein Mac drahtlos mit dem Heimnetzwerk verbunden werden, auf dem das neus-te Betriebssystem von Apple, Mac OS X 10.5, installiert ist. Gehen Sie dazu über das Ap-fel-Symbol in der Menüleiste oder das entsprechende Dock-Symbol in die Systemein-stellungen und klicken Sie mit dem Mauszeiger auf die Auswahl *Netzwerk* im Abschnitt *Internet & Netzwerk*.

Um Änderungen an der Netzwerkkonfiguration vornehmen zu können, benötigen Sie administrative Rechte. Ich setze voraus, dass ein AirPort-Netzwerkadapter in Ihrem Mac eingebaut ist und die Statusanzeige in der Menüleiste sichtbar ist.

1 Wählen Sie in der Liste der zur Verfügung stehenden Netzwerkadapter *AirPort* aus. In der Zeile *Netzwerkname* sollte bereits der Name des Heimnetzwerks angezeigt sein. Ist das nicht der Fall, klicken Sie mit dem Mauszeiger auf die Auswahlliste und wäh-len Ihr drahtloses Netzwerk aus. Daran anschließend klicken Sie auf den Button *Wei-tere Optionen*.

2 Im Register *AirPort* sollten Sie die Optionen *Alle Netzwerke merken, mit denen dieser Computer verbunden war*, *Verbindung zu drahtlosen Netzwerken beim Abmelden trennen* und *Zum Konfigurieren von AirPort ist ein Administratorkennwort erforderlich* aktivieren. Damit ist sichergestellt, dass die drahtlose Netzwerkverbindung zukünftig sofort abrufbar ist und die Konfiguration entfällt. Wenn der drahtlos verbundene Mac heruntergefahren wird oder ein Benutzer sich abmeldet, erfolgt zudem die Trennung der WLAN-Verbindung. Anschließend klicken Sie mit dem Mauszeiger auf die *Bearbeiten-*Funktion (Stift-Symbol) unterhalb der Auswahl *Bevorzugte Netzwerke*.

3 Der WLAN-Router des Heimnetzwerks wurde über die WPA-Verschlüsselung und ein Kennwort, den sogenannten PSK oder Pre-Shared Key, gesichert. Dementsprechend muss die Kennwortphrase, die im WLAN-Router hinterlegt ist, in der Zeile *Kennwort* eingetragen werden. Achten Sie unbedingt auf die Groß-

und Kleinschreibung. Um die Eingabe abzuschließen, klicken Sie mit dem Mauszeiger auf den Button *Hinzufügen*.

4 Im nächsten Schritt greifen Sie der Anpassung an das gemischte Netzwerk vor. Es geht um die Namensvergabe im Windows-Netzwerk sowie die Zuordnung zu einer Arbeitsgruppe. Letztgenannte Option gibt Mac OS X in der Regel als *workgroup* vor. An dieser Festlegung muss sich nichts ändern. Klicken Sie auf die Auswahlliste in der Zeile *Arbeitsgruppe* und wählen Sie den betreffenden Namen Ihrer Windows-Arbeitsgruppe aus. In der Zeile *NetBIOS-Name* tragen Sie jenen Rechnernamen ein, der auf allen Windows-Maschinen angezeigt werden soll. Um Verwechslungen zu vermeiden, können Sie denselben Computernamen wie im homogenen Mac-Netzwerk verwenden. Schließen Sie die erweiterten Optionen mit einem Mausklick auf den Button *OK*.

Manuelle Netzwerkadresse vergeben

Wenn Sie sich in Ihrem Heimnetzwerk für die manuelle Vergabe der Netzwerkadressen entschieden haben, muss der AirPort-Netzwerkadapter dementsprechend konfiguriert werden. Gehen Sie dazu in das Register *TCP/IP* und ändern Sie – wie bereits beschrieben – die Netzwerkadressenvergabe von *DHCP* in *Manuell*. Anschließend sind die Netzwerkadressen der benötigten Dienste von Hand einzutragen.

5 Die Anpassungen des drahtlosen Netzwerkadapters sind so weit abgeschlossen, dass die Änderungen übernommen werden können. Klicken Sie mit dem Mauszeiger auf den Button *Anwenden*. Nach wenigen Sekunden sollte das gelbe Aktivitätssignal in ein grünes Symbol umschlagen. Der AirPort-Netzwerkadapter ist konfiguriert und kann von Ihnen genutzt werden.

Feintuning – Übertragungsgeschwindigkeit optimieren

Die Differenzen der zulässigen Paketgrößen MTU im Ethernet (1.500 Byte), WLAN (2.312 Byte) und der PPPoE-Verbindung (maximal 1.492 Byte) sind offensichtlich. In der Endkonsequenz bedeutet ein Beibehalten der jeweiligen MTU-Größe, dass der DSL- oder WLAN-Router quasi permanent mit dem Fragmentieren (Zerlegen) der Datenpakete beschäftigt ist. Mehr Netzwerkpakete ziehen ein höheres Datenaufkommen nach sich, was wiederum zur Verlangsamung des Netzwerkverkehrs führt. Am Ende kann sich der

DSL- oder WLAN-Router von der Daueraufgabe überfordert fühlen und quittiert unter Umständen den Dienst mit einem erstklassigen Systemabsturz. Es steht ein Neustart an und flüchtig gespeicherte Einstellungen (zum Beispiel die Zuordnung einer Netzwerkadresse zur MAC-Adresse) gehen womöglich verloren.

Vergleichen Sie die MTU des WLAN (2.312 Byte) mit dem PPPoE-Protokoll (maximal 1.492 Byte), dann liegt offensichtlich ein beachtlicher Größenunterschied vor. Lassen Sie mich in dem Zusammenhang die MTU mit der maximalen Traglast einer Brücke vergleichen. Sie verbindet unser lokales Netzwerk mit dem Internet. Um über die Brücke zu gelangen, sind maximal 1.492 Byte erlaubt. Alle Fahrzeuge, die nicht über diese Brücke müssen, haben eine Last von 1.500 (Ethernet) oder 2.312 Byte (WLAN). Sollen sie über die Brücke auf eine Fernreise (Internet) gehen, steht der Brückenwärter (Router) vor der Aufgabe, dass die maximal zulässige Tragkraft der Brücke nicht überschritten wird. Alle Fahrzeuge, die der Festlegung nicht entsprechen, müssen einen Teil ihrer Last auf neue Fahrzeuge umladen und dürfen erst dann die Brücke passieren. Das Chaos an der Brückenzufahrt ist vorprogrammiert.

Doch wie können wir unser Heimnetzwerk vor dem Datenkollaps bewahren und für eine zügige Abfertigung an der Brücke zwischen den Netzwerken sorgen? Der Bau einer zweiten Brücke (Internetzugang) würde unser Problem nicht wirklich lösen, sondern nur auf zwei Schwachstellen verteilen. Bei gleichbleibendem Fahrzeugverkehr sind jetzt zwei Brückenwärter damit beschäftigt, das Übergewicht einzelner Fahrzeuge auf andere fahrbare Untersätze zu verteilen. Sicherlich entkrampft sich die Stausituation an der ersten Brücke, in der Gesamtheit bleibt alles beim Alten. Anders sieht es aus, wenn wir das zulässige Gewicht aller Fahrzeuge reglementieren. Jedes Gefährt darf das Gewicht des schwächsten Glieds unseres Verkehrsverbunds nicht überschreiten. In dem Fall ist es die Brücke lokales Netzwerk zum Internet. Wenn sich jedes Fahrzeug an diese Beschränkung hält, besteht die Aufgabe des Brückenwärters lediglich noch im Durchwinken der Fahrzeuge. Das Feintuning der MTU und damit die Optimierung der Übertragungsgeschwindigkeit zum Internet verfolgen diesen Ansatz.

MTU-Optimierung unter Windows

Standardmäßig aktiviert Windows neben dem TCP/IP-Protokoll noch weitere Dienste (zum Beispiel QoS, **Q**uality **o**f **S**ervice), die letztendlich ihre Spuren in einem Datenpaket hinterlassen. Sie müssen bei der Anpassung der MTU mit berücksichtigt werden. In der Endkonsequenz ist am Windows-PC und bei Aktivierung der zusätzlichen Dienste die Größe der MTU weiter herabzusetzen.

Beim Einrichten des AirPort-Adapters im Heimnetzwerk reduzieren Mac OS X 10.4 und 10.5 die Größe der MTU bereits auf 1.500 Byte. Zwar ergibt sich daraus nur noch eine Differenz von 8 Byte Überlast, doch hat der Zahlenwert keinerlei Auswirkung auf das eigentliche Problem. Vom WLAN-Router muss so oder so ein zweites Datenpaket geschnürt werden. Die eigentliche Lösung des Problems muss in zwei Schritten erfolgen.

1 Zunächst gilt es, verbindlich herauszufinden, welche MTU-Größe Ihr Provider zulässt. Be-

mühen Sie gegebenenfalls den Support mit der Frage. Andernfalls hilft die Methodik des unbekümmerten Probierens weiter. Setzen Sie in der Konfiguration des DSL- oder WLAN-Routers zunächst den höchstmöglichen Wert von 1.492 Byte an und testen Sie anschließend die Stabilität der Internetverbindung. Das kann zum Beispiel über den Geschwindigkeitsvergleich beim Aufrufen verschiedener Webseiten erfolgen. Leeren Sie vorher unbedingt den Zwischenspeicher (Cache) des Internetbrowsers. Er verfälscht sonst den Vergleich. Treten Störungen und Ausfälle der Internetverbindung auf, ist die Größe der MTU schrittweise im Konfigurationsmenü zu reduzieren.

2 Ist es Ihnen gelungen, empirisch eine optimale MTU zu ermitteln, bildet der Wert die Grundlage für den Datenverkehr innerhalb und außerhalb des lokalen Netzwerks. Jedem Rechner des lokalen Netzwerks muss deshalb die Größe der MTU mitgeteilt werden. Die Konfiguration der Ethernet-Adapter stellt dabei das geringste Problem dar. Gehen Sie über das Apfel-Symbol der Menüleiste oder das Symbol *Systemeinstellungen* in die Systemeinstellungen. Im Abschnitt *Internet & Netzwerk* klicken Sie mit dem Mauszeiger auf das Symbol *Netzwerk*. Wie schon mehrfach beschrieben, ist der Ethernet-Adapter aus der Liste aller verfügbaren Netzwerkanschlüsse auszuwählen (Mac OS X 10.4: Auswahl *Anzeigen*). Unter Mac OS X 10.5 rufen Sie die Konfiguration über den Button *Weitere Optionen* auf. Unabhängig von der Mac OS X-Version führt uns der Weg zum Register *Ethernet*. Ändern Sie die Konfiguration von *Automatisch* auf *Manuell*. Anschließend ist die Auswahl *MTU* von *Automatisch* (1.500) auf die Option *Eigene* zu setzen. Jetzt ist im darunterliegenden Eingabefeld der Wert einzutragen, den Sie im Konfigurationsmenü des DSL- oder WLAN-Routers eingetragen haben. Anschließend kann das Optionsfenster geschlossen (Mac OS X 10.5) und die Konfiguration mit *Anwenden* bzw. *Jetzt anwenden* übernommen werden.

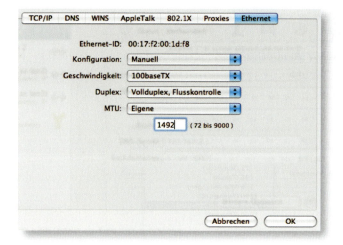

3 Am AirPort-Adapter gestaltet sich die Anpassung der MTU schwierig. Mac OS X 10.5 überwacht den Datenverkehr und soll die Größe automatisch den Netzwerkbedingungen anpassen. Dagegen erlaubt die Vorgängerversion 10.4 zwar individuelle Eingriffe, doch sind sie nicht über die Benutzeroberfläche zugänglich. Außerdem muss die Änderung der AirPort-MTU nach jedem Neustart erneuert werden.

Abhilfe schafft ein Skript, das als sogenanntes Start-up-Item bei jedem Hochfahren des Macs geladen wird. Persönlich kann ich kryptischen Programmcodes nichts abgewinnen und habe mich deshalb auf die Suche nach einer anderen Lösung gemacht.

4 Das Wartungs- und Anpassungsprogramm TinkerTool System (*www.bresink.de*, Shareware, 9 Euro) schließt die Lücke. Der Softwareentwickler stellt im Register *Netzoptimierung* des Menüs *Systemeinstellungen* die gewünschte Anpassung der MTU aller Nicht-Ethernet-Adapter bereit. Wohlgemerkt gelten die Änderungen nur für Mac OS X 10.4.

Wählen Sie aus dem Menü *Bestimmter Anschluss* den AirPort-Adapter aus. Im Menü *Maximale Transfer-Einheit (MTU, Bytes)* stehen Ihnen typische Werte zur Auswahl. Weicht die empirisch ermittelte MTU von den Vorgaben ab, setzen Sie die Auswahl auf die Option *Andere* und tragen Ihren Wert im darunterliegenden Eingabefeld ein.

Übernehmen Sie die Einstellungen mit einem Mausklick auf den Button *Dauerhaft machen*. Das Programm TinkerTool System kann geschlossen werden.

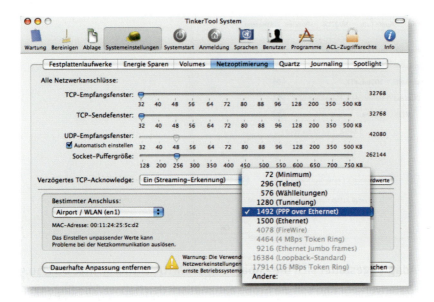

Übermut tut selten gut – Vorsicht bei Systemoptimierungen

Wartungs- und Anpassungsprogramme wie TinkerTool, OnyX & Co. sind nützliche Helfer, wenn es um die Aktivierung versteckter Optionen oder die regelmäßige Systempflege des Macs geht. Die Entwickler sind bemüht, ihre Software so zu gestalten, dass der plötzliche Systemtod Sie eigentlich nicht ereilen sollte. Trotzdem möchte ich Sie vor übermütigen Optimierungsversuchen warnen. Seien Sie sich der Konsequenzen bewusst, dass ein Häkchen an der falschen Stelle viel Arbeit zur Rettung des Rechners und seiner Daten nach sich ziehen kann.

Checkliste – Wenn das Netzwerk nicht oder eingeschränkt funktioniert

Das Netzwerk hat ein Stadium erreicht, dass alle angeschlossenen Rechner Verbindung zum Internet aufnehmen können. Ist das wider Erwarten nicht der Fall, habe ich Ihnen eine Liste möglicher Fehlerquellen zusammengestellt.

Ihr DSL- oder WLAN-Router protokolliert in der Regel alle Rechner, die Kontakt zu ihm aufgenommen haben. Für den Fall, dass nicht alle Rechner von dem Ausfall betroffen sind, sehen Sie im Konfigurationsmenü die aktuelle Auflistung ein.

IP Address	Host Name	MAC Address
192.168.2.2	Firemaster-2006	00:17:f2:4f:cb:15
192.168.2.3	bigsilversheep	00:17:f2:00:1d:f8
192.168.2.4	SHEEPXP	00:bb:2d:e1:87:d5
192.168.2.5	weissschafi	00:14:51:86:22:d7

Refresh

Besteht zwischen dem abtrünnigen Rechner und dem DSL- oder WLAN-Router eine Netzwerkverbindung, kann eine Fehlkonfiguration des Netzwerkadapters oder ein Defekt
des Netzwerkkabels ausgeschlossen werden.

Hilfreicher Rechner- und Router-Neustart

Das Konfigurieren des Netzwerks, angefangen beim DSL- oder WLAN-Router bis hin zu
den Rechnern, fördert gelegentlich sonderbare Phänomene ans Tageslicht. Sind Sie sicher, dass alle Einstellungen korrekt ausgeführt wurden, kann ein Neustart der Geräte
für ein kleines Wunder sorgen. Fahren Sie Ihre Rechner runter und trennen Sie das DSL-
Modem sowie den DSL- oder WLAN-Router von der Spannungsversorgung. Warten Sie
ca. 1 Minute ab und fahren Sie dann Schritt für Schritt alle Systeme wieder hoch. Beginnen Sie beim DSL-Modem, gefolgt vom DSL- oder WLAN-Router und am Ende kommt der
Rechner. Achten Sie unbedingt darauf, dass das Modem und der DSL- oder WLAN-Router einige Zeit zur Neuinitialisierung benötigen (siehe Gerätehandbuch). Erst wenn der
Vorgang abgeschlossen ist, setzen Sie das nächste Gerät in Betrieb.

Keine Verbindung zum Internet

Rufen Sie im Internetbrowser die Netzwerkadresse des DSL- oder WLAN-Routers auf. Wird
die Startseite der Router-Konfiguration angezeigt, kann ein Fehler in den Einstellungen des
Netzwerkadapters oder eine Beschädigung des

Internet Settings	
WAN MAC address	00:11:50:CF:7E:FB
Connection Type	PPPoE
Subnet mask	255.255.255.255
Wan IP	79.193.240.214
Default gateway	217.0.118.126
DNS Address	217.237.151.51

Netzwerkkabels (Verbindung via Ethernet) ausgeschlossen werden. Lassen Sie sich anschließend den aktuellen Verbindungsstatus anzeigen. Hier lässt sich einsehen, ob eine Verbindung zum Internet Service Provider besteht und dem DSL- oder WLAN-Router
eine Netzwerkadresse (WAN-IP) zugewiesen wurde.

Ist das nicht der Fall, überprüfen Sie in der Router-Konfiguration die Anmeldedaten (Benutzername und Passwort). Alternativ lässt sich die Betriebsbereitschaft des DSL-Modems dadurch prüfen, dass Sie Ihren Mac direkt mit dem DSL-Modem verbinden (Internet via PPPoE). Lässt sich

```
System log:
Thu Jan 1 00:00:11 1970 -WAN : PADI sent
Thu Jan 1 00:00:11 1970 -WAN : PADO received
Thu Jan 1 00:00:11 1970 -WAN : PADR sent
Thu Jan 1 00:00:11 1970 -WAN : PADS received
1970-01-01 00:00:16-WAN PPPoE connected
2008-02-10 10:32:13-192.168.2.3 logout
2008-02-10 10:32:20-192.168.2.3 login
```

eine direkte PPPoE-Verbindung herstellen, starten Sie den DSL- oder WLAN-Router neu
und unternehmen einen neuen Versuch, vom lokalen Netzwerk eine Verbindung zum

Internet aufzubauen. Zeichnet der DSL- oder WLAN-Router Systemereignisse auf, kann ein Blick in die sogenannte Log-Datei ebenfalls Aufschluss über ein mögliches Problem bringen. Häufigste Ursache in diesem Fall ist die abgewiesene Anmeldung durch den Provider.

Keine Verbindung zum Router

Die Störung lässt generell auf eine falsche Netzwerkadresse bei der manuellen IP-Adressenvergabe oder auf ein defektes Netzwerkkabel schließen. Ebenso könnte der Netzwerkadapter defekt oder abgeschaltet sein (siehe Netzwerkkonfiguration und die aktivierten Netzwerkadapter). Im Regelfall sollte die Möglichkeit nicht auftreten, doch käme genauso eine Blockade sämtlicher Netzwerkaktivitäten durch die Firewall infrage. Haben andere Rechner des Netzwerks Zugriff auf den DSL- oder WLAN-Router bzw. können im Internet surfen, ist eine Fehlfunktion des DSL- oder WLAN-Routers ausgeschlossen.

✦ Kontrollieren Sie in der Konfiguration des Routers, ob der verfügbare Netzwerkadressenbereich ausrei-

chend viele IP-Adressen bereithält. Das gilt besonders dann, wenn Sie die Anzahl der verfügbaren Netzwerkadressen aus Gründen der Sicherheit eingeschränkt haben und dem DHCP-Server keine freie IP-Adresse mehr zur Vergabe bereitsteht.

✦ Arbeitet Ihre Netzwerkadressenvergabe mit einem MAC-Adressenfilter, kann hier ebenfalls ein gewisses Konfliktpotenzial liegen, wenn an der Hardware des Rechners durch eine Reparatur oder einen Komponentenaustausch Veränderungen vorgenommen wurden.

✦ Tritt der Fehler bei WLAN-Verbindungen auf, sollten Sie die Verschlüsselungsmethode und das festgelegte Kennwort überprüfen. Ohnehin sollte Mac OS X Ihnen eine Meldung anzeigen, wenn die Authentifizierung fehlgeschlagen ist.

WLAN-Verbindung bricht gelegentlich ab

Der Effekt tritt sehr häufig bei Konflikten mit dem benutzten Funkkanal auf. DECT-Mobiltelefone, andere WLAN-Netzwerke

oder elektrische Geräte erzeugen ihrerseits Signale, diee die reibungslose Datenübertragung erheblich stören können. Deshalb empfiehlt es sich, den bisherigen Funkka-

nal zu wechseln und empirisch einen weniger störanfälligen Kanal zu ermitteln. Verbinden Sie sich kabelgebunden mit dem WLAN-Router und rufen Sie das Konfigurationsmenü auf. Wechseln Sie in die WLAN-Einstellungen und wählen Sie einen anderen Funkkanal aus. Er sollte drei Kanäle höher oder tiefer als die bisherige Einstellung liegen. Aktivieren Sie die Änderung und melden Sie sich am drahtlos verbundenen Mac als Benutzer ab und wieder an. Durch das Ab- und Anmelden registriert Mac OS X die Änderung der AirPort-Einstellungen. Probieren Sie aus, ob sich die Gesamtsituation verbessert hat. Gegebenenfalls sind mehrere Versuche notwendig, bis Sie ein befriedigendes Ergebnis erzielen.

WLAN-Verbindung ist sehr langsam

Wenn Sie die im vorherigen Abschnitt beschriebenen Störungen als Ursache ausschließen können, dann ist mit großer

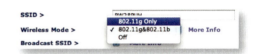

Wahrscheinlichkeit der sogenannte Kompatibilitätsmodus in der Konfiguration des WLAN-Routers für die Verlangsamung des Datenverkehrs verantwortlich. Der Effekt ist vorprogrammiert, wenn Sie 802.11b und 802.11g-Adapter zulassen. Im Sinne der Verträglichkeit müssen sich alle drahtlos verbundenen Rechner an der langsamsten Übertragungsgeschwindigkeit orientieren. Überprüfen Sie im System Profiler jedes Macs, den Sie drahtlos in das Heimnetzwerk einbinden, ob überhaupt Netzwerkadapter nach der 802.11b-Spezifikation verbaut sind. In den letzten Jahren hat Apple seine Macs mit AirPort Extreme-Adaptern (802.11n) ausgestattet. Die Überprüfung schließt natürlich Windows-Rechner ein, die ebenfalls drahtlos Kontakt zum WLAN-Router suchen. Befinden sich keine 802.11b-Netzwerkadapter in Ihrem Netzwerk, setzen Sie die Konfiguration des WLAN-Routers auf die schnellere 802.11g-Spezifikation.

Damit Ihr Mac die Änderung der drahtlosen Netzwerkverbindung aktualisiert, melden Sie sich als Benutzer ab und wieder an.

Der Verbindungsaufbau zum Internet nimmt gelegentlich längere Zeit in Anspruch

Hierfür gibt es zwei mögliche Ursachen. Einige Provider trennen in der Regel nach 24 Stunden oder zu einer bestimmten Zeit bestehende Verbindungen. Der internetbegeisterte Volksmund nennt die Praxis Zwangstrennung. Nach einer solchen Zwangstrennung muss der DSL- oder WLAN-Router erst wieder eine Verbindung zum Internet herstellen, die kurze Zeit in Anspruch nehmen kann.

Eine andere Ursache kann der DSL- oder
WLAN-Router selbst sein. Fast alle Geräte
bieten eine sogenannte Idle Timeout-Funk-

☑ Disconnect after [90|]   minutes of no activity.

More Info

tion. Sie trennt selbsttätig nach einer gewissen Zeit der Inaktivität die Verbindung zum
Internet. Wird nach der Trennung eine neue Anforderung an das Internet gestellt, nimmt
der Aufbau der Verbindung zum Internet eine kurze Zeit in Anspruch. Das Abschalten
einer inaktiven Internetverbindung lässt sich in der Konfiguration des DSL- oder WLAN-
Routers anpassen oder abschalten. Lesen Sie dazu im Handbuch oder in der Hilfe der
Konfigurationsoberfläche nach.

Die Übertragungsgeschwindigkeit innerhalb des Netzwerks und zum Internet ist gelegentlich sehr langsam

Ich setze an der Stelle voraus, dass von Ihnen die MTU aller mit dem Heimnetzwerk verbundenen Rechner angepasst wurde. Mit dem Schritt ist sichergestellt, dass die Datenpakete ohne den Zwischenschritt des Fragmentierens durch den DSL- oder WLAN-
Router ins Internet gelangen.

Überprüfen Sie, in welcher Situation es zur Verlangsamung im Datenverkehr kommt.
Werden große Daten aus dem Internet geladen oder zwischen den Rechnern des Netzwerks ausgetauscht? Ist das der Fall, liegt der Einbruch bei den Übertragungsgeschwindigkeiten in den vorhandenen Ressourcen. Alle Rechner des Netzwerks müssen sich
die Kapazitäten teilen. Je mehr Clients gleichzeitig auf das Internet zugreifen und es
intensiv nutzen, muss die gegebene Bandbreite durch die Anzahl der aktiven Rechner
geteilt werden. Dasselbe gilt, wenn innerhalb des Netzwerks zur gleichen Zeit große
Datenmengen bewegt werden.

Der Router zeigt eine WAN-IP-Adresse an, trotzdem besteht keine Verbindung zum Internet

Vereinzelte Störungen in der Internetanbindung oder das automatische Trennen bzw.
Zuweisen einer neuen Netzwerkadresse durch den Provider können einen DSL- oder
WLAN-Router gelegentlich aus dem Tritt bringen. Hier hilft eigentlich nur ein Neustart
des Gerätes. Trennen Sie ihn von der Spannungsversorgung und warten Sie einige Sekunden ab. Nachdem er wieder an die Spannungsversorgung angeschlossen ist, sollte
er nach der Initialisierung wieder einsatzbereit sein. Ist das nicht der Fall, wiederholen Sie die Prozedur und beziehen das DSL-Modem mit ein. Achten Sie dabei auf die
Einschaltreihenfolge. Erst ist das DSL-Modem, dann der DSL- oder WLAN-Router in Be-

trieb zu nehmen. Nicht ohne einen gewissen sarkastischen Unterton möchte ich behaupten, dass der gelegentliche Neustart des DSL- oder WLAN-Routers zum Hobby des Heimnetzwerkers gehört.

1.4 Verschiedene Netzwerkanschlüsse am Mac kombinieren

Bisher bin ich bei der Konfiguration des Netzwerkanschlusses davon ausgegangen, dass Sie Ihren Mac ausschließlich an einem Netzwerkadapter betreiben. Sind Sie stolzer Besitzer eines mobilen Macs und setzen ihn in unterschiedlichen Netzwerken ein, sind dort sicherlich angepasste Konfigurationen und andere Zugangsdaten erforderlich. Um sich jedes Mal das Anpassen der Netzwerkeinstellungen zu ersparen, sollten Sie die sogenannten Umgebungen nutzen. Eine Umgebung beinhaltet die Konfiguration eines oder mehrerer Netzwerkadapter (Ethernet, AirPort etc.) inklusive der Zugangsdaten. Ändert sich der Netzwerkzugang, rufen Sie über das Apfel-Symbol der Menüleiste die entsprechende Umgebung auf und Mac OS X übernimmt die Konfiguration des Anschlusses. So sind nur wenige Mausklicks erforderlich, um Ihren Mac mit dem entsprechenden Netzwerk zu verbinden.

Wie einfach sich mehrere Netzwerkkonfigurationen kombinieren lassen und das Einrichten der entsprechenden Umgebungen ist, möchte ich Ihnen in den nächsten Schritten demonstrieren.

Verschiedene Netzwerkkonfigurationen einrichten (Mac OS X 10.4)

Die Umgebungsverwaltung erlaubt dem Mac-Anwender, bestehende Netzwerkkonfigurationen anzupassen, umzubenennen und zu duplizieren. Deshalb müssen Sie sich keine Sorgen bezüglich der bisherigen Netzwerkeinstellungen machen. Persönlich ordne ich jeder Umgebung einen Netzwerkadapter zu.

1 Gehen Sie über das Apfel-Symbol oder das Symbol *Systemeinstellungen* in den Abschnitt *Internet & Netzwerk* der Systemeinstellungen.

2 Wählen Sie *Netzwerk* aus und klicken Sie auf das Schloss-Symbol. Für das Anlegen der Umgebungen und die Konfiguration der Netzwerkadapter werden administrative Rechte benötigt.

Umgebung umbenennen

Ich gehe davon aus, dass Ihre aktuelle Netzwerkkonfiguration unter einem eigenen Namen erhalten bleiben soll. Deshalb soll die Standardumgebung *Automatisch* umbenannt werden.

1 Klicken Sie auf die Optionsliste der Auswahl *Umgebung* und wählen Sie den Eintrag *Umgebungen bearbeiten* aus.

2 Ein Mausklick auf den Button *Umbenennen* genügt, und der bisherigen Umgebung *Automatisch* kann ein neuer Name gegeben werden, der den späteren Einsatzzweck gut reflektiert. Im ersten Fall dient die eine Umgebung dazu, den Ethernet-Adapter in einem Netzwerk mit DHCP-Server zu benutzen. Darum vergeben Sie für diese Umgebung den Namen *DHCP-LAN*.

Nicht benötigte Netzwerkadapter abschalten

In der Standardumgebung *Automatisch* sind alle netzwerkfähigen Adapter aktiviert. Aus Gründen der Sicherheit und um eventuelle Konflikte bei den Netzwerkzugängen zu vermeiden, deaktivieren Sie alle Netzwerkanschlüsse, die nicht in der Umgebung *DHCP-LAN* benötigt werden. Lassen Sie sich deshalb in der Auswahl *Anzeigen* die Liste der aktiven Netzwerkadapter darstellen.

1 Wählen Sie in der Spalte *Ein* die Netzwerkanschlüsse ab, die in der Umgebung *DHCP-LAN* nicht benötigt werden. Haben Sie keine falsche Scheu vor dem Deaktivieren der Netzwerkadapter. Sie lassen sich bei Bedarf problemlos hinzufügen und sind in neu angelegten Umgebungen generell alle aktiv.

2 In der Basiseinstellung ist der Ethernet-Adapter auf *DHCP* gesetzt ist. Damit sind keine weiteren Änderungen notwendig. Das Erstellen und Anpassen der Umgebung *DHCP-LAN* wird mit einem Mausklick auf den Button *Jetzt anwenden* abgeschlossen.

Eine neue Umgebung erstellen

Im Rahmen dieses Buches wurden bereits verschiedene Netzwerkkonfigurationen des Macs besprochen. So haben Sie eine Internetverbindung über ein DSL-Modem eingerichtet, am Ethernet-Adapter manuell eine Netzwerkadresse vergeben und der AirPort-Adapter wurde mit WPA- und PSK-Verschlüsselung vorgestellt. An dieser Stelle möchte ich die einzelnen Schritte nicht wiederholen und auf die zurückliegenden Seiten verweisen. Lassen Sie mich das Anlegen einer neuen Umgebung demonstrieren.

1 Klicken Sie im Fenster *Netzwerk* in der Auswahl *Umgebung* auf den Listeneintrag *Neue Umgebung*. Für die neue Umgebung ist ein Name zu vergeben.

2 Dem ersten Anlegen der Umgebung folgend, rufen Sie in der Auswahl *Anzeigen* die
Netzwerk-Konfigurationen auf. Wieder deaktivieren Sie nicht benötigte Netzwerkadap-

ter. In der Auswahl *Anzeigen* ist der einzige noch aktive Netzwerkanschluss auszuwählen und entsprechend den Netzwerkanforderungen zu konfigurieren. Die Einstellungen
sind wie gewohnt mit *Jetzt anwenden* abzuschließen.

3 Das Anlegen mehrerer Umgebungen erweitert die Menüauswahl des Apfel-Symbols
um den Eintrag *Umgebung*. Hier lassen sich die unterschiedlichen Netzwerkkonfigurationen bequem vom Schreibtisch aus aufrufen. Außerdem finden Sie in der Auswahl
den Eintrag *Systemeinstellung „Netzwerk"*. Er verkürzt fortan den Weg in die entsprechende Auswahl der Systemeinstellungen.

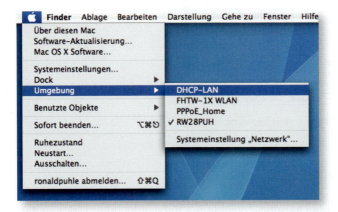

Verschiedene Netzwerkkonfigurationen einrichten (Mac OS X 10.5)

Lassen Sie mich in diesem Abschnitt kurz auf die Änderungen unter Mac OS X 10.5 eingehen. Die Unterschiede zur Vorgängerversion sind rein organisatorischer und kosmetischer Natur. Am grundsätzlichen Vorgehen hat sich nichts geändert.

1 Gehen Sie über das Apfel-Symbol in der Menüleiste oder das Symbol *Systemeinstellungen* im Dock in die Systemeinstellungen und wählen Sie *Netzwerk* im Abschnitt
Internet & Netzwerk aus.

2 Wie gehabt benötigen Sie für die nachfolgenden Schritte das Recht, den Mac zu verwalten. Melden Sie sich deshalb über das Schloss-Symbol als Administrator an.

Umgebung duplizieren und umbenennen

Der Mac Pro, der im Rahmen des Buches für alle Mac OS X 10.5-spezifischen Themen herhalten muss, verfügt über zwei Ethernet-Anschlüsse. Jedem Anschluss soll eine eigene Umgebung spendiert werden.

1 Um die Konfiguration der zweiten Umgebung so einfach wie möglich zu halten, duplizieren Sie eine bestehende Umgebung (zum Beispiel *Automatisch*), benennes sie um und entfernen aus dem Original und der Kopie die nicht benötigten Netzwerkadapter. Dazu wählen Sie in der Auswahl *Umgebung* die Option *Umgebungen bearbeiten*.

2 Über das Aufgaben-Symbol (kleines Zahnrad) gelangen Sie unter anderem zur Option *Umgebung duplizieren*. Daran anschließend ist dem Umgebungsduplikat ein neuer Name zu geben.

3 Dafür steht Ihnen über das Aufgaben-Symbol die Option *Umgebung umbenennen* zur Verfügung. Zuvor markieren Sie die Umgebung *Automatisch*, rufen den Befehl auf und benennen die Umgebung um. Das Fenster kann mit einem Mausklick auf den Button *Fertig* geschlossen werden.

Umgebungen anpassen

In der Liste aller verfügbaren Netzwerkadapter entfernen Sie aus der ersten Umgebung (hier *Ethernet_1_DHCP*) alle rot markierten Anschlüsse mit dem Entfernen-Symbol (Minuszeichen) unterhalb der Auswahl. Die mit einem grünen Symbol gekennzeichneten Netzwerkanschlüsse beziehen sich auf den physischen Ethernet-Adapter, der bereits Verbindung zu einem Netzwerk hat.

1 Sie haben auch unter Mac OS X kein Problem damit, nicht benötigte Netzwerkadapter abzuschalten. Über das Hinzufügen-Symbol (Pluszeichen) unterhalb der Auswahlliste lassen sich entfernte Netzwerkanschlüsse einer Umgebung wieder hinzufügen.

2 Nachdem die Liste der Netzwerkadapter bereinigt wurde, schließen Sie die Änderungen mit dem Button *Anwenden* ab. Um die zweite Umgebung anzupassen, wechseln Sie über die Auswahl *Umgebung* dorthin und führen die Konfiguration entsprechend Ihren Erfordernissen am zweiten Netzwerkadapter aus. Auch hier sind die Änderungen mit *Anwenden* abzuschließen.

Der Mac ist jetzt über einen Netzwerkadapter mit einem DSL- oder WLAN-Router verbunden und kann auf das Internet zugreifen. Es sind alle Voraussetzungen geschaffen, um im nächsten Kapitel Macs und Windows-PCs so zu präparieren, dass sie untereinander auf ausgewählte Festplattenbereiche zugreifen und Daten austauschen können.

2.

Den Mac mit PCs in einem Netzwerk betreiben

Nachdem Sie im ersten Schritt ein lokales Netzwerk aufgebaut haben und alle mit dem DSL- oder WLAN-Router verbundenen Computer mit dem Internet in Kontakt treten können, widmet sich das folgende Kapitel dem Thema Datenaustausch zwischen den vernetzten Rechnern. Zunächst steht die Mac-zu-Mac-Verbindung im Vordergrund.

Unabhängig vom Betriebssystem sind ein paar grundsätzliche Überlegungen notwendig. Zwar soll jedes Mitglied Ihres Netzwerks die Möglichkeit haben, auf bestimmte Bereiche der Festplatte zuzugreifen, auf der anderen Seite sollen Ihre persönlichen Daten vor neugierigen Blicken geschützt werden. Dazu ist es erforderlich, an Ihrem Mac sogenannte Benutzerprofile einzurichten und einen definierten Bereich der Festplatte für den Zugriff aller berechtigten Benutzer freizugeben (Freigabe). Vergessen dürfen Sie nicht, jene Dienste einzurichten, die eine Kommunikation via Netzwerk erst ermöglichen. Zugegeben, es steckt ein gewisser Aufwand dahinter, wollen Sie den Datenaustausch innerhalb Ihres Netzwerks ermöglichen.

Die zusätzliche Herausforderung im gemischten Netzwerk besteht darin, unterschiedliche Betriebssysteme und Versionen auf eine Linie zu bringen. Sie müssen eine gemeinsame Netzwerksprache finden, die beide Systeme verstehen. Bonjour ist eine Lösung, allerdings nur eine Einbahnstraße. Im Laufe des Kapitels werden Sie sehen, wie (im positiven Sinne) kommunikationsfreudig Mac OS X mit Windows-PCs umgehen kann. Sprachprobleme à la AppleTalk und kostspielige Protokollerweiterungen für Windows gehören der Vergangenheit an. Der Mac tanzt mit dem Windows-PC gekonnt Samba.

Analog dem Vorgehen in Mac OS X müssen Sie am Windows XP- und Vista-PC Benutzer anlegen und Freigaben einrichten. Dabei gilt es ein paar Unterschiede zu beachten, die eher subtiler Natur sind. So ist unter Windows XP zwar ein Benutzer eingerichtet, doch ohne vergebenes Kennwort werden Sie trotz Freigabe nie eine Netzwerkverbindung aufbauen können. Dagegen erweisen sich in Windows Vista geänderte Sicherheitsrichtlinien als wahre Spielverderber.

2.1 Datenaustausch zwischen Macs

Schon im ersten Kapitel konnte ich meine Begeisterung für das Zeroconf-System Bonjour von Apple schwerlich zurückhalten und habe auf dessen Bedeutung für unser Heimnetzwerk verwiesen. Bonjour ist in Mac OS X voll implementiert und wird uns unauffäl-

lig den Weg beim Datenaustausch unter Macs ebnen. Wenn von Ihnen die Mediathek in iTunes zur gemeinsamen Nutzung im lokalen Netzwerk freigegeben wurde, haben Sie bereits unwissend Bonjour genutzt. Nur wenige Mausklicks sind eigentlich noch erforderlich und die ersten Daten könnten via Netzwerkverbindung zwischen zwei Macs und deren Benutzern ausgetauscht werden. Ich möchte einen Schritt weiter- und über den Briefkasten am entfernten Mac hinausgehen.

Ein Bereich der Festplatte soll in Form eines Ordners und mehrerer Unterordner so organisiert werden, dass jedes Mitglied des Netzwerks auf den Ordnerinhalt zugreifen und damit arbeiten kann. Aus der Aufgabenstellung leiten sich gleich mehrere Fragen ab. Soll jeder im Netzwerk integrierte Rechner mit einer solchen Freigabe eingerichtet werden? Verfügt ein Rechner im lokalen Netzwerk über die Ressourcen, die ihn zum Quasi-Dateiserver prädestinieren? Gibt es eine andere netzwerkgestützte Speicherlösung, die die Rolle des Dateiservers in unserem Netzwerk übernehmen kann?

> **So organisieren sich Rechner im Heimnetzwerk ohne Server**
>
> Kleine Netzwerke, wie die Computervernetzung in den eigenen vier Wänden, können sich ohne eigenständigen Server selbst organisieren. Die erforderlichen Dienste für den Datenaustausch oder das gemeinsame Drucken stellen die jeweiligen Rechner mithilfe einer Softwarelösung bereit.

Lassen Sie mich mit der letzten Frage beginnen. In Kapitel 5 stelle ich Ihnen eine Lösung vor, wie Sie unabhängig von jedem Rechner eine Festplatte als Quasi-Dateiserver in das Netzwerk einfügen und an Ihre Bedürfnisse anpassen können. Eine Antwort auf die beiden vorhergehenden Fragen zu geben, fällt mir schwer. Viel hängt vom Nutzungsverhalten in Ihrem Netzwerk ab. Das Einrichten eines zentralen Netzlaufwerks als Anlaufstelle zum Datenaustausch schafft Ordnung. Auf der anderen Seite muss der

Rechner über entsprechende Speicherkapazitäten verfügen und sollte permanent betriebsbereit sein. Der Dateiserver konzentriert wie ein modernes Shoppingcenter alle Geschäfte an einem Punkt.

Das Verteilen des Netzwerkspeichers auf mehrere Rechner erlaubt es Ihnen, Daten gezielt einzelnen Benutzern bereitzustellen, die sie für die Arbeit oder das Hobby benötigen. Allerdings muss jeder Rechner mit dem entsprechenden Benutzer und der Freigabe versehen werden. Der Mehraufwand lohnt sich. Sollen vereinzelte Daten allen Netzwerkmitgliedern bereitgestellt werden, ist es nicht erforderlich, sie an jeden relevanten Rechner zu verteilen. Die Mitglieder rufen sie einfach bei Bedarf vom entfernten Rechner ab. Der besseren Übersicht wegen lassen sich die dezentralen Freigaben bestimmten Aufgaben zuordnen. So beherbergt ein Rechner alle Familienfotos, ein anderer Computer das Musikarchiv der Familie oder den Schriftverkehr mit Behörden. Verteilte Freigaben sind eher mit der klassischen Einkaufsmeile vergleichbar. Fachgeschäft reiht sich an Fachgeschäft.

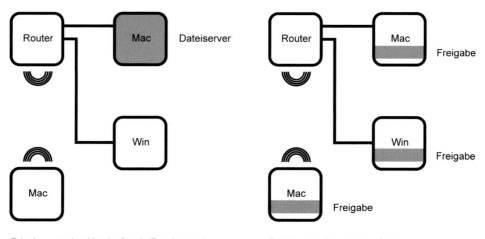

Prinzip zentrales Netzlaufwerk (Dateiserver)   Prinzip verteiltes Netzlaufwerk

Die Liste der Vor- und Nachteile lässt sich beliebig fortsetzen. Jeder neue Gedankenansatz ruft mindestens zwei Gegenargumente auf den Plan. Für mein Heimnetzwerk habe ich mich für einen Mix aus beiden Varianten entschieden. Einige Rechner sind so konfiguriert, dass ich als administrativer Benutzer eingerichtet bin. Die Freigabe ermöglicht es mir, Daten für Installationen, Systemupdates etc. dezentral abzulegen und lokal angemeldet auszuführen. Dagegen ist ein einziger Mac der zentrale Anlaufpunkt für alle Fotos, Projektdateien und das private Musikarchiv.

Was sind Freigaben und Zugriffsrechte?

Wenn Sie in einem Netzwerk dem Benutzer eines entfernten Rechners die Möglichkeit einräumen, auf die gesamte oder Teile der Festplatte zuzugreifen, muss der entsprechende Speicherbereich für den Zugriff freigegeben werden. Mit der Netzwerkfreigabe sind immer Dienste verbunden, die den Zugriff überhaupt erst ermöglichen. Das Zugriffsrecht regelt, welche Kompetenzen Sie dem Netzwerkbenutzer für die gespeicherten Inhalte einräumen. In der Regel lassen sich keine, Lese- und Lese-/Schreibrechte vergeben.

Den Zugriff auf eigene Daten sicher organisieren

Hinter dem Begriff Freigabe verbirgt sich die Berechtigung eines lokalen und Netzwerkbenutzers, auf die Festplatte eines Rechners oder einen Ordner zugreifen zu dürfen. Dazu müssen vom administrativen Benutzer weitere Benutzer lokal eingerichtet und einmalig Zugriffsrechte vergeben werden. Man unterscheidet drei Zugriffsrechte:

- ✦ Zugriff verweigert,
- ✦ Leserecht sowie das
- ✦ Lese- und Schreibrecht.

Mit einem Leserecht ausgestattet können Sie sich den Inhalt einer Datei anzeigen lassen. Das Schreibrecht erweitert Ihre Befugnisse. Daten können in geänderter Form gespeichert oder zusätzliche Dateien in die Freigabe kopiert werden.

Benutzer und Freigaben sind kein Mac-typisches Phänomen. Jedes Mehrbenutzer-Betriebssystem wie Windows und Linux verfügt über dasselbe Instrumentarium. Um Ihnen die Konsequenzen einer großzügig ausgelegten Vergabe von Zugriffsrechten zu verdeutlichen, lassen Sie mich ein kleines Gedankenspiel inszenieren. Außerdem bemühe ich mich, Ihnen eine praktikable Lösung für unser Problem anzubieten.

Ein Gedankenspiel zur Benutzer- und Zugriffsverwaltung

Einem Netzwerk gehören drei Rechner A, B und C an. Jedem Client ist ein Benutzer zugeordnet (Benutzer A, B und C). Allen Benutzern soll es erlaubt sein, auf die anderen Rechner des Netzwerks zugreifen zu können. Dementsprechend sind auf jedem Rech-

ner weitere Benutzerkonten und die entsprechenden Freigaben einzurichten. Jetzt kann sich der Benutzer B an seinem Rechner B über die Netzwerkverbindung am Rechner A oder Rechner C anmelden. Dementsprechend landet er als Benutzer B am entfernten Rechner A oder C. Die Daten der entfernten Benutzer A und C bleiben ihm verwehrt. Lediglich den *Briefkasten* im Dokumenten-Ordner *Öffentlich* kann er zum Überspielen der Daten nutzen. Wir sind gegenüber der Anfangssituation keinen Schritt weiter und das widerspricht den Ambitionen, den Zugriff sinnvoll zu erweitern.

Werden im Gegenzug alle Benutzer mit denselben Zugriffsrechten wie der jeweilige lokale Hauptbenutzer ausgestattet, ist von Privatsphäre keine Rede mehr. Jedes Mitglied kann die Inhalte der anderen Netzwerkteilnehmer einsehen. Die großzügige Vergabe der Zugriffsrechte birgt außerdem ein erhebliches Sicherheitsrisiko in sich: Jeder Benutzer kann die Inhalte der anderen Benutzer ändern oder gar löschen.

Es ist daher sinnvoll, einen oder mehrere Ordner als Freigabe einzurichten und die Zugriffsrechte entsprechend den Erfordernissen abzustufen. Hierzu ein praktisches Beispiel. Ich repräsentiere in dem Fall den Benutzer A am Rechner A. Aufgrund der Datenmenge habe ich alle iTunes-Titel auf einer separaten internen Festplatte abgelegt. Sie ist für alle Benutzer (Benutzer B und C) des lokalen Netzwerks zugänglich und lediglich mit dem Leserecht ausgestattet. In iTunes ist die Mediathek außerdem zur gemeinsamen Nutzung freigegeben. So können alle Familienmitglieder über das Netzwerk die abgespeicherten Titel an ihren Rechnern abspielen.

Bedarf an einer Freigabe, auf die ein anderer Benutzer uneingeschränkt zugreifen kann, besteht nur mit dem Benutzer B. Dementsprechend habe ich einen Benutzer B an meinem Rechner A eingerichtet. Um die ursprünglichen Daten vor Missgeschicken wie dem versehentlichen Überschreiben oder Löschen zu schützen, soll ein eigener Ordner mit dem Namen *sharing* als Freigabe dienen.

Hier haben Benutzer A und B Schreib- und Leserecht. Sind Daten zur Weitergabe im Netzwerk bestimmt, ziehe ich sie mit der Maus und gehaltener ⌥alt⌦-Taste in diesen Ordner. Meldet sich Benutzer B von seinem Rechner B an meinem Rechner A an, kann er die Dateien einsehen, laden und an seinem Rechner B bearbeiten. Die neue Dateiversion kopiert Benutzer B, vorzugsweise unter einem anderen Namen, anschließend in die Freigabe meines Rechners A.

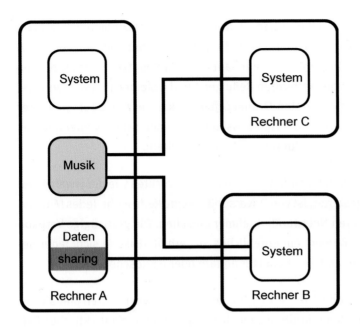

In einem lokalen Netzwerk, bestehend aus einfach strukturierten Freigaben und einer eng eingegrenzten Benutzeranzahl, stellt die Zuordnung der Benutzer und ihrer Zugriffsrechte kein großes Problem dar. Steigt die Anzahl der Freigaben und wird die Vergabe der Zugriffsrechte komplex, ist es hilfreich, mit sogenannten Benutzergruppen zu arbeiten. Eine Benutzergruppe fasst alle Benutzer zusammen, die dieselben Zugriffsrechte auf bestimmte Freigaben haben sollen. Um Ihnen die nachfolgenden Ausführungen besser verdeutlichen zu können, ändere bzw. wandle ich mein Gedankenspiel etwas ab. Ich möchte in meinem virtuellen Heimnetzwerk drei Benutzergruppen anlegen: *familie*, *eltern* und *kinder*. Die Zuordnung der Benutzer sollte aus dem Namen der Benutzergruppen ersichtlich sein. Der Benutzergruppe *familie* gehören alle Familienmitglieder des Haushalts an, der *eltern*-Benutzergruppe Vater und Mutter und die Benutzergruppe *kinder* ist dem Nachwuchs vorbehalten. Eine Freigabe, die für alle Haushaltsangehörigen vorgesehen ist, wird der Benutzergruppe *familie* zugeordnet. Analog gilt die Zuweisung der verbleibenden Benutzergruppen *eltern* und *kinder* zu den eigenen Freigaben. Der Benutzergruppe *kinder* bleibt der Inhalt der Freigabe der Benutzergruppe *eltern* verwehrt und umgekehrt.

Dem aufmerksamen Leser ist sicherlich nicht entgangen, dass sich die Benutzergruppe *familie* aus den Benutzergruppen *eltern* und *kinder* zusammensetzt. Demzufolge sollte sich die *familie*-Freigabe durch das Zuordnen der Benutzergruppen *eltern* und *kinder* bewerkstelligen lassen. Insofern Sie die Benutzergruppe *familie* nicht aus or-

ganisatorischen Gründen benötigen, fühlen Sie sich frei, es unter Mac OS X 10.5 genauso zu tun.

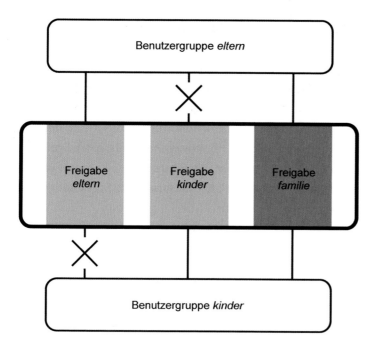

Wie Sie sehen, erleichtern Benutzergruppen die Arbeit des Netzwerkadministrators. Nehmen wir einmal an, ein lokales Netzwerk besteht aus den genannten Freigaben und erweitert sich um ein neues Familienmitglied. Anstelle jeder eingerichteten Freigabe den neuen Benutzer hinzuzufügen, wird er der entsprechenden Benutzergruppe zugeordnet und kann auf die Freigaben zugreifen.

Die Ausführungen gelten für einen einzelnen Rechner, der im Heimnetzwerk den zentralen Anlaufpunkt zwecks Datenaustauschs bildet. Haben Sie sich für verteilte Netzlaufwerke entschieden, muss jeder Rechner dementsprechend angepasst werden.

Fallstrick externe Festplatten I

Wenn Sie an Ihrem Mac externe USB- und FireWire-Festplatten angeschlossen haben, werden auf diesen Medien in der Regel Zugriffsrechte ignoriert. Das heißt, alle Daten sind für angemeldete Benutzer sichtbar. Über das Fenster *Informationen*, Abschnitt *Sharing & Zugriffsrechte* (Mac OS X 10.5) bzw. *Eigentümer & Zugriffsrechte* (Mac OS X 10.4) lässt sich der freizügige Umgang wieder einschränken.

Unterschiede zwischen Mac OS X 10.4 und 10.5

Im vorherigen Abschnitt habe ich mit einem gewissen Hintergedanken die Benutzergruppe *eltern* eingeführt. Der Grund liegt in der Benutzer- und Benutzergruppenverwaltung von Mac OS X 10.4. Hier lassen sich mit den von mir verwendeten Mitteln keine zwei Benutzergruppen (*eltern* und *kinder*) der Freigabe *familie* zuordnen. Unter Mac OS X 10.5 sieht es ganz anders aus. Apple hat die Benutzer- und Benutzergruppenverwaltung deutlich aufgewertet und endlich die Möglichkeit geschaffen, Freigaben und Zugriffsrechte ohne zusätzliche Programme einzurichten. Für Mac OS X 10.4 bediene ich mich der Freeware SharePoints von Michael Horn (*www.hornware.com*). Egal, welche Mac OS X-Version auf Ihrem Mac installiert ist, die Einstellungen kann nur ein Benutzer durchführen, der Ihren Mac verwalten darf. Anders formuliert: Sie benötigen für die nachfolgenden Schritte administrative Rechte.

Fallstrick externe Festplatten II

Ordner, die zum Austausch von Daten vorgesehen sind, müssen auf internen Festplatten angelegt werden. Zwar lassen sich an externen USB- oder FireWire-Festplatten Freigaben und Zugriffsrechte einrichten, sie können indessen nur lokal und nicht über die Netzwerkverbindung genutzt werden.

Freigaben richtig anlegen

Jeder Freigabe eines Rechners ist ein eindeutiger Name zu geben. Das ist insoweit wichtig, als später der Freigabename ein Bestandteil der Netzwerkadresse ist. Dagegen kann der Freigabename im Sinne der Vereinfachung an jedem Rechner des Netzwerks wiederum gleich sein. Entscheidend ist hier die Netzwerkadresse, die in jedem Netzwerk nur einmal vergeben sein darf. Es steht Ihnen also offen, Freigaben im Netzwerk namentlich zu vereinheitlichen (*Rechner A/sharing*, *Rechner B/sharing* etc.).

Ordner, die Sie später in Freigaben umwandeln möchten, dürfen nicht willkürlich auf der Festplat-

▼	📁	freigaben	Heute, 09:44	--
▶	📁	eltern	Heute, 09:55	--
▶	📁	familie	Heute, 09:42	--
▶	📁	kinder	Heute, 09:42	--

te des Rechners angelegt werden. Sie sollten nicht nur der Ordnung wegen in einer Hierarchieebene liegen. Um die Aussage zu untermauern, lassen Sie mich noch einmal die Mehrfachfreigaben *familie*, *kinder* und *eltern* bemühen. Dazu lege ich im Finder einen Ordner *freigaben* an. Würde ich diesem Ordner eine Freigabe und Zugriffsrechte zu-

weisen, erbten die Unterordner *familie*, *kinder* und *eltern* sowie alle Dateien, die dort abgelegt würden, dessen Rechte. Um dies zu verhindern, müssen wir stattdessen den drei Unterordnern die entsprechenden Freigaben und Zugriffsrechte verleihen. Sie liegen in derselben Hierarchieebene.

Um nachfolgend das Anlegen einer Freigabe und die Vergabe der Zugriffsrechte übersichtlich zu gestalten, möchte ich

▶	🗁	projekte	20.11.2007, 12:25	--
▶	🗁	sharing	Heute, 12:27	--
▶	🗁	temporaer	14.01.2008, 15:42	--

zum Ursprung meines Gedankenspiels zurückkommen und für die nächsten Schritte ausschließlich den Ordner *sharing* verwenden. Legen Sie mithilfe des Finders einen Ordner *sharing* auf der Festplatte an. Die nachfolgenden Schritte beziehen sich zunächst auf Mac OS X 10.4.

Einen neuen Benutzer anlegen

1 Gehen Sie über das Apfel-Symbol in der Menüleiste oder das Symbol *Systemeinstellungen* im Dock in die Systemeinstellungen und klicken Sie im Abschnitt *System* auf die Auswahl *Benutzer*. Um einen neuen Benutzer hinzuzufügen, müssen Sie sich als Administrator Ihres Macs identifizieren (Schloss-Symbol in der linken unteren Ecke).

2 Mit einem Mausklick auf das Hinzufügen-Symbol (Pluszeichen) legen Sie einen neuen Benutzer-Account an. Im Gedankenspiel wäre das der Benutzer B, der sich zukünftig über das Netzwerk von seinem entfernten Rechner B am Rechner A anmelden kann. Wie beim ersten Einrichten des neu erworbenen Macs sind ein Benutzername, Kurzname und das Kennwort im Eingabefenster einzutragen.

Achten Sie bei der Vergabe besonders auf den Kurznamen. Er sollte im wahrsten Sinne des Wortes seinem Namen alle Ehre machen und wirklich kurz gehalten werden. Wenn Sie eine Netzwerkverbindung zu einem entfernten Rechner aufbauen, ist er der *Benutzer* im Anmeldedialog.

3 Das Kennwort kann später vom neuen Benutzer geändert werden. Hierfür muss er sich an Ihrem Rechner A des Gedankenspiels anmelden und in der Auswahl *Benutzer* der Systemeinstellungen das Kennwort ändern. Um das Anlegen des neuen Benutzers abzuschließen, klicken Sie mit dem Mauszeiger auf den Button *Account erstellen*.

4 Ist der neuen Benutzer-Account erstellt, klicken Sie mit dem Mauszeiger im oberen Bereich der Systemeinstellungen auf den Button *Alle einblenden*.

Befugnisse des neuen Benutzers einschränken

Wir werden uns in einem späteren Kapitel mit der Frage Sicherheit im Netzwerk auseinandersetzen. An dieser Stelle sei mir der Hinweis erlaubt, den neuen Benutzer in seinen Rechten einzuschränken. Deshalb sollte die Option *Der Benutzer darf diesen Computer verwalten* deaktiviert bleiben.

Den richtigen Dienst aktivieren

Neben dem Benutzer-Account, der Freigabe und den Zugriffsrechten ist die Aktivierung des entsprechenden Dienstes zwingend erforderlich. Dienste stehen immer im Zusammenhang mit einem Server. Bei einem Server muss es sich nicht um einen physischen Rechner handeln. Computerprogramme können ebenso die Aufgabe übernehmen, Dienste für entfernte Rechner bereitzustellen. Die Aussage trifft insbesondere auf unser Heimnetzwerk zu.

1 Gehen Sie in den Systemeinstellungen zum Abschnitt *Internet & Netzwerk* und klicken Sie mit dem Mauszeiger auf die Auswahl *Sharing*. Um den Netzwerkzugriff auf Ihren Mac zu erlauben, muss der entsprechende Dienst gestartet werden.

2 Klicken Sie mit dem Mauszeiger in der Spalte *Ein* auf den Eintrag *Personal File Sharing*. Mac OS X konfiguriert im Hintergrund automatisch die Firewall und startet den entsprechenden Dienst. Sind alle Einstellungen vorgenommen, können Sie die Systemeinstellungen wieder schließen.

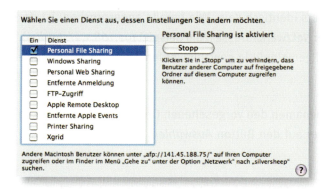

Sie wollen Ihrem Mac einen neuen Computernamen geben?

Beim ersten Start Ihres neu erworbenen Macs vergibt Mac OS X automatisch einen Computernamen. Wollen Sie ihn ändern, haben Sie in der Auswahl *Sharing* die Möglichkeit. Klicken Sie unterhalb der Zeile *Gerätenamen* auf den Button *Bearbeiten* und tragen Sie in dem sich öffnenden Eingabefester Ihren Wunschnamen ein.

Freigaben und Benutzergruppen einrichten

1 Wie bereits angesprochen, benötigen Sie zum Einrichten der Freigaben und Benutzergruppen unter Mac OS X 10.4 die Unterstützung der Freeware SharePoints (*www.hornware.com*). Nachdem Sie die Software geladen und in Ihrem Programmordner abgelegt haben, starten Sie die Applikation mit einem Doppelklick.

2 In der linken unteren Ecke sehen Sie ein Schloss-Symbol. Die Änderungen an den Zugriffsrechten und Freigaben können nur von einem Benutzer ausgeführt werden, der den Mac verwalten darf. Klicken Sie auf das Schloss und geben Sie Ihr Administratorkennwort ein.

Ordner und Protokolle auswählen

Im Register „*Normale*" *Freigaben* des Programms SharePoints ist in der Eingabezeile *Freigabename* ein Name für die Freigabe zu vergeben. In Anlehnung an das vorherige Gedankenspiel wird ihm der Name *sharing* gegeben. Der Name der Freigabe muss nicht mit dem Namen des Ordners identisch sein. Wie bereits angesprochen, ist der Freigabename ein Bestandteil der Netzwerkadresse (zum Beispiel *192.168.1.2/sharing*). Demzufolge sollte er kurz und allgemeingültig gewählt werden. Umlaute und Sonderzeichen sind tabu.

1 Jetzt können Sie dem Freigabenamen den vorgesehenen Ordner zuweisen. Klicken Sie nach der Eingabezeile *Ordner* auf den Button *Auswählen*. Wählen Sie Ihren Ordner aus.

2 Unterhalb der Zeile *Ordner* sehen Sie zwei Auswahlmöglichkeiten: *AppleFileServer (AFS) Freigabe* und *Windows (SMB) Freigabe*. An dieser Stelle möchte ich den Anpassungen der Freigabe für Windows-PCs vorgreifen und aktiviere beide Freigabemethoden. Wollen Sie es gleichtun, klicken Sie auf die Auswahlliste und setzen sowohl AFS als auch SMB auf *An (+)*. Sind alle Einstellungen vorgenommen, klicken Sie mit dem Mauszeiger auf den Button *Neue Freigabe hinzufügen*. Die eingerichtete Freigabe sollte nun im oberen Fenster sichtbar sein.

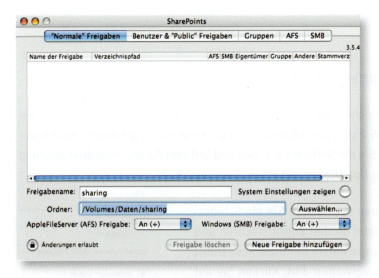

3 Anschließend sind die Einstellungen für den Zugriff vom Windows-PC zu optimieren. Gehen Sie dazu in das Register *SMB*. In der Eingabezeile *Computerbeschreibung* ist für Ihren Mac ein Name zu vergeben. Er wird später den Windows-Benutzern im Netzwerk

angezeigt. Um Irrtümer zu vermeiden, verwenden Sie denselben Namen, der am Mac ohnehin vergeben ist. Als Arbeitsgruppe verwendet Mac OS X standardmäßig *WORK-GROUP*. Die Arbeitsgruppe fasst in der Windows-Welt lokale Netzwerkressourcen zusammen. Windows schlägt in der Regel bei seiner Installation den Namen *MSHEIM-NETZ* vor. Er sollte nachträglich geändert und vor allem vereinheitlicht werden (Windows: *Systemeigenschaften/Computername/Ändern/Arbeitsgruppe*). In der Auswahl *Sicherheitsmethode* stehen Sie in gewisser Weise einem Gewissenskonflikt gegenüber. Das Konzept erfordert beim Zugriff auf Freigaben die Identifikation als Benutzer. Damit können Sie vor allem Daten außerhalb der Freigabe vor unberechtigten Änderungen schützen.

4 Wenn Sie sich dem Prinzip anschließen wollen, dann sollte die Methode *Benutzer* ausgewählt werden. Soll die Freigabe unabhängig von den Zugriffsrechten der Benutzer erfolgen können, ändern Sie die Auswahl in *Freigabe*. Nachdem die Änderungen vorgenommen wurden, klicken Sie mit dem Mauszeiger auf den Button *Samba (SMB) Einstellungen aktualisieren*.

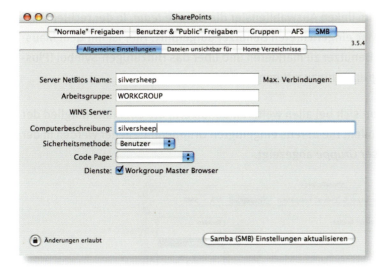

Eine neue Benutzergruppe anlegen

Eine Möglichkeit des Administrators, sich die Vergabe der Zugriffsrechte zu vereinfachen, ist das Anlegen sogenannter Benutzergruppen. Einer Benutzergruppe lassen sich mehrere Benutzer zuordnen, die als Mitglieder mit denselben Rechten ausgestattet sind. Erst in Mac OS X 10.5 hat Apple die Möglichkeit geschaffen, über die Systemeinstellungen Benutzergruppen anzulegen. Deshalb sind wir an diesem Punkt wieder auf

die Hilfe von SharePoints angewiesen. Die neue Benutzergruppe soll exemplarisch den Namen *team* tragen. Ihr gehören die Benutzer A und B des Gedankenspiels an.

1 Gehen Sie hierzu in SharePoints zum Register *Gruppen*. Im Eingabefester *Gruppe* ist der Name *team* einzutragen. Neben dem Gruppennamen ist auch eine sogenannte Gruppenidentifikation erforderlich, die intern dem Namen zugeordnet wird.

2 Ein Mausklick auf den Button *Nächste GID* vergibt eine freie GID und zeigt die Nummer im Eingabefenster an. Das Anklicken des Buttons *Neue Gruppe hinzufügen* erstellt die gewünschte Gruppe *team*.

Nachdem die Benutzergruppe angelegt wurde, müssen Sie ihr die entsprechenden Benutzer zuordnen.

1 Dazu markieren Sie im linken Auswahlfenster die Gruppe *team*. In der rechten Auswahlliste sind die am Mac eingerichteten Benutzer aufgeführt. Hier ist mit dem Mauszeiger der betreffende Benutzer zu markieren und über das Hinzufügen-Symbol (Pluszeichen) der Benutzergruppe hinzuzufügen.

2 Der Ablauf wiederholt sich bei allen weiteren Benutzern, die ebenfalls Mitglied der Benutzergruppe sein sollen. Die bereits eingefügten Gruppenmitglieder werden in der Spalte *Benutzer in dieser Gruppe* angezeigt.

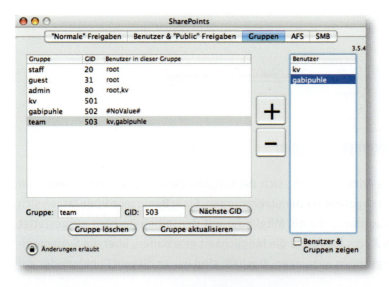

Benutzergruppe der Freigabe zuordnen

Nachdem der Benutzergruppe *team* ihre Mitglieder zugeordnet wurden, muss die Verbindung zur Freigabe *sharing* hergestellt und die Zugriffsrechte sollen zugewiesen werden.

1 Dazu gehen Sie in SharePoints zum Ausgangspunkt, dem Register *„Normale" Freigaben* zurück. In der Liste ist die bereits eingerichtete Freigabe auszuwählen.

2 Anschließend klicken Sie mit dem Mauszeiger auf den Schalter *System Einstellungen zeigen*. Es öffnet sich eine seitliche Schublade.

Als Administrator sind Sie als Eigentümer eingetragen. Wenn Sie die Änderungen am eigenen Mac ausführen, ist hier keine Änderung erforderlich. Arbeitet stattdessen ein anderes Familien- und Netzwerkmitglied am Mac und Sie verwalten als Administrator den Rechner, dann ist der Hauptbenutzer als Eigentümer auszuwählen. Lassen Sie sich in der Auswahl *Gruppe* die Gruppenliste anzeigen und wählen Sie die Gruppe *team* aus. Im Beispiel sollen den Mitgliedern innerhalb der Freigabe Lese- und Schreibrechte gewährt werden.

1 Setzen Sie hierfür das Zugriffsrecht auf *r/w* (read/write). Damit kann jedes Gruppenmitglied sowohl neue Dateien im Ordner *sharing* speichern als auch Dateien ändern und in der geänderten Form überschreiben. Alle anderen Benutzer (*Andere*) sollen über keine Zugriffsrechte verfügen. Mit der Einstellung *keine* bleibt ihnen selbst das Leserecht verwehrt.

2 Um Konflikte zu vermeiden, sollten Sie deshalb mit allen Netzwerkmitgliedern ein Reglement festlegen. Danach sollten Änderungen durch die Erweiterung des Dateinamens gekennzeichnet werden. Sinnvoll ist die Ergänzung durch ein Namenskürzel und das Änderungsdatum (zum Beispiel *foto_rp12022008.jpg*).

. Den Mac mit PCs in einem Netzwerk betreiben

Wenden wir uns zum Abschluss den unten stehenden Optionen zu. Dazu sind noch ein paar detaillierte Ausführungen erforderlich. Jede Datei, egal ob Foto oder ein Programm, ist mit einem Besitzvermerk (Benutzer oder Eigentümer genannt) und mit dessen Zugriffsrechten ausgestattet. Wenn Sie eine beliebige Datei in den Freigabeordner kopieren oder verschieben, dann ist es sinnvoll, wenn der Besitzvermerk und das Zugriffsrecht auf die Datei dem Freigabeordner angepasst werden. Nur so ist gewährleistet, dass der am entfernten Rechner arbeitende Benutzer entsprechend der Vorgabe mit dem Inhalt der Freigabe umgehen kann.

1 Deshalb sollten die Optionen *Rechte vom Stammverzeichnis übernehmen* und *Eigentümer übernehmen (AFS)* aktiviert werden.

2 Um die letzten Änderungen an den Zugriffsrechten des Benutzers und der Benutzergruppe wirksam werden zu lassen, klicken Sie zum Abschluss auf den Button *Freigabe aktualisieren*. Nun sind alle erforderlichen Einrichtungsarbeiten und Einstellungen mit SharePoints vorgenommen und das Programm kann geschlossen werden.

Wenn sich zwei Benutzer einen Mac teilen

Das Einrichten eines zweiten Benutzers, der Freigabe und die Vergabe der Zugriffsrechte haben nicht nur Auswirkungen auf den Zugriff via Netzwerkverbindung. Meldet sich unser Benutzer B vor Ort am Rechner A an, steht ihm der freigegebene Ordner *sharing* ebenso lokal zur Verfügung. Deshalb sind alle ausgeführten Schritte für Mac-Anwender interessant, die sich gemeinsam einen Mac für ihre Arbeit teilen und zwecks Datenaustauschs einen eigenen Speicherort auf der Festplatte benötigen.

Gelegentlich zeigt sich Mac OS X 10.4 etwas störrisch. Trotz der entsprechenden Einstellungen zeigen einige oder alle Daten nicht die gewünschten Zugriffsrechte des übergeordneten Ordners. Der Fehler ist ärgerlich und fällt meist erst dann auf, wenn einem entfernten Benutzer der Zugriff oder das Speichern verweigert wird. Dafür lässt er sich relativ einfach beheben.

1 Klicken Sie mit der rechten Maustaste oder ⌃control + Maustaste (Ein-Tasten-Maus) auf den Freigabeordner und wählen Sie im geöffneten Menü die Option *Informationen*. Alternativ lässt sich der Ordner im Finder mit einem Mausklick auswählen. Anschließend öffnet die Tastenkombination ⌘command+⌐I das gleiche Fenster *Informationen*.

2 Wählen Sie mit dem Mauszeiger im Abschnitt *Eigentümer & Zugriffsrechte* die Auswahl *Details* aus. Hier sollten die ursprünglich gesetzten Benutzer und Zugriffsrechte zu sehen sein. Ist das der Fall, klicken Sie auf den Button *Auf alle Unterobjekte anwenden*.

3 Nach einer Sicherheitsabfrage werden Sie aufgefordert, Ihr Administratorkennwort einzugeben. Je nachdem, welchen Datenbestand der Freigabeordner bereits umfasst, kann das Zuweisen der Zugriffsrechte und Benutzer einige Zeit in Anspruch nehmen.

Die wahre Liste der Zugriffsrechte

Der Übersichtlichkeit wegen habe ich weitere Zugriffsrechte unter Mac OS X bisher ausgespart. Der Form wegen möchte ich zum Abschluss kurz auf zwei weitere Zugriffsrechte von insgesamt 13 Möglichkeiten eingehen. Um ein Programm starten zu können, benötigt der Benutzer das Recht zum Ausführen einer Datei (Execute). Der von mir bereits erwähnte Briefkasten ist für den entfernten Benutzer mit einem Schreibrecht ausgestattet. Auf diesem Weg kann jeder Benutzer in einem reinen Mac-Netzwerk Daten für entfernte Macs und deren lokale Benutzer zur Verfügung stellen.

Freigaben einrichten (Mac OS X 10.5)

Mac OS X 10.5 wartet in Bezug auf die Benutzerverwaltung und das Einrichten von Freigaben mit einer Reihe von Neuerungen auf. Neben dem Standardnutzer und Administrator lassen sich sogenannte Sharing-Benutzer und Benutzergruppen erstellen. Der Standardnutzer und Administrator sind physische Benutzer-Accounts. Das heißt, Mac OS X 10.5 legt Benutzerverzeichnisse an und der jeweilige Benutzer kann sich lokal am Mac anmelden. Dagegen ist der Sharing-Benutzer nichtphysischer Natur. Er belegt keinen Speicherplatz und dient ausschließlich der Zugriffsverwaltung und Anmeldung von

einem entfernten Rechner. So positiv die Existenz des Sharing-Benutzers auch klingt, sie hat für ein gemischtes Netzwerk einen entscheidenden Nachteil. Der Sharing-Benutzer lässt sich zum aktuellen Zeitpunkt (Mac OS X 10.5.2) nur in Mac-internen Netzwerken nutzen.

Welche Möglichkeiten das Anlegen einer Benutzergruppe dem Netzwerkadministrator bietet, wurde bereits an einem praktischen Beispiel erläutert. Mit Mac OS X 10.5 benötigen Sie keine Hilfe eines externen Programms à la SharePoints. Aus meiner Sicht ist in dem Zusammenhang eine andere Neuerung höher einzustufen als der in seinen Aufgaben beschnittene Sharing-Benutzer. Mit den vorhandenen Mitteln war es bisher nur möglich, einen Benutzer und eine Benutzergruppe der Freigabe bzw. den Dateien zuzuweisen. Aus diesem Grund wurden in dem Fallbeispiel der fiktiven Familie die Benutzergruppen *familie*, *kinder* und *eltern* erstellt.

Seit der Einführung von Mac OS X 10.5 lässt sich die Benutzer- und Zugriffsverwaltung dahingehend vereinfachen, dass der Administrator einer Freigabe mehrere Benutzer und Benutzergruppen zuweisen kann. Damit entfällt die Benutzergruppe *familie*. Stattdessen werden der Freigabe, die für die gesamte Familie zugänglich sein soll, die Benutzergruppen *kinder* und *eltern* zugewiesen. In der Summe repräsentieren beide Gruppen die *familie*. Würde die Beispielfamilie sich rein spekulativ um ein computerbegeistertes Familienmitglied vergrößern, bräuchte der Administrator den Neuzugang nur einer Benutzergruppe hinzufügen. Unter Mac OS X 10.4 wären es zwei Benutzergruppen.

Das Einrichten der Freigaben sowie die Zuordnung der Benutzer und deren Zugriffsrechte sind in den Systemeinstellungen, konkret in der Auswahl *Sharing* des Abschnitts *Internet & Netzwerk*, vorzunehmen. Sie benötigen für alle Anpassungen die Berechtigung, den Mac verwalten zu können (administrative Rechte). Wie schon im Abschnitt zu Mac OS X 10.4 werden die weiteren Schritte an einer Freigabe demonstriert. Deshalb benötigen Sie einen Ordner *sharing*. Er wird auf der Festplatte angelegt. Auf ihn sollen die Benutzer der Gruppe *team* zugreifen können.

Einen Sharing-Benutzer einrichten

Wie bereits angesprochen kennt die Benutzerverwaltung in Mac OS X 10.5 einen Benutzer-Account namens *Nur Sharing*. Trotz der Beschränkung auf das Mac-Netzwerk möchte ich den Account-Typ anlegen.

1 Gehen Sie über das Apfel-Symbol der Menüleiste oder das Symbol *Systemeinstel-lungen* im Dock in die Systemeinstellungen, dort in den Abschnitt *System* und anschließend in die Auswahl *Benutzer*.

2 In der Auswahlliste *Neuer Account* ist der Typ *Nur Sharing* auszuwählen. Alle anderen Angaben (Name, Kurzname und das Kennwort) sind wie gewohnt zu machen. Erstellen Sie daran anschließend den Account.

Vorsicht Falle!

Der Sharing-Benutzer lässt sich in Mac OS X 10.5.2 nur für AFP-Netzwerkverbindungen (vormals Personal File Sharing) verwenden. Soll sich der Benutzer später auch via SMB (vormals Windows Sharing) anmelden können, muss wie in Mac OS X 10.4 ein physischer Benutzer-Account (*Standard* oder *Administrator*) angelegt werden.

Dienste aktivieren

1 Nachdem der Sharing-Benutzer erfolgreich angelegt wurde, wechseln Sie über den oberen Button *Alle einblenden* der Systemeinstellungen in den Abschnitt *Sharing*.

2 Schalten Sie in der linken Auswahl den Dienst *File Sharing* ein. Er ist mit dem Personal File Sharing aus Mac OS X 10.4 identisch. Das Betriebssystem startet den Dienst und konfiguriert im Hintergrund bei Bedarf die Firewall. Es folgt ein Hinweis, der sich auf die Wechselwirkung von Ruhezustand und Erreichbarkeit des Macs im Netzwerk bezieht. Schaltet Ihr Mac nach einer gewissen Zeit der Inaktivität in den Ruhezustand, können entfernte Rechner nicht auf Ihren Mac zugreifen.

3 Wenn ein Mac in Ihrem Netzwerk die Rolle eines Quasi-Dateiservers übernehmen soll, empfiehlt es sich, in der Auswahl *Energie sparen* der Systemeinstellungen den Ruhezustand des Computers zu deaktivieren. Bestätigen Sie die Meldung mit *OK*.

Freigabe und Benutzer festlegen

1 Wählen Sie unterhalb des Feldes *Freigegebene Ordner* das Hinzufügen-Symbol (Pluszeichen) und wählen Sie den Ordner *sharing* aus. In Mac OS X 10.5 entspricht der Name des Ordners dem Freigabenamen. In der daneben angeordneten Liste *Benutzer* sind alle Benutzer eingeblendet, die bereits Zugriffsrechte auf diesen Ordner besitzen. Dazu gehört der Eigentümer, von dem der Ordner angelegt wurde.

2 Haben Sie als Administrator des Macs den Ordner angelegt und soll er einem anderen physischen Benutzer als Eigentümer zugeordnet werden, klicken Sie mit dem Mauszeiger auf das Hinzufügen-Symbol (Pluszeichen).

3 Wählen Sie den zukünftigen Eigentümer aus und schließen Sie das Benutzerverzeichnis mit *Auswählen*. Daran anschließend entfernen Sie mit dem Entfernen-Symbol (Minuszeichen) Ihren Benutzernamen aus der Liste der Zugriffsberechtigten.

4 Abschließend soll dem Ordner außerdem der zuvor eingerichtete *Nur Sharing*-Benutzer als Zugriffsberechtigter hinzugefügt werden.

5 Beide Benutzer, der neue Eigentümer und der *Nur Sharing*-Benutzer, sind anfänglich mit dem Leserecht ausgestattet. Möchten Sie das ändern und beiden den vollen Zugriff auf den

Ordner *sharing* zuweisen, klicken Sie mit der Maus auf den Eintrag *Nur Lesen* und wählen stattdessen *Lesen & Schreiben* aus.

Alle erforderlichen Einstellungen sind vorgenommen. Ein entfernter Mac kann über eine Netzwerkverbindung den ersten Versuch unternehmen, auf die eingerichtete Freigabe zuzugreifen. Der bisher eingleisige Datenverkehr lässt sich durchbrechen, wenn Freigaben auf allen Rechnern des lokalen Netzwerks eingerichtet werden. Die grundsätzliche Überlegung hatte ich dem Kapitel vorangestellt.

Benutzergruppen unter Mac OS X 10.5

Beim Anlegen des neuen *Nur Sharing*-Benutzers ist Ihnen sicherlich die Option *Gruppe erstellen* aufgefallen. Mit der Gruppe lassen sich unter Mac OS X 10.5 Benutzer zusammenfassen, die für eine oder mehrere Freigaben über dieselben Zugriffsrechte verfügen. Anstelle Benutzer einzeln der Freigabe zuzuordnen, lassen sie sich in einer Benutzergruppe zusammenlegen. Anschließend wird die Benutzergruppe der Freigabe zugeordnet.

Netzwerkverbindungen unter Macs aufbauen

Benutzer B möchte von seinem Mac-Rechner B eine Netzwerkverbindung zum entfernten Rechner A herstellen und auf die gemeinsame Freigabe zugreifen. Beginnen Sie mit Mac OS X 10.4.

1 Gehen Sie in der Menüleiste des Finders in die Auswahl *Gehe zu* und wählen Sie den Befehl *Mit Server verbinden*. Alternativ rufen Sie das Eingabefenster über die Tastenkombination [command]/[⌘]+[K] auf.

2 In die Zeile *Server-Adresse* ist der Rechnername des entfernten Macs (Rechner A) einzugeben. Ihm folgt *.local*. Entsprechend dem Beispiel der Freigabe *sharing* folgt ein */sharing*. Da der von mir benutzte Mac auf den bedeutungsschwangeren Namen *bigsilversheep* getauft wurde, lautet die vollständige Adresse: *bigsilversheep.local/sharing*.

3 Ein Mausklick auf den Button *Verbinden* löst die Kontaktaufnahme zum entfernten Rechner aus.

4 Nach kurzer Zeit werden Sie aufgefordert, einen Benutzernamen und das dazugehörige Kennwort anzugeben. Hier sind die Angaben zu machen, die den zusätzlich eingerichteten Benutzer (zum Beispiel *Nur Sharing*-Benutzer unter Mac OS X 10.5) betreffen. War die Anmeldung erfolgreich, erscheint ein Netzlaufwerksymbol auf Ihrem Schreibtisch bzw. in der Seitenleiste des Finders.

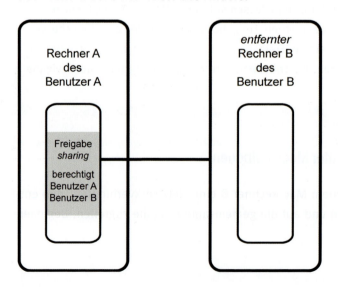

Vorsicht Falle – machen Sie es sich kurz!

Beim Einrichten der Benutzer-Accounts müssen Sie einen Benutzernamen (Ronald Puhle) eingeben. Mac OS X erstellt daraus einen Kurznamen (ronaldpuhle), der unter anderem von Leerzeichen befreit wird. Der Kurzname ist bei der entfernten Anmeldung als Benutzername zu verwenden und sollte gegebenenfalls noch kürzer (ropu) gehalten werden.

5 Rufen Sie noch einmal das Fenster *Mit Server verbinden* auf. Neben der Adresszeile sehen Sie ein Hinzufügen-Symbol (Pluszeichen). Um sich zukünftig das Eintippen des Rechnernamens zu ersparen, lässt sich die eingegebene Adresse über das Symbol in der Liste *Bevorzugte Server* speichern.

Daten per Drag & Drop kopieren

Um Daten von einem Speicherort Ihrer Festplatte in den Freigabeordner zu bewegen, müssen sie zwangsläufig dorthin kopiert werden. Ziehen Sie die betreffenden Dateien innerhalb der Festplatte mit gehaltener Maustaste, dann werden sie verschoben. Halten Sie an der Tastatur jedoch die alt-Taste gedrückt, legt Mac OS X nach dem Loslassen der Maustaste eine Kopie an. Den Unterschied zwischen Verschieben und Kopieren von Dateien erkennen Sie am grün unterlegten Plus-Symbol für das Kopieren.

Freigaben schneller aufspüren (Mac OS X 10.5)

Apple hat dem Finder in der neusten Version seines Betriebssystems ein paar nützliche Erweiterungen spendiert. Ist Mac OS X 10.5 auf Ihrem Rechner installiert, gehen

Sie einfach mal in den Freigabeordner und sehen selbst nach. Oberhalb der Dateiliste blendet der Finder den Hinweis ein, dass es sich um einen freigegebenen Ordner handelt.

Meldet sich ein Mac mit eingerichteten Freigaben im lokalen Netzwerk an, wird er in der linken Seitenleiste im Abschnitt *Freigaben* eingeblendet. Insoweit Sie zu dem Benutzerkreis gehören, der auf den Rechner zugreifen darf, genügt nunmehr ein Mausklick auf den betreffenden Rechner zum Verbindungsaufbau. Unterhalb der Symbolleiste des Finders befindet sich der Button *Verbinden als*. Nutzen Sie ihn, um sich mit einem bestimmten Benutzernamen und dem dazugehörigen Kennwort am entfernten Rechner anzumelden. Ungeachtet des-

sen besteht auch weiterhin die Möglichkeit, über den Dialog *Mit Server verbinden* einen entfernten Rechner im Netzwerk mit seinem Computernamen anzusprechen.

Daten via Netzwerk bewegen

Nachdem eine Netzwerkverbindung zu einem entfernten Rechner hergestellt wurde, können Sie entsprechend der zugestandenen Zugriffsrechte mit den Daten in der Freigabe arbeiten. Es macht eigentlich keinen Unterschied, ob die Dateien auf Ihrer Festplatte, dem USB-Stick oder einem Netzlaufwerk liegen. Eine Besonderheit werden Sie jedoch nach kurzer Zeit ausmachen. Die Zugriffszeiten sowie das Laden oder Speichern der Dateien sind mit dem internen Volumen oder der externen FireWire-Festplatte nicht zu vergleichen. Der Hauptgrund liegt in der Umsetzung und Übertragung der Daten. Alle Dateien, die Sie vom entfernten Rechner laden oder in seine Freigabe speichern wollen, müssen in netzwerktaugliche Datenpakete zerlegt (fragmentiert) werden. Unter dem

Strich kommt eine 100 MBit/s-Ethernet-Verbindung auf eine Netto-Transferrate von ca. 4 MByte/s. Im Vergleich erzielen FireWire 400 bzw. USB 2.0 bis zu 20 MByte/s und mehr. Selbst das Gigabit-Ethernet kann mit ca. 10 MByte/s den externen Speicherkollegen nicht das Wasser reichen.

... acht, neun, zehn, Schluss!

Bis zu zehn Rechner können sich gleichzeitig an Ihrem Mac anmelden. Mehr ist mit der Client-Version von Mac OS X nicht möglich. Sollen sich mehr als zehn Rechner gleichzeitig an Ihrem Mac anmelden dürfen, benötigen Sie die Mac OS X-Server-Version. Hier ist die Anzahl der angemeldeten Clients unbegrenzt.

Es gilt noch einen anderen Aspekt zu berücksichtigen. Das Verpacken der Dateien in netzwerkfähige Datenpakete beansprucht Systemressourcen und äußert sich in einer höheren Prozessorlast. Mit den genannten Argumenten möchte ich Ihnen das Arbeiten mit Netzlaufwerken nicht abspenstig machen. Vielmehr möchte ich Sie dazu anregen, die Arbeitsweise den Gegebenheiten anzupassen. Dazu gehört, Daten vom Netzlaufwerk auf Ihren Rechner zu laden und auf der internen Festplatte zwischenzuspeichern. Wenn Sie alle Änderungen vorgenommen haben, schreiben Sie die veränderten Dateien wieder auf das Netzlaufwerk zurück. Der Ablauf erspart Ihnen unnötige Wartezeiten beim Sichern der Zwischenergebnisse und reduziert vor allem den Datentransfer im lokalen Netzwerk.

Dateien auf dem Netzlaufwerk öffnen, bearbeiten und speichern

Entscheidend ist hierfür das Zugriffsrecht, das Ihnen am angemeldeten Rechner zugestanden wurde. Liegt eine Leseberechtigung vor, lässt sich die Datei vom verbundenen Netzlaufwerk aus öffnen und am lokalen Rechner speichern. Wollen Sie eine bearbeitete Datei auf dem Netzlaufwerk speichern, benötigen Sie das Schreibrecht. Das Schreibrecht wird ebenso benötigt, wenn eine Datei dem Netzlaufwerk hinzugefügt werden soll.

Netzlaufwerke richtig trennen

Bestehende Verbindungen zu Netzlaufwerken, die nicht mehr benötigt werden, sind sauber zu trennen. Wie der USB-Stick oder die externe FireWire-Festplatte müssen sie ausgeworfen werden. Ist das nicht der Fall, meldet sich Mac OS X spätestens beim He-

runterfahren des Rechners. Netzlaufwerke werden wie externe Speichermedien am System abgemeldet. Abhängig von der Mac OS X-Version und der Art der Netzwerkverbindung stehen drei Möglichkeiten zur Auswahl.

1 Klicken Sie in der Seitenleiste des Finders auf das Auswerfen-Symbol rechts neben dem Namen des verbundenen Rechners (Mac OS X 10.4 und 10.5).

2 Eine weitere Möglichkeit besteht darin, auf dem Schreibtisch das Symbol des Netzlaufwerks mit gehaltener linker Maustaste auf das Papierkorb-Symbol im Dock zu ziehen. Während des Ziehens wechselt der Papierkorb in das Auswerfen-Symbol, wie es schon in der Seitenleiste des Finders zu sehen ist.

3 Last but not least öffnet ein Mausklick mit der rechten Maustaste auf das Laufwerksymbol (Ein-Tasten-Maus: Mausklick + ⌃control⌃) ein Menü, das unter anderem den Befehl *Freigabename trennen* enthält. Wählen Sie die Option aus und das Netzlaufwerk wird abgemeldet bzw. die Netzwerkverbindung zum entfernten Rechner getrennt.

Dateimanager der alten Schule

Im Laufe der Jahre habe ich mich an den Umgang mit dem Finder gewöhnt. Doch insgeheim trauere ich einem Klassiker unter den Dateimanagern, dem Norton Commander, nach. Zwei nebeneinanderliegende Fenster sind für mich das Optimum, große Datenbestände zu bewegen. Der kostenlose muCommander (*www.mucommander.com*) ist ein sogenannter NC-Klon. Er kopiert oder verschiebt Dateien nicht nur auf Festplatten. Der muCommander verrichtet dieselben Aufgaben zuverlässig im Netzwerk.

DVD- oder CD-Sharing

Während der Arbeiten an diesem Buch veröffentlichte Apple das Systemupdate 10.5.2. Eine interessante Neuerung ist die Freigabe *DVD- oder CD-Sharing*. Die Erweiterung der Freigaben ist als separater Download auch für Mac OS X ab Version 10.4.10 über die Apple-Homepage abrufbar. Das DVD- oder CD-Sharing steht ausschließlich den Netzwerkmitgliedern am Mac zur Verfügung. Eigentlich schade, wird dem stolzen Besitzer des drahtlos operierenden MacBook Air ein Programm namens Remote Disc bereitgestellt. Es erlaubt ihm, drahtlos auf einen Windows-PC und dessen internes CD- oder DVD-Laufwerk zuzugreifen.

1 Ist in Ihrem Netzwerk auf einem Mac die Version 10.5.2 installiert und wollen Sie von anderen Macs auf das DVD- oder CD-Laufwerk zugreifen, gehen Sie in die Systemeinstellungen.

2 Im Abschnitt *Netzwerk & Internet* klicken Sie mit dem Mauszeiger auf die Auswahl *Sharing*. Nachdem Sie sich als Benutzer identifiziert haben, der den Mac verwalten darf, aktivieren Sie die Option *DVD- oder CD-Sharing* in der Spalte *Ein*. Mac OS X startet den Dienst und konfiguriert im Hintergrund die Firewall.

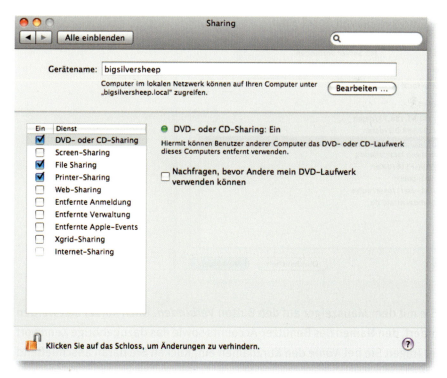

3 Wenn Sie sich entscheiden, die Nachfragen-Option zu deaktivieren, kann jedes Mac-Mitglied des Netzwerks ohne Ihre Zustimmung auf eine eingelegte CD oder DVD zugreifen.

Vorsicht Falle – andere Nutzer über einen Umweg

Entweder beschreibt Apple das DVD- oder CD-Sharing falsch oder es enthält noch ein paar Fehler. Nur als entfernt angemeldeter Administrator konnte ich unter Mac OS X 10.4 auf den eingelegten Datenträger zugreifen. Standard- und Sharing-Benutzern blieb der Blick verwehrt. Die Not macht erfinderisch und so gab ich kurzerhand den Datenträger unter File-Sharing frei. Jetzt konnten die restlichen Benutzer auf die DVD oder CD zugreifen. Einen kleinen Wermutstropfen gibt es dennoch. Die Einstellung der Freigabe hat so lange Bestand, bis der Datenträger ausgeworfen oder der Mac heruntergefahren wird. Danach ist die alte Freigabe zu löschen und eine neue einzurichten.

---

4 Um auf den Datenträger zuzugreifen, gehen Sie über die Menüleiste in die Auswahl *Gehe zu* und wählen die Option *Mit Server verbinden*. Alternativ lässt sich dasselbe Eingabefenster über den Tastaturbefehl command/⌘+K aufrufen. Geben Sie den Netzwerknamen des Macs gefolgt von *.local* ein.

5 Klicken Sie mit dem Mauszeiger auf den Button *Verbinden*. Nach kurzer Zeit werden Sie aufgefordert, den Namen des Benutzer-Accounts sowie das dazugehörige Kennwort einzugeben. Tragen Sie bei *Name* den Kurznamen ein. Klicken Sie daran anschließend auf den Button *Verbinden*.

Wie lautet eigentlich mein Kurzname?

Wenn Sie Ihren Kurznamen vergessen haben, genügt an Ihrem Mac ein Blick in die Seitenleiste des Finders. Direkt neben dem Haus-Symbol wird Ihr Kurzname eingeblendet.

6 War die Anmeldung erfolgreich, werden Ihnen in einer weiteren Auswahl alle Freigaben und Laufwerke angezeigt, auf die Sie zugreifen können. Nun müssen Sie nur noch den Titel der DVD oder CD auswählen und abschließend mit dem Mauszeiger auf den *OK*-Button klicken.

7 Der entfernte Datenträger ist als Netzlaufwerk mit Leserecht verbunden und kann dementsprechend genutzt werden. Wird es nicht mehr benötigt, ist das Netzlaufwerk wie gewohnt auszuwerfen.

2.2 Datenaustausch zwischen Windows XP/Vista und dem Mac

Nachdem es uns erfolgreich gelungen ist, eine Netzwerkverbindung zwischen zwei oder mehreren Macs herzustellen, sollen nun Windows XP- und Vista-PCs in das Heimnetzwerk eingebunden werden. Leider ist die Trennung der beiden Windows-Versionen aus unterschiedlichen Gründen erforderlich. Hauptsächlich sind unterschiedliche Anpassungen des jeweiligen Betriebssystems erforderlich.

Während der Arbeiten an diesem Buch zeigte sich sehr schnell, dass das noch frische Mac OS X 10.5 in der Version 10.5.2 im Umgang mit Windows-PCs noch einige Nachbesserungen erforderlich macht. So griff Windows Vista trotz eingerichteter 10.5-Freigabe über das Netzwerk auf die gesamte Mac-Festplatte zu. Zu allem Überfluss war das Verhalten nur dann reproduzierbar, wenn Mac OS X 10.5 über eine bestehende Vorgängerversion des Betriebssystems installiert wurde. Handelte es sich um eine Neuinstallation von Mac OS X 10.5, sahen weder Windows XP noch Vista die eingerichtete Freigabe. Lediglich auf den mit einem Schreibrecht ausgestatteten Briefkasten gewährte Mac OS X 10.5 den Zugriff.

Neben einer Festplatte, auf der das Betriebssystem und alle Programme abgelegt sind, sind weitere Festplatten in meinem Mac Pro installiert. Nachdem eine Festplatte komplett neu partitioniert und anschließend eine Freigabe eingerichtet wurde, konnten beide Windows-Versionen darauf zugreifen. Allerdings hatte ich mit dem Nebeneffekt zu kämpfen, dass jeder Windows-Benutzer ohne Angabe seines Benutzernamens und persönlichen Kennworts Zugang hatte. Die Verwunderung war umso größer, als es sich bei der Systeminstallation ebenfalls um ein neu partitioniertes Volumen handelt und hier die Freigabe trotzdem nicht erkannt wurde. So ärgerlich das störrische wie freizügige Verhalten von Mac OS X 10.5 ist, gleichzeitig bekräftigt es mein Plädoyer, einen Austauschpunkt in Form meines Ordners *sharing* einzurichten. Problemberichte und verzweifelte Hilferufe in Internetforen zeigen, dass das Problem kein Einzelfall ist. Ganz offensichtlich gibt es im Zusammenspiel von Mac OS X 10.5 mit Windows XP und Vista an manchen Stellen noch einigen Nachbesserungsbedarf. Als Mac-Anwender und Autor dieses Buches ist die Aussage indessen nicht sonderlich befriedigend. Bevor ich mit dem eigentlichen Einrichten der Freigabe beginne, sind ein paar Vorbetrachtungen notwendig.

Wozu brauche ich Samba (SMB)?

Das Einstecken des Netzwerkkabels in den Ethernet-Anschluss Ihres Macs oder Windows-PCs bedeutet noch lange nicht, auf Anhieb ein funktionierendes Netzwerk vorzufinden. Die Abläufe, angefangen bei den elektronischen Komponenten bis hin zur erforderlichen Software, sind komplex und erinnern mich mit einem gewissen Grauen an mein Studium der Nachrichtentechnik. Für jede Form der kabelgebundenen oder drahtlosen Kommunikation zwischen Rechnern, egal ob Client oder Server, wird eine eigene Sprache gesprochen, die sogenannten Protokolle. Wenn Sie Ihren Computer mit dem Internet verbinden und Webseiten im Browser aufrufen, dann bildet das TCP/IP-Protokoll die Grundlage für das Zwiegespräch. Damit eine entsprechende Kommunikation überhaupt zustande kommt, werden sogenannte Dienste benötigt, die in der Regel vom Server zur Verfügung gestellt werden. Ist die Zahl der beteiligten Rechner (Clients) überschaubar klein, kann sich das Netzwerk selbst organisieren.

Bei der Implementierung des SMB-Netzwerkprotokolls in Mac OS X greift Apple auf die freie Software Samba zurück. Sie ermöglicht UNIX-basierten Betriebssystemen, auf Windows-Ressourcen zuzugreifen, Daten auszutauschen und gemeinsame Drucker zu nutzen. Zwei Szenarien sind möglich:

✦ Sie wollen eine Verbindung zu einem Windows-PC herstellen. Dazu sind keine Änderungen an Ihrem Mac notwendig. Dafür müssen am Windows-Rechner das entsprechende Benutzerkonto und die Freigabe eingerichtet sein.

✦ Soll dagegen von einem Windows-Rechner auf einen Mac zugegriffen werden, muss in Mac OS X der entsprechende Dienst (Windows Sharing in 10.4 bzw. SMB in 10.5) eingerichtet und gestartet werden. Ungeachtet dessen ist eine Freigabe am Mac erforderlich, auf die der Windows-Benutzer über das Netzwerk zugreifen kann.

Mac OS X 10.4 – der erste Grundstein ist bereits gelegt

Sie erinnern sich sicherlich an das Einrichten der Freigabe unter Mac OS X 10.4 für eine Mac-zu-Mac-Netzwerkverbindung. Neben der *AppleFileServer (AFS) Freigabe* wurde von mir die Option *Windows (SMB) Freigabe* aktiviert. Damit habe ich die Voraussetzung geschaffen, dass ein Windows-PC auf meine Freigabe *sharing* zugreifen kann. Sind Sie meinem Beispiel nicht gefolgt und wollen dennoch den Zugriff erlauben, gehen Sie in das vorherige Kapitel zurück und aktivieren mithilfe der Freeware Share-Points die SMB-Freigabe.

Samba-Schule für Mac OS X 10.4

Vorausgesetzt, ein Windows-PC soll auf Ihren Mac zugreifen dürfen und es wurde eine SMB-Freigabe eingerichtet, muss unter Mac OS X nur noch der entsprechende Dienst (Windows Sharing) aktiviert und ein berechtigter Benutzer ausgewählt werden. Beim Anlegen eines Benutzer-Accounts in Mac OS X 10.4 macht es keinen Unterschied, ob er sich lokal oder von einem entfernten Mac bzw. Windows-PC anmeldet. Im Gegensatz zu Mac OS X 10.5 und seinem *Nur Sharing*-Benutzer legt die Vorgängerversion ausschließlich physische Benutzer an.

1 Gehen Sie über das Apfel-Symbol oder das Symbol *Systemeinstellung* im Dock in den Abschnitt *Netzwerk & Internet* und klicken Sie mit dem Mauszeiger auf die Auswahl *Sharing* in den Systemeinstellungen.

2 Um Veränderungen an der bisherigen Konfiguration vornehmen zu können, müssen Sie sich über das Schloss-Symbol als Benutzer anmelden, der den Mac verwalten darf. In der Liste *Dienst* ist *Windows Sharing* in der Spalte *Ein* zu aktivieren. Mac OS X startet den entsprechenden Dienst und konfiguriert bei Bedarf im Hintergrund automatisch die Firewall.

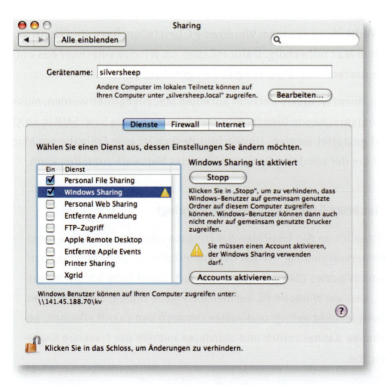

3 War der Start des Dienstes erfolgreich, sehen Sie einen gelben Warnhinweis. Sie müssen anhand der eingerichteten Benutzer-Accounts festlegen, welchem Benutzer Sie den SMB-Zugriff auf die Freigabe erlauben wollen.

4 Um die entsprechende Auswahl zu treffen, klicken Sie mit dem Mauszeiger auf den Button *Accounts aktivieren*. Wählen Sie einen oder mehrere Berechtigte aus und aktivieren Sie den Benutzer in der Spalte *Ein*.

5 Ist ein Benutzer ausgewählt, muss er in einem sich öffnenden Fenster sein Kennwort eingeben.

6 Sind die relevanten Windows-Benutzer ausgewählt und das jeweilige Kennwort eingegeben, können Sie die Benutzerauswahl mit einem Mausklick auf den Button *Fertig* und daran anschließend die Systemeinstellungen schließen.

Samba-Schule für Mac OS X 10.5

Die Ausgangsbedingungen unter Mac OS X 10.5 weichen etwas von der Vorgängerversion ab. Voraussetzung ist ein physischer Benutzer-Account. Was auch immer Apple dazu bewogen hat, der *Nur Sharing*-Benutzer ist ausschließlich der Mac-internen Netzwerkverbindung vorbehalten. Im Gegensatz zum *Nur Sharing*-Benutzer legt Mac OS X 10.5 für physische Benutzer-Accounts des Typs Standard oder Administrator Benutzerverzeichnisse auf der Festplatte an.

Mit der Einführung einer Verwaltung der Freigaben, Zugriffsrechte und Benutzer in die Benutzeroberfläche Mac OS X 10.5 hat Apple die Arbeit des Heimnetzwerk-Administrators deutlich vereinfacht. Mehrere Benutzer lassen sich zu einer Gruppe zusammen-

fassen und damit lässt sich die Verwaltung der Zugriffsrechte übersichtlicher organisieren. Außerdem lassen sich mehrere Benutzer und Benutzergruppen einer Freigabe zuordnen.

Vorsicht Falle – Zugriffsrechte über Informationen ändern

Wie in Mac OS X 10.4 besteht auch in der neusten Version des Betriebssystems die Möglichkeit, über die *Informationen* (command)/(🍎+⌶) oder rechte Maustaste und Auswahl der Option *Informationen*) die Zugriffsrechte einer Festplatte, eines Ordners oder einer Datei zu ändern. Hierbei ist äußerste Vorsicht geboten. Falsch gesetzte Zugriffsrechte, vor allem im Zusammenhang mit dem Systemlaufwerk, stellen einen derart tiefen Eingriff dar, dass sie die Installation des Betriebssystems korrumpieren können.

---

1 Um den benötigten SMB-Dienst zu starten, gehen Sie in die Auswahl *Sharing* der Systemeinstellungen. Melden Sie sich als Benutzer an, der den Mac verwalten darf. Die Option *File Sharing* sollte bereits aktiviert sein. Sie wird für die Mac-zu-Mac-Netzwerkverbindung benötigt.

2 Klicken Sie mit dem Mauszeiger auf den Button *Optionen*. In den Einstellungen sollte bisher *Dateien und Ordner über AFP bereitstellen* ausgewählt sein. Das ermöglicht es, zwischen Macs Daten auszutauschen.

Was ist AFP?

Bei AFP handelt es sich um das **A**pple **F**iling **P**rotocol. Es wird zur Netzwerkkommuni-kation unter Macs benutzt. In Mac OS X 10.4 nannte sich der damit verbundene Dienst Personal File Sharing.

3 Um den Netzwerkzugriff vom Windows-PC auf die Freigabe am Mac zu ermöglichen, muss die Option *Dateien und Ordner über SMB bereitstellen* aktiviert werden. Unter-halb der Auswahl befindet sich eine Liste aller physischen Benutzer-Accounts, die un-ter Mac OS X 10.5 für eine SMB-Netzwerkverbindung erforderlich sind.

4 Wählen Sie in der Spalte *Ein* den oder die Benutzer aus, die via SMB (vormals Windows Sharing) auf die eingerichteten Freigaben zugreifen dürfen. Wie unter Mac OS X 10.4 ist die Eingabe des persönlichen Kennworts vom betreffenden Benutzer erforderlich.

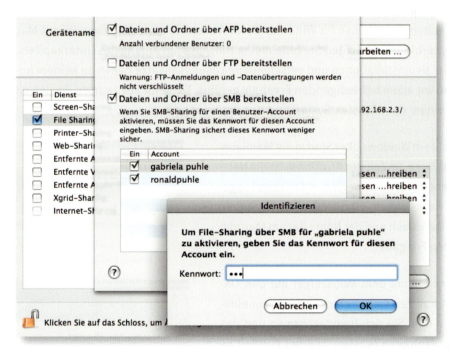

5 Die Kennworteingabe ist mit *OK* zu bestätigen und gegebenenfalls ist der Vorgang für jeden weiteren Benutzer zu wiederholen. Schließen Sie das *Optionen*-Fenster mit einem Mausklick auf den Button *Fertig* und im Anschluss daran die Systemeinstellungen.

Tipp in Sachen Sicherheit

Das Aktivieren eines Dienstes stellt immer ein gewisses Sicherheitsrisiko dar. Wird von einem Client, egal ob aus dem lokalen Netzwerk oder Internet, eine Anforderung an Ihren Rechner gestellt, antwortet er prompt. Ist der Dienst dagegen deaktiviert, führt die Anforderung ins Leere oder besser, wird von der Firewall abgefangen. Nicht benötigte Dienste sollten deshalb inaktiv bleiben. Wollen Sie von Ihrem Mac lediglich auf einen Windows-Rechner zugreifen, muss am Mac der Dienst Windows Sharing bzw. SMB nicht aktiviert sein.

Von Windows auf den Mac zugreifen

Der Mac ist so weit präpariert, dass Sie von einem Windows-PC auf seine eingerichtete Freigabe zugreifen können. Alle nachfolgenden Schritte werden mit Windows XP ausgeführt, gelten aber ebenso für Windows Vista. Wollen Sie einen Windows-PC mit Mac OS X 10.5 verbinden, beachten Sie bitte meine Hinweise am Anfang des Unterkapitels. Mehrfache Neuinstallationen und verschiedene Lösungsansätze haben zu keinem anderen und vor allem befriedigenden Ergebnis geführt. Es bleibt abzuwarten, inwieweit Apple in einem der nächsten Systemupdates darauf reagieren wird.

1 Gehen Sie in Windows über *Start* in die Menüauswahl *Ausführen*. Im Fenster *Ausführen* ist die Netzwerkadresse des Macs, beginnend mit zwei sogenannten Backslashes, einzutragen. Es folgen ein weiterer Backslash und der Name der am Mac eingerichteten Freigabe.

2 Klicken Sie mit dem Mauszeiger auf den *OK*-Button. Kurze Zeit später erscheint ein Anmeldefenster, in dem Sie den Benutzernamen und das Kennwort eintragen müssen. Hierbei handelt es sich natürlich um die Angaben, die dem Benutzer-Account am Mac zugeordnet sind. Nachdem der *OK*-Button angeklickt wurde, sollte es nicht mehr lange dauern und ein sich öffnendes Fenster zeigt Ihnen den Inhalt der Mac-Freigabe an.

SMB-Netzwerkverbindung unter Macs

Anstelle der Netzwerkverbindung über das Apple Filing Protocol (AFP) lassen sich Macs auch über das SMB-Protokoll miteinander verbinden. Voraussetzung ist, dass der Dienst Windows Sharing (Mac OS X 10.4) bzw. SMB (Mac OS X 10.5) gestartet wurde. Geben Sie unter *Mit Server verbinden* die Netzwerkadresse und den Freigabenamen ein. Es sind dabei einfache Schrägstriche zu verwenden. Der Netzwerkadresse ist außerdem ein *smb://* voranzustellen (z. B. *smb://192.168.2.3/sharing*).

Ihre Netzwerkadresse wiederfinden

Der schnelle Aufbau einer SMB-Netzwerkverbindung erfordert die Eingabe der Netzwerkadresse des entfernten Rechners. Haben Sie sich für DHCP und damit für eine automatische Vergabe der Netzwerkadresse in Ihrem Netzwerk entschieden, kann sie sich unter gewissen Umständen ändern. An verschiedenen Stellen des Buches habe ich auf den Sachverhalt verwiesen und mögliche Ursachen genannt. Ich möchte Ihnen nunmehr ein paar Möglichkeiten vorstellen, wie Sie schnell die IP-Adresse eines Rechners ermitteln können.

In den Einstellungen des DSL- oder WLAN-Routers werden Ihnen mit hoher Wahrscheinlichkeit die vergebenen Netzwerkadressen und dazugehörigen Computernamen angezeigt.

1 Rufen Sie im Internetbrowser die Netzwerkadresse des DSL- oder WLAN-Routers auf, melden Sie sich mit Ihrem Kennwort an und gehen Sie in die Liste der DHCP-Clients.

LAN > DHCP Client List

This page shows you the IP address, Host Name and MAC address of each computer that is connected to your network. If the computer does not have a host name specified, then the Host Name field will be blank. Pressing "Refresh" will update the list.

IP Address	Host Name	MAC Address
192.168.2.2	weissschafi	00:14:51:86:22:d7
192.168.2.3	bigsilversheep	00:17:f2:00:1d:f8
192.168.2.4	silversheep	00:11:24:25:5c:d2
192.168.2.5	Firemaster-2006	00:17:f2:4f:cb:15
192.168.2.6	SHEEPXP	00:bb:2d:e1:87:d5
192.168.2.9	vistapc	00:e8:60:e4:9d:3f

Refresh

2 Ob Windows oder Mac OS X, die aktuelle Netzwerkverbindung inklusive der derzeit zugewiesenen Netzwerkadresse wird Ihnen in den *Netzwerkverbindungen* (Windows *Start/Einstellungen*) bzw. in der Auswahl *Netzwerk* der Systemeinstellungen angezeigt (Mac OS X). Sind mehrere Netzwerkadapter gleichzeitig aktiviert, wählen Sie den Adapter aus, über den die Netzwerkverbindung besteht.

Apple nennt sie Widget, Microsoft Gadget. Egal, welchen Namen die Hersteller den kleinen Programmen auch geben, sie sind eine weitere Möglichkeit, sich die aktuelle Netzwerkadresse im lokalen Netzwerk und Internet anzeigen zu lassen.

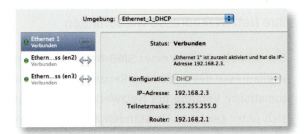

1 Ziehen Sie das IP Widget (Mac OS X, *http:// cip.physik.uni-bonn.de/~maahn/*) in den Ordner *Widgets* (*Systemlaufwerk/Library*) und geben Sie Ihr Administratorkennwort an. Alternativ genügt ein Doppelklick auf das Widget und Mac OS X fragt nach, ob es installiert werden soll. Öffnen Sie das Dashboard mit der Taste (F12), der mittleren Maustaste oder über das Dashboard-Symbol im Dock.

2 Um die Widget-Verwaltung zu öffnen, genügt ein Mausklick auf das eingekreiste Hinzufügen-Symbol (Pluszeichen) in der linken unteren Bildschirmecke. Ziehen Sie das IP Widget mit gehaltener linker Maustaste in das Dashboard.

3 Um den vom Widget zu überwachenden Netzwerkadapter auszuwählen, klicken Sie mit dem Mauszeiger auf das rechte Welt-Symbol neben dem Widget-Namen.

4 Die Konfiguration des IP Widget ist damit abgeschlossen und das Hilfsprogramm kann mit *Done* geschlossen werden. Soll der nützliche Helfer außerdem die aktuelle Netzwerkadresse anzeigen, die Ihnen vom Provider zugewiesen wurde, ziehen Sie das IP Widget ein weiteres Mal aus der Widget-Verwaltung und wählen in der Widget-Konfiguration den Adapter *WAN (external)* aus.

5 Ein Mausklick an eine widget-freie Stelle schließt das Dashboard. Über die bereits erwähnte Funktionstaste F12 der Tastatur, der mittleren Maustaste sowie das Dashboard-Symbol im Dock rufen Sie es wieder auf. Im Handumdrehen zeigt das IP Widget die vergebenen Netzwerkadressen an.

Wie bereits erwähnt, bietet die neuste Windows-Version eine ähnliche Möglichkeit, Minianwendungen für den Benutzer arbeiten zu lassen. Sie werden in der sogenannten Sidebar abgelegt. Analog dem IP Widget für Mac OS X blendet das NetGadget für Vista (*www.systemgadgets.com*) neben dem aktuellen Datenverkehr Informationen zur lokalen und weltweit vergebenen IP-Adresse ein.

1 Laden Sie das Gadget von der Webseite der Programmmacher herunter und installieren Sie es mit einem Doppelklick. Bei etwaigen Sicherheitsmeldungen bestätigen Sie die Installation. Zeigt sich NetGadget in der Sidebar, öffnet der Mausklick auf die Minianwendung ein Fenster.

2 Um Ihre aktuell vom Provider zugewiesene IP-Adresse abzufragen, klicken Sie mit dem Mauszeiger in der Zeile *External IP* auf den Button *Get*.

3 Im Abschnitt *Network Adapters* werden alle aktiven Netzwerkadapter aufgelistet. Klicken Sie auf den Button *Info*, blendet die Minianwendung die Konfiguration des Netzwerkanschlusses ein.

Netzwerkverbindung trennen

Benötigen Sie die Netzwerkverbindung zum entfernten Mac nicht mehr, sollte sie ordnungsgemäß getrennt werden.

1 Gehen Sie in die Menüleiste des Explorer-Fensters der aktiven Netzwerkverbindung und wählen Sie *Extras / Netzlaufwerk* trennen.

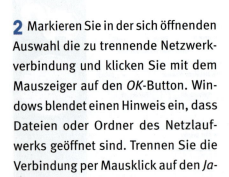

2 Markieren Sie in der sich öffnenden Auswahl die zu trennende Netzwerkverbindung und klicken Sie mit dem Mauszeiger auf den *OK*-Button. Windows blendet einen Hinweis ein, dass Dateien oder Ordner des Netzlaufwerks geöffnet sind. Trennen Sie die Verbindung per Mausklick auf den *Ja*-Button.

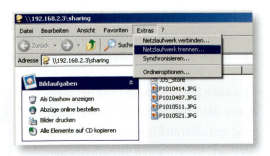

3 Wenn Sie Windows Vista einsetzen und die Menüleiste im Fenster nicht eingeblendet ist, drücken Sie auf der Tastatur die [alt]-Taste. Jetzt können Sie auf die zuvor beschriebene Auswahl zugreifen.

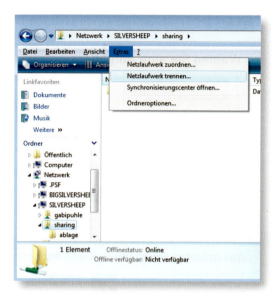

Sonderfall Mac OS X 10.5

In der dem Buch zugrunde liegenden Mac OS X-Version zeigen beide Windows-Versionen im *Netzwerk trennen*-Dialog keine aktive Netzwerkverbindung zu Mac OS X 10.5.2 an. Dementsprechend können Sie nicht das Netzlaufwerk auf diese Weise trennen. Schließen Sie einfach das Fenster der Netzwerkverbindung.

Benutzer und Freigabe einrichten (Windows XP)

Windows XP und Vista gelingt es auf ganz banale Weise, sich nicht vom Mac ansprechen zu lassen. Der Grund liegt im eingerichteten Benutzerprofil. Zwar wird beim Einrichten von Windows XP ein Benutzer angelegt, es muss jedoch kein Benutzerkennwort vergeben werden. Bei der Installation von Windows Vista ist die Vergabe eines Benutzerkennworts optional und kann damit theoretisch ausbleiben. Sie müssen in einem ersten Schritt diese Hürde beseitigen. Beim Anlegen der Benutzerkonten unter Windows XP und Vista gelten meine Ausführungen zum Gedankenspiel des ersten Kapitels. Neben dem Hauptbenutzer des Windows-Rechners benötigen Sie einen weiteren Benutzer, der von einem entfernten Rechner (Windows oder Mac) auf die Ressourcen des

Computers zugreifen darf. Deshalb legen Sie neben dem Kennwort für den Windows-Administrator einen weiteren Benutzer an. Die folgenden Schritte werden in der klassischen Windows-Oberfläche ausgeführt.

1 Gehen Sie über den Button *Start* in die *Einstellungen/Systemsteuerung* zur Auswahl *Benutzerkonten*. Zunächst vergeben Sie für das Benutzerkonto des Administrators ein Kennwort. Dazu ist das Konto im Fenster *Benutzerkonten* auszuwählen.

2 Im nächsten Schritt ist mit *Kennwort erstellen* ein Kennwort für Ihr Windows XP-Benutzerkonto zu vergeben.

3 Tragen Sie das Kennwort ein, wiederholen Sie die Eingabe und geben Sie einen Kennworthinweis. Optional steht es Ihnen frei, einen Kennworthinweis einzutragen. Wenn Sie die vergebene Passphrase vergessen sollten, kann der Hinweis vielleicht nützlich sein. Die Angaben sind mit *Kennwort erstellen* abzuschließen.

4 Zum Anschluss erfolgt eine Abfrage, die das Zugriffsrecht weiterer Benutzer betrifft. Bis auf die noch einzurichtende Freigabe sollten Ihre Daten immer vor den Augen anderer geschützt sein. Deshalb empfehle ich, den Button *Ja, nur für eigene Verwendung* anzuklicken. Damit ist die Kennwortvergabe für das Benutzerkonto des Administrators abgeschlossen.

5 Nun können Sie damit beginnen, ein weiteres Benutzerkonto einzurichten. Es dient dem entfernten Zugriff auf den Windows-Rechner. Wählen Sie in der Liste *Verwandte Aufgaben* die Option *Neues Konto erstellen* aus und folgen Sie den Anweisungen. Zunächst ist ein Name für das Benutzerkonto zu vergeben. Der Name entspricht dem Benutzernamen, der beim Aufbau der Netzwerkverbindung anzugeben ist. Im Schritt *Wählen Sie einen Kontotypen* entscheide ich mich für die Option *Eingeschränkt*. Der entfernte Benutzer benötigt keine administrativen Rechte am Windows-Rechner. Das Einrichten des neuen Benutzerkontos schließt der Button *Konto erstellen* ab.

6 Analog der Kennwortvergabe ist für das neu geschaffene Benutzerkonto ebenfalls ein Kennwort zu vergeben. Daran anschließend kann die Verwaltung der Benutzerkonten geschlossen werden.

7 Nachdem die Benutzerkonten den Erfordernissen angepasst wurden, führt der Weg nun in den Windows-Explorer. Legen Sie jenen Ordner *sharing* an, der wie unter Mac OS X zur zentralen Anlaufstelle in Sachen Datenaustausch werden soll. Rufen Sie anschließend über die rechte Maustaste die *Eigenschaften* auf und wechseln Sie in das Register *Freigabe*.

8 Aktivieren Sie im Abschnitt *Netzwerkfreigabe und -sicherheit* die Option *Diesen Ordner im Netzwerk freigeben*. Das bis dahin grau unterlegte Eingabefeld *Freigabenamen* und die Option *Netzwerkbenutzer dürfen Dateien verändern* sind jetzt editierbar.

Dem bisherigen Prinzip einer netzwerk-
übergreifend einheitlichen Freigabe folgend
hört sie auf den Namen *sharing* und die angemeldeten Benutzer dürfen Daten innerhalb der Freigabe ändern. Dazu ist die Option *Netzwerkbenutzer dürfen Dateien verändern* zu aktivieren.

9 Das Fenster *Eigenschaften von sharing* kann mit einem Mausklick auf den *OK*-Button
geschlossen werden. Es ist der Moment gekommen, in dem Sie den Windows-PC neu
starten müssen. Ist er hochgefahren, steht der ersten Netzwerkverbindung zwischen
einem Mac und Windows XP nichts mehr im Weg.

Benutzer und Freigabe einrichten (Windows Vista)

Wenn Sie für Ihr Benutzerkonto noch kein Kennwort vergeben haben, ist jetzt der Moment gekommen, es nachzuholen.

1 Gehen Sie in Windows Vista über *Start* in die *Systemsteuerung* und öffnen Sie mit
einem doppelten Mausklick die Benutzerkonten. Wählen Sie die Option *Kennwort für
das eigene Konto erstellen* aus. Das Kennwort ist nacheinander zweimal einzugeben.
Optional kann ein Kennworthinweis als Erinnerungshilfe gegeben werden.

2 Schließen Sie den Vorgang mit einem Mausklick auf den Button *Kennwort erstellen* ab. Gehen Sie über die Auswahl *Änderungen am eigenen Konto durchführen* auf die Option *Anderes Konto verwalten*. Sofern die Benutzerkontensteuerung aktiviert ist, meldet sie sich zu Wort. Klicken Sie mit dem Mauszeiger auf den Button *Fortsetzen*.

3 Unterhalb der aufgelisteten Benutzerkonten befindet sich die Option *Neues Konto erstellen*, die mit einem Mausklick auszuwählen ist. Analog zu Windows XP ist ein Benutzername zu vergeben, der den Status des Standardbenutzers haben soll. Wenn das neue Benutzerkonto erstellt ist, muss ihm ein Kennwort zugewiesen werden. Der Ablauf entspricht meiner Kennwortvergabe als Administrator. Danach können Sie das Fenster *Benutzerkonten* schließen.

4 Legen Sie im Windows-Explorer einen Ordner *sharing* an. Über die rechte Maustaste sind die Ordnereigenschaften aufzurufen. Gehen Sie zum Register *Freigabe*.

5 Klicken Sie mit dem Mauszeiger auf den Button *Erweiterte Freigabe*. Gegebenenfalls meldet sich wieder die Benutzerkontensteuerung. Setzen Sie den Vorgang fort. In dem Fenster *Erweiterte Freigabe* ist die Option *Diesen Ordner freigeben* zu aktivieren. Als Freigabenamen hat Windows Vista den Ordnernamen bereits übernommen. Dieser Schritt ist für jene Leser interessant, die einen anderen Freigabenamen als den Namen des Ordners verwenden wollen.

6 Schließen Sie das Fenster mit einem Mausklick auf *OK*. Jetzt muss der Benutzer zur Freigabe hinzugefügt werden, der über das Netzwerk vom entfernten Rechner auf die Freigabe zugreifen darf. Klicken Sie im Fenster *Eigenschaften von sharing* auf den Button *Freigabe*. Es öffnet sich ein Hinweisfenster, klicken Sie mit dem Mauszeiger auf die Auswahl *Zugriffsberechtigungen ändern*.

7 Im Fenster *Dateifreigabe* werden die Benutzer hinzugefügt, die Zugriff auf die Freigabe haben sollen. In der Liste oberhalb der bereits zugeordneten Benutzer wählen Sie das betreffende Benutzerkonto aus und klicken anschließend mit dem Mauszeiger auf den Button *Hinzufügen*.

8 Nachdem das Benutzerkonto der Freigabe hinzugefügt wurde, besitzt es zunächst Leserechte (*Leser*). Ich ändere den Status auf *Mitbesitzer*. Dazu klicke ich auf das Auswahldreieck und aktiviere die entsprechende Option.

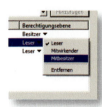

9 Jetzt kann das Fenster *Dateifreigabe* geschlossen werden. Klicken Sie dazu mit dem Mauszeiger auf den Button *Freigabe*. Um zu überprüfen, ob

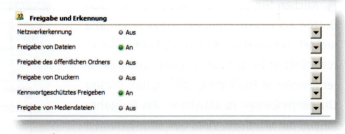

das Einrichten der Freigabe erfolgreich war, klicken Sie im Benachrichtigungsfeld der Systemleiste (*Systray*) auf das Netzwerksymbol und wählen die Option *Netzwerk & Freigabecenter* aus. Die Zeilen *Freigabe von Dateien* und *Kennwortgeschütztes Freigeben* im Abschnitt *Freigabe und Erkennung* sollten auf *An* (grün) gestellt sein.

10 Um die Änderungen wirksam werden zu lassen, starten Sie den Windows-Rechner neu.

Vom Mac auf Windows zugreifen

Bei den nun folgenden Schritten ist es egal, ob Sie Mac OS X 10.4 oder 10.5 benutzen. Der Verbindungsaufbau gestaltet sich gleichermaßen einfach.

1 Rufen Sie in der Menüleiste über *Gehe zu* den Befehl *Mit Server verbinden* auf. Die Serveradresse beginnt mit *smb://*. Haben Sie versehentlich vergessen, das Präfix einzugeben, versucht Mac OS X, eine AFP-Verbindung herzustellen. Nach kurzer Zeit wird Sie eine Fehlermeldung über den misslungenen Verbindungsaufbau informieren. Bei der Angabe der Netzwerkadresse des Windows-Rechners sind einfache Schrägstriche zu verwenden. Daran anschließend folgen die IP-Adresse des Windows-Rechners, ein weiterer Schrägstrich und der Name Ihrer Freigabe.

2 Klicken Sie auf den Button *Verbinden*. Sie werden aufgefordert, den Namen des Benutzerkontos und das dazugehörige Kennwort einzugeben. Hier sind die Angaben des Benutzers erforderlich, den Sie unter Windows XP oder Vista eingerichtet haben. Ist die Eingabe erfolgt, meldet sich Mac OS X nach einem Mausklick auf den Button *Verbinden* am Windows-Rechner an.

Wie jede andere Netzwerkverbindung ist auch diese ordnungsgemäß zu trennen, wenn sie nicht mehr benötigt wird. Je nach Mac OS X-Version stehen Ihnen verschiedene Wege offen. In der Version 10.5 nutzen Sie das Auswerfen-Smbol in der Seitenleiste des Finders. In Mac OS X 10.4 kann das Symbol des Netzlaufwerks in den Papierkorb (Dock) gezogen oder über den *Auswerfen*-Dialog der rechten Maustaste entfernt werden.

Wenn Windows Vista sich dem Zugriff verwehrt

Eigentlich sollten sich Windows XP und Vista nach den Anpassungen ansprechen lassen. Doch die letztgenannte Windows-Version macht im Zusammenspiel mit Mac OS X einen Strich durch die Rechnung. Grund sind die geänderten Sicherheitsrichtlinien. Doch das Problem ist mit wenigen Mausklicks und einem Neustart schnell behoben.

1 Gehen Sie über *Start* in die *Einstellungen* und wählen Sie die *Systemsteuerung* aus. Dort ist die *Verwaltung* das nächste Ziel. Wählen Sie in der linken Explorer-Leiste den Eintrag *Lokale Sicherheitsrichtlinie* an. Gegebenenfalls mischt sich wieder die Benutzerkontensteuerung ein. Sie soll uns nicht davon abhalten, *Lokale Richtlinien* und dort die Auswahl *Sicherheitsoptionen* zu wählen.

2 Wählen Sie in der linken Auswahl den Eintrag *Eigenschaften* von *Netzwerksicherheit: LAN Manager-Authentifizierung* aus. Die bestehende Einstellung muss in *LM- und NTLM-Antworten senden (NTLMv2-Sitzungssicherheit verwenden)* geändert werden. Bestätigen Sie den Sicherheitshinweis mit einem Mausklick auf den Button *OK* und starten Sie anschließend den Windows-Rechner neu.

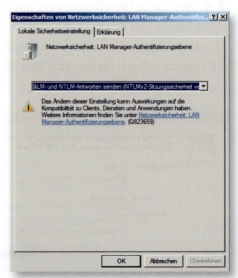

3 Ein weiterer Hinderungsgrund, weshalb Sie den Windows Vista-PC nicht auf Anhieb im Netzwerk finden, könnte die ausgeschaltete Netzwerkerkennung sein. Sie soll verhindern, dass der Rechner von anderen Netzwerkmitgliedern gesehen werden kann. Wenn die Sicherheitsfunktion aktiviert wurde, ist ein entsprechender Hinweis im Fenster *Netzwerk* eingeblendet.

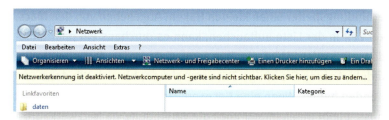

4 Um die Netzwerkerkennung zu aktivieren, klicken Sie mit dem Mauszeiger auf die eingeblendete Meldung oder gehen über das Netzwerksymbol im Benachrichtigungsfeld in das *Netzwerk- und Freigabecenter*. Wählen Sie den Schalter *Aus* in der Zeile *Netzwerkerkennung* und aktivieren Sie im Bereich *Freigabe und Erkennung* die Option *Netzwerkerkennung einschalten*. Ein Mausklick auf den Button *Übernehmen* aktiviert die Netzwerkerkennung.

Wenn Sie im Anschluss erneut auf das Netzwerksymbol auf dem Desktop doppelklicken, zeigt Ihnen Windows Vista alle mit dem lokalen Netzwerk verbundenen Rechner an.

Vorsicht Falle – die Netzwerkadresse macht es

Die Sicherheitseinstellungen der Rechner sind so gewählt, dass der Zugriff nur über ein lokales Netzwerk möglich ist. Das heißt, dass sich nur die letzten drei Stellen der Netzwerkadresse ändern dürfen. In Windows Vista wird das Netzwerk deshalb als *Privates Netzwerk* eingestuft. Zugriffsversuche aus einem anderen Netzwerk (z. B. über das Internet) werden blockiert.

Noch ein kleiner Tipp zum Abschluss dieses Kapitels. Sowohl Windows als auch Mac OS X bieten die Möglichkeit, das Netzwerk nach anderen Rechnern zu durchsuchen. Gerade in Mac OS X 10.5 finde ich die Freigaben-Erweiterung der Seitenleiste des Finders sehr praktisch. Taucht hier ein Mac oder Windows-PC auf, kann man sich das Suchen und Eintippen der Netzwerkadresse im *Verbinden*-Dialog sparen.

Allerdings hat der Verbindungshelfer einen kleinen Haken. Abgesehen von den Macs, die nach relativ kurzer Zeit in der Liste auftauchen, kann es durchaus ein paar Minuten dauern, bis Windows-PCs oder SMB-Freigaben angezeigt werden. Das oberste Gebot heißt deshalb Geduld. Lassen Sie einige Zeit verstreichen, bis sich Windows und Mac im Netzwerk gefunden haben. Wenn eine Netzwerkverbindung ad hoc und sofort zustande kommen muss, bleibt Ihnen immer noch die Verbindung via Netzwerkadresse im *Mit Server verbinden*-Dialog des Finders.

3.
Gemeinsam im
Netzwerk drucken

Ein Heimnetzwerk erlaubt es uns nicht nur, Daten bequem über die Netzwerkverbindung auszutauschen und auf einen einzigen Internetanschluss zuzugreifen. Genauso lassen sich Ressourcen wie der Drucker über das Netzwerk gemeinsam nutzen. Anstatt kostenintensiv jeden einzelnen Arbeitsplatz mit einem Gerät auszustatten, ist ein guter Allround-Drucker gefragt. Um ihn als Drucker im Netzwerk einzusetzen, stehen Ihnen zwei Wege offen.

In der ersten Variante wird das Netzwerk um einen sogenannten Druckerserver (Print-Server) erweitert. Er kann zum Beispiel im speziellen DSL- oder WLAN-Router integriert sein. Ein praktisches Beispiel ist die AirPort Extreme Basisstation von Apple. Ein freier USB-Anschluss stellt die Verbindung zwischen dem Netzwerk-Router und einem handelsüblichen Drucker her.

Viele Hersteller bieten auch netzwerkfähige Drucker an. Das Gerät ist mit einem Ethernet- oder WLAN-Adapter und eigenem Print-Server ausgestattet. Beide Systeme lassen sich über eine Weboberfläche konfigurieren. Da der Netzwerkdrucker ein aktiver Bestandteil des Heimnetzwerks ist, muss ihm eine eigene Netzwerkadresse zugewiesen werden.

Die zweite Möglichkeit besteht darin, den am Mac oder Windows-PC angeschlossenen Drucker für andere Benutzer im Netzwerk freizugeben. Hier treten die geringsten Probleme auf, wenn wir uns innerhalb einer Betriebssystemfamilie bewegen. Das Teilen des Druckers im Netzwerk wird sowohl von Mac OS X als auch von Windows bedingungslos unterstützt.

Das Einrichten des freigegebenen Druckers ähnelt in vielen Dingen der Vorgehensweise zur Freigabe von Ordnern und Dateien. Da das Hauptaugenmerk des Buches auf den Mac gerichtet ist, werde ich zunächst einen Drucker im homogenen Mac-Netzwerk freigeben.

Wenn wir die Grenzen der Betriebssysteme verlassen, müssen wir uns wie bei der Netzwerkkommunikation auf eine gemeinsame Sprache einigen. Im Fall des Druckens über Systemgrenzen hinweg lautet sie PostScript. PostScript ist ein Druckstandard und auf jeder Computerplattform zu Hause.

Meine bevorzugte Lösung ist es, den Drucker an einem Mac anzuschließen und Windows mithilfe des kostenlosen Bonjour für Windows zur Zusammenarbeit mit dem Mac-Drucker zu bewegen. Der Vorteil liegt in der automatischen Netzwerkkonfiguration, wodurch die aktuelle Netzwerkadresse des Macs keine Rolle spielt.

Die bisherigen Ausführungen zum Thema Drucken klingen einfach und in gewisser Weise trifft das auch auf die praktische Umsetzung zu. Der Fehlerteufel steckt jedoch wie immer im Detail.

Für Textdokumente ist der Lösungsansatz PostScript vollkommen ausreichend. Sollen in qualitativ hochwertigen Ausdrucken (zum Beispiel Fotos oder Computergrafiken) die technischen Möglichkeiten des Druckers voll ausgereizt werden, stoßen Sie schnell an die Grenzen.

Der PostScript-Druckertreiber bietet Ihnen bei Weitem nicht die Einstellungsvielfalt wie der Herstellertreiber. PostScript unterliegt Einschränkungen und der Anwender muss zwangsläufig Kompromisse eingehen.

Erschwerend kommt hinzu, dass sich die Druckausgabe vom Mac zum Windows-PC etwas schmaler als in die andere Richtung erweist. Hauptverursacher sind jene Drucker, die dank Sonderfunktionen vom PostScript abweichen.

Zwar bietet die Konfiguration am Mac für den entfernten Windows-Drucker unterschiedliche Modelle an, die Palette ist jedoch nicht mit den lokalen Druckertreibern vergleichbar. Ist Ihr Drucker nicht gelistet, bedeutet dies zwangsläufig zu experimentieren.

So sind Fehldrucke, unerklärliche Zeichenfolgen oder in der digitalen Unterwelt abgetauchte Druckaufträge die Folge. Die Wahl des Druckers sowie seines Standorts möchte gut überlegt sein.

3.1 Drucken von Mac zu Mac

Das Drucken im homogenen Teil des gemischten Netzwerks hat den großen Vorteil, dass Sie nicht direkt den in der Einführung erwähnten Beschränkungen des PostScript-Druckertreibers unterliegen. Innerhalb einer Betriebssystemfamilie können Sie auf jene Druckereinstellungen zurückgreifen, die Ihnen der Hersteller zum Gerät mitliefert. Da sich in der Regel die Druckertreiber von Windows XP und Vista bzw. Mac OS X 10.4 und 10.5 kaum oder nicht voneinander unterscheiden, lässt sich bei jedem Druckauftrag das Optimum zu Papier bringen.

Bevor der erste Druckauftrag in das Heimnetzwerk abgeschickt werden kann, müssen ein paar Voraussetzungen erfüllt sein. Bei genauer Betrachtung werden Sie schnell feststellen, dass Ihnen viele Abläufe von den Datenfreigaben bekannt sind und nur auf das neue Ziel, gemeinsam einen Drucker im Netzwerk nutzen zu wollen, angepasst werden müssen.

Drucken im Netzwerk – die Voraussetzungen

Unabhängig von den Betriebssystemen müssen im Vorfeld zwei Bedingungen erfüllt sein, um den an einem Rechner angeschlossenen Drucker im Netzwerk zu nutzen. Die erste Voraussetzung klingt banal und betrifft die Installation des Druckertreibers.

Innerhalb der homogenen Struktur des Netzwerks, also Macs oder Windows-PCs unter sich, muss an jedem Rechner der Druckertreiber installiert sein. Enthält die Gerätebibliothek des jeweiligen Betriebssystems bereits den entsprechenden Treiber, kann der Drucker sofort über ein USB-Kabel mit dem Rechner verbunden werden. Wird der Drucker eingeschaltet, erkennt das Betriebssystem das neue Gerät, richtet es ein und fügt den Drucker dem System hinzu. In der Regel wird der neu hinzugefügte Drucker zum sogenannten Standarddrucker. Im Drucken-Dialog einer Anwendung ist er so die erste Wahl.

Die Festlegung eines Standarddruckers hat den Vorteil, dass für häufig wiederkehrende Druckaufgaben keine Geräteauswahl erforderlich ist. Nur für seltene Spezialaufträge muss der Drucker gewechselt werden.

Wird ein Drucker nicht vom Betriebssystem unterstützt, müssen Sie den erforderlichen Treiber installieren. Dem Gerät liegt in der Regel eine entsprechende CD und Installationsanleitung bei. In meiner Einführung zu diesem Kapitel habe ich bereits auf die Problematik des PostScripts beim Drucken im gemischten Netzwerk verwiesen. Um sich einen gewissen Spielraum bei der Wahl des zukünftigen Druckerstandorts zu lassen, sollte unbedingt darauf geachtet werden, dass der Druckerhersteller Mac OS X unterstützt. Auf Grundlage meiner eigenen Erfahrungen betrachte ich die Variante, den Drucker am Mac anzuschließen und entfernte Windows-PCs über PostScript drucken zu lassen, für die bessere Alternative.

Führen Sie entsprechend der Herstelleranleitung die Druckerinstallation aus. In der Regel muss der Rechner danach neu gestartet werden. War die Installation erfolgreich, kann der Drucker anschließend über ein USB-Kabel mit dem Computer verbunden werden.

Nachschauen lohnt sich

Unterstützt das Betriebssystem Ihren Drucker, sollten Sie trotzdem die Internetseite des Herstellers aufsuchen und nach aktuellen Druckertreibern suchen. In der Regel bieten sie mehr Anpassungsmöglichkeiten der Standardtreiber im Betriebssystem. Vergleichen Sie dazu die Versionsnummern bzw. lesen Sie in den Anleitungen nach, welche zusätzlichen Funktionen Ihnen der Treiber des Herstellers bietet. Lohnt sich ein Update, laden Sie die Installationsdatei herunter und führen die Installation aus.

Die zweite Voraussetzung betrifft den Netzwerkzugriff auf den lokal eingerichteten Drucker. Damit andere Mitglieder des Netzwerks auf ihn zugreifen können, muss er dementsprechend vom Administrator des Rechners freigegeben werden. Wie wir es bereits von der Datenfreigabe her kennen, ist außerdem ein entsprechender Dienst erforderlich. Erst jetzt können entfernte Netzwerkbenutzer den Drucker für ihre Ausdrucke benutzen. In meinen weiteren Ausführungen setze ich voraus, dass der Druckertreiber an jedem Mac installiert und das Gerät erfolgreich dem System hinzugefügt wurde.

Druckerfreigabe in Mac OS X 10.4

Wurde von Ihnen der Druckertreiber erfolgreich installiert und ist das Gerät mit dem Mac verbunden, führt uns der nächste Schritt in die Systemeinstellungen. Wie gehabt müssen wir am Mac den entsprechenden Dienst aktivieren und den eingerichteten Drucker für die anderen Teilnehmer des Heimnetzwerks freigeben.

1 Gehen Sie im Abschnitt *Internet & Netzwerk* zur Auswahl *Sharing*. Um Änderungen an der bisherigen Konfiguration vorzunehmen, werden Rechte benötigt, den Mac verwalten zu dürfen.

2 Aktivieren Sie im Register *Dienste* die Option *Printer Sharing*. Dazu ist mit dem Mauszeiger in der Spalte *Ein* der entsprechende Schalter zu setzen. Insoweit aktiviert, passt Mac OS X automatisch die systemeigene Firewall den neuen Erfordernissen an.

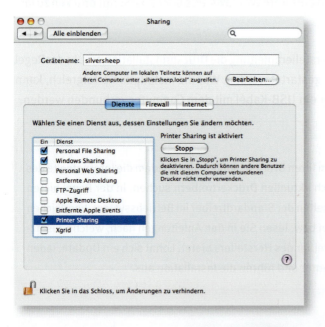

3 Wechseln Sie über den oberen Button *Alle einblenden* in die Systemeinstellungen und gehen Sie im Abschnitt *Hardware* zur Auswahl *Drucken & Faxen*. In den Druckerein-stellungen interessiert uns das Register *Sharing*. Aktivieren Sie die Option *Diese Dru-cker mit anderen Computern gemeinsam nutzen*. Sind bereits mehrere Drucker an Ih-rem Mac eingerichtet, lässt sich die Freigabe zur gemeinsamen Nutzung auf ein oder mehrere Geräte konkretisieren. Nachdem die Anpassungen vorgenommen sind, kön-nen die Systemeinstellungen wieder geschlossen werden.

Druckerfreigabe in Mac OS X 10.5

Unter Mac OS X 10.5 unterscheiden sich die Einstellungen zur Freigabe des lokal am Mac angeschlossenen Druckers kaum von denen der Vorgängerversion. Voraussetzung für die gemeinsame Nutzung im Heimnetzwerk ist, dass der Drucker an Ihrem Mac ange-schlossen und der dazugehörige Druckertreiber installiert ist. Wieder ist der entspre-chende Dienst zu starten und die gemeinsame Nutzung im Netzwerk zu aktivieren. Al-lerdings ist diesmal kein Abstecher in die Druckerkonfiguration erforderlich.

1 Gehen Sie in die Systemeinstellungen und wählen Sie im Abschnitt *Internet & Netz-werk* die Option *Sharing* aus. Melden Sie sich als Administrator an und aktivieren Sie in der Auswahlliste *Dienst* die Option *Printer-Sharing*. Dazu ist in der Spalte *Ein* mit dem Mauszeiger auf den entsprechenden Aktivierungsschalter zu klicken. Mac OS X startet den erforderlichen Dienst.

2 In der rechten Auswahl sind alle Drucker aufgelistet, die an Ihrem Mac eingerichtet sind. Markieren Sie mit einem Mausklick im Kästchen vor dem Druckernamen die Geräte, die von den anderen Netzwerkteilnehmern mitgenutzt werden dürfen. Damit sind alle Anpassungen vorgenommen und die Systemeinstellungen können geschlossen werden.

Drucker am Mac im Netzwerk nutzen (Mac OS X 10.4)

Die Installation eines Druckers, der an einem entfernten Mac zur gemeinsamen Nutzung freigegeben ist, unterscheidet sich kaum von der des lokalen Druckers. Wenn Sie die Druckerkonfiguration aufrufen, wird der zur gemeinsamen Nutzung stehende Drucker in der Liste der zur Verfügung stehenden Drucker aufgeführt. Um ihn letztendlich nutzen zu können, muss der entsprechende Drucker von Mac OS X unterstützt werden oder der Druckertreiber des Herstellers vorab installiert sein.

1 Gehen Sie in die Systemeinstellungen und wählen Sie im Abschnitt *Hardware* die Einstellungen *Drucken & Faxen* aus. Mit dem Mauszeiger ist auf das Hinzufügen-Symbol (Pluszeichen) zu klicken. In der Druckerliste ist nun der entsprechende Druckername auszuwählen. Im Netzwerk freigegebene Drucker am Mac sind in der Spalte *Verbindung* mit dem Eintrag *Gemeinsam genutzter Drucker* gekennzeichnet.

2 Markieren Sie in der Registerkarte *Standard-Browser* mit dem Mauszeiger den betreffenden Drucker und klicken Sie anschließend auf den Button *Hinzufügen*. Er wird in die Liste der eingerichteten Drucker (siehe Register *Drucken*) übernommen und kann nunmehr von jedem Programm über den Dialog *Drucken* genutzt werden.

Drucker am Mac im Netzwerk nutzen (Mac OS X 10.5)

Die Unterschiede in der Druckerkonfiguration von Mac OS X 10.5 sind äußerlich eher kosmetischer als inhaltlicher Natur.

1 Wieder ist die Auswahl *Drucken & Faxen* im Abschnitt *Hardware* der Systemeinstellungen unser Ziel. Nachdem Sie sich als Administrator und mit Ihrem Kennwort Zugang zu den Einstellungen verschafft haben, wird über das Hinzufügen-Symbol (Pluszeichen) ein neuer Drucker hinzugefügt.

2 In der Registerkarte *Standard* sind alle Drucker aufgeführt, die an Ihrem Mac eingerichtet oder über das Netzwerk verfügbar sind. Markieren Sie den entsprechenden Drucker. Dass es sich um einen freigegebenen Drucker im Netzwerk handelt, ist an zwei Merkmalen zu erkennen. Mac OS X 10.5 hat dem entfernten Drucker ein *@computername* hinzugefügt und der Verbindungstyp ist mit *Bonjour, freigegeben* deklariert.

3 In der Auswahl *Drucken mit* haben Sie die Möglichkeit, einen speziellen Druckertreiber auszuwählen, der allerdings lokal installiert sein muss.

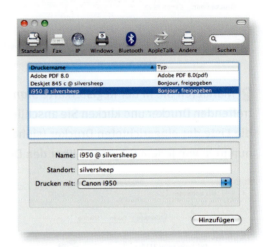

4 Mit einem Mausklick auf den Button *Hinzufügen* wird die Liste der eingerichteten Drucker um das entfernte Gerät ergänzt und kann innerhalb des Netzwerks genutzt werden.

3.2 Drucken von Windows XP & Vista zum Mac

Um von Windows XP- oder Vista am Mac drucken zu können, muss der Drucker am Mac eingerichtet, angeschlossen und für Netzwerkbenutzer freigegeben sein. Was das im Detail bedeutet, habe ich im vorherigen Kapitel beschrieben. Um die Druckfreigabe des Macs problemlos am Windows-PC zu nutzen, greife ich auf Bonjour for Windows zurück. Apple bietet die Software kostenlos zum Download an (*http://www.apple.com/support/*

downloads/bonjourforwindows.html). Die aktuelle Version 1.0.4 ist ca. 2,1 MByte groß und enthält eine deutsche Lokalisierung. Die Installation von Bonjour for Windows und die Konfiguration des Druckerassistenten unterscheiden sich nicht zwischen den beiden Windows-Versionen. Ist die Benutzerkontensteuerung in Vista aktiviert, meldet sie sich an der einen oder anderen Stelle zu Wort.

Bonjour-Druckerassistent einrichten

1 Klicken Sie auf der Apple-Webseite mit dem Mauszeiger den Download-Link an. Vor dem Laden der Datei öffnet sich ein Sicherheitshinweis. Wählen Sie den Button *Speichern* und suchen Sie einen Speicherort auf Ihrer Festplatte aus.

2 Nachdem die Datei geladen und auf der Festplatte des Windows-Rechners gespeichert wurde, schließen Sie den Internetbrowser und öffnen den Windows-Explorer. Gehen Sie im Explorer zum Speicherort der geladenen Datei und doppelklicken Sie auf die *BonjourSetup.exe*. Es öffnet sich ein weiteres Hinweisfenster, das Sie mit einem Mausklick auf den Button *Ausführen* bestätigen. Folgen Sie den weiteren Anweisungen. Nachdem die Installation abgeschlossen ist, schließen Sie das Fenster mit einem Mausklick auf den Button *Fertigstellen*.

Die richtige Bonjour-Installation für Windows wählen

Unter der angegebenen Internetadresse wird zum jetzigen Zeitpunkt die 32-Bit-Version für Windows angeboten. Haben Sie auf Ihrem Rechner Windows XP oder Vista in einer 64-Bit-Version installiert, beachten Sie den Hinweis innerhalb der Beschreibung zu Bonjour. Sie müssen selbstverständlich die für dieses Betriebssystem angepasste Version *Bonjour63Setup.exe* laden und installieren.

---

3 Nachdem Bonjour for Windows installiert wurde, rufen Sie den Bonjour-Druckerassistenten auf. Entweder benutzen Sie das entsprechende Symbol auf Ihrem Desktop oder gehen über den Button *Start* in die Auswahl *Programme/Bonjour/Bonjour-Druckerassistent*.

4 Nach dem Willkommen-Bildschirm wird Ihnen eine Liste der im Netzwerk gefundenen Druckerfreigaben angezeigt. Hierbei handelt es sich natürlich nur um Geräte, die Bonjour unterstützen. Wählen Sie den betreffenden Drucker aus und klicken Sie anschließend mit dem Mauszeiger auf den Button *Weiter*.

Vorsicht Falle – Drucker einschalten

Stellen Sie vor dem Start des Bonjour-Druckerassistenten sicher, dass der betreffende Drucker eingeschaltet und über ein USB-Kabel mit dem Mac verbunden ist. Es ist sonst nicht möglich, eine Verbindung zu einem eingerichteten Mac-Drucker herzustellen.

5 Im nächsten Schritt erfolgt die Auswahl des Druckertreibers. Ich habe bereits angesprochen, dass zum aktuellen Zeitpunkt kein Weg an PostScript vorbeiführt. Dementsprechend sollten Sie die Vorgabe des Installationsprogramms (Hersteller *Generic*, Modell *Generic / Postscript*) unverändert übernehmen. In dem vorliegenden Fenster haben Sie die Möglichkeit, den neu eingerichteten Drucker zum Standarddrucker zu erheben. Besteht der Wunsch, aktivieren Sie die Option *Diesen Drucker als Standarddrucker verwenden*.

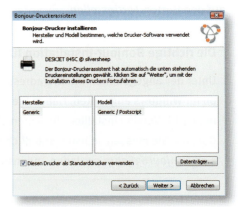

6 Benutzen Sie den Button *Weiter*, um sich die Zusammenfassung der Druckereinrichtung anzeigen zu lassen. Das Fenster und damit die Einrichtung des entfernten Druckers können nun mit einem Mausklick auf *Fertigstellen* abgeschlossen werden.

7 Der Ausdruck einer Testseite soll das erfolgreiche Einbinden des Mac-Druckers bestätigen. Gehen Sie über *Start* in die Auswahl *Einstellungen/Drucker*. Markieren Sie den neu hinzugefügten Drucker und rufen Sie über die rechte Maustaste den Eintrag *Eigenschaften* auf.

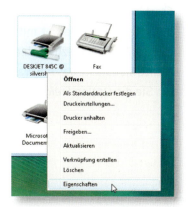

8 Im Fenster *Eigenschaften* des Druckers befindet sich im Register *Allgemein* eine Option *Testseite drucken*. Legen Sie Papier in den Drucker ein und klicken Sie anschließend mit dem Mauszeiger auf diesen Button. Kurze Zeit später sollte Ihr Drucker damit beginnen, die Windows-typische Testseite auszudrucken. Schließen Sie den Hinweis zum Ausdruck der Testseite und das Fenster *Eigenschaften* des Druckers.

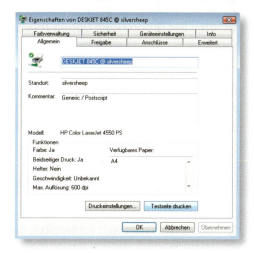

3.3 Drucken vom Mac nach Windows XP & Vista

Bevor wir den Versuch starten, vom Mac aus an einem Windows-Rechner zu drucken, muss zunächst sichergestellt sein, dass der Drucker und der entsprechende Treiber eingerichtet wurden. Ist das der Fall, soll das Gerät anderen Netzwerkmitgliedern zur gemeinsamen Nutzung freigegeben werden.

Windows XP-Drucker am Mac einrichten (Mac OS X 10.4)

1 Um den Windows-Drucker im lokalen Netzwerk freigeben zu können, gehen Sie über den Button *Start* in die Auswahl *Einstellungen/Drucker*. Der betreffende Drucker ist mit einem Mausklick in der Geräteliste auszuwählen. Rufen Sie über die rechte Maustaste das Auswahlmenü auf und wählen Sie die Option *Freigeben* aus.

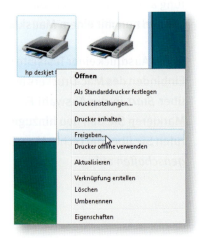

2 Aktivieren Sie im Register *Freigabe* der Eigenschaften des Druckers die Option *Drucker freigeben*. Dem freizugebenden Drucker ist ein Freigabename zu vergeben. Er sollte kurz und prägnant gewählt werden. So kann es sich zum Beispiel um die Ziffernfolge des Gerätetyps handeln. Alle anderen Optionen des Freigabefensters lassen Sie unverändert.

3 Der Drucker ist so weit vorbereitet, dass Sie den Versuch unternehmen können, ihn von einem Mac aus anzusprechen. Schließen Sie die Einstellung der Freigabe mit einem Mausklick auf den Button *OK* ab und schließen Sie die Druckerliste.

4 Gehen Sie unter Mac OS X 10.4 in den Systemeinstellungen zur Auswahl *Drucken & Faxen* im Abschnitt *Hardware*. Um den Windows-Drucker einrichten zu können, benötigen Sie administrative Rechte. Klicken Sie anschließend mit dem Mauszeiger auf das Hinzufügen-Symbol (Pluszeichen).

5 Klicken Sie im Fenster *Drucker-übersicht* mit dem Mauszeiger auf den Button *Weitere Drucker*.

6 In der oberen Auswahl ist von Ihnen der Eintrag *Windows Drucker* auszuwählen. In der darunterliegenden Auswahl erfolgt die Angabe der Netzwerkumgebung bzw. der Arbeitsgruppe. Standardmäßig sollte hier *WORKGROUP* stehen.

7 Unterhalb der Auswahl *Netzwerkumgebung* sind alle im Netzwerk angemeldeten Rechner aufgelistet. Wählen Sie den betreffenden Windows-PC aus und klicken Sie anschließend auf den Button *Hinzufügen*.

8 Sie werden aufgefordert, die Zugangsdaten zum Windows-PC einzugeben. In der Zeile *Name* ist das Benutzerkonto und darunter das dazugehörige Kennwort anzugeben. Um später diese Prozedur bei jedem Druckauftrag zu vermeiden, sollten der Benutzername und das Kennwort dem Schlüsselbund hinzugefügt werden.

Schließen Sie das Fenster mit einem Mausklick auf den *OK*-Button.

9 Anschließend werden alle Drucker angezeigt, die am angemeldeten Windows-PC eingerichtet sind. Klicken Sie in der Liste auf das entsprechende Modell, das Sie vom Mac aus nutzen wollen.

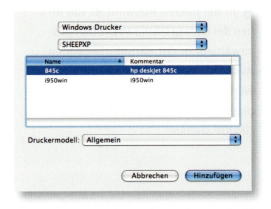

10 In der Auswahl *Druckermodell* ist der Druckerhersteller und darunter der passende Druckertreiber auszuwählen. Das Fenster kann mit einem Mausklick auf den Button *Hinzufügen* geschlossen werden.

11 Das Einrichten des Windows-Druckers ist abgeschlossen. Gegebenenfalls sind noch Anpassungen beim Standarddrucker und der verwendeten Papiergröße vorzunehmen. Abschließend können Sie die Systemeinstellungen schließen.

Windows XP-Drucker am Mac einrichten (Mac OS X 10.5)

Nachfolgend verweise ich in Kurzform auf die wesentlichen Änderungen unter Mac OS X 10.5. Analog zur Druckerkonfiguration unter Mac OS X 10.4 müssen Sie in die Auswahl *Drucken & Faxen* der Systemeinstellungen gehen.

1 Nachdem Sie einen neuen Drucker hinzugefügt haben, öffnet sich ein Konfigurationsfenster. Mit dem Mauszeiger ist in der Symbolleiste das Register *Windows* auszuwählen. In der Listenanzeige wird Ihnen zunächst die Arbeitsgruppe bzw. Netzwerkumgebung angezeigt. Nachdem Sie mit dem Mauszeiger auf den betreffenden Eintrag geklickt haben, werden alle an das Heimnetzwerk angemeldeten Rechner angezeigt. Markieren Sie mit einem Mausklick den entsprechenden Windows-PC.

2 Sie werden aufgefordert, sich am Windows-Rechner mit Ihrem Benutzernamen und dem Kennwort anzumelden. Um später diese Prozedur bei jedem Druckauftrag zu vermeiden, sollten der Benutzername und das Kennwort dem Schlüsselbund hinzugefügt werden. Zum Anmelden am Windows-PC klicken Sie mit dem Mauszeiger auf den *Verbinden*-Button.

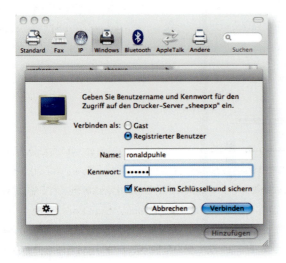

3 In der nächsten Spalte werden alle Drucker angezeigt, die am Windows-PC eingerichtet sind. Markieren Sie den gewünschten Drucker und vervollständigen Sie die Zeilen *Name* und *Standort*. Letztgenannten haben Sie bei der Installation und Einrichtung des Windows-Druckers vergeben. Anschließend ist in der Auswahl *Drucken mit* die Option *Wählen Sie einen Treiber aus* auszuwählen.

4 Dank einer Suchfunktion gestaltet sich die Auswahl des passenden Druckertreibers in Mac OS X 10.5 deutlich einfacher als beim Vorgänger. Geben Sie den Hersteller und die Druckerbezeichnung ein. In der darunter befindlichen Liste werden alle infrage kommenden Druckermodelle angezeigt. Markieren Sie mit einem Mausklick den entsprechenden Drucker und schließen Sie die Druckerkonfiguration mit *Hinzufügen* ab.

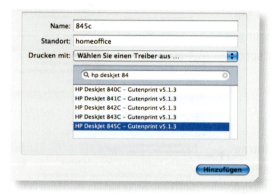

Windows Vista-Drucker am Mac einrichten

Mit der Einführung von Windows Vista ist der Mac OS X-Anwender gezwungen, eine Reihe von Änderungen vorzunehmen. Was sich im gemeinsamen Umgang unter Windows XP bewährt hat, ist in Vista stellenweise nur noch Makulatur. Selbst eine Radikalkur in Form der deaktivierten Firewall fördert keine brauchbaren Ergebnisse ans Tageslicht. Beim Versuch, von Mac OS X 10.4 aus den Drucker unter Windows Vista anzusprechen, werden Sie nach dem bisherigen Prozedere an dem Punkt der entfernten Druckerauswahl scheitern. Windows Vista verweigert den Zugriff und Mac OS X 10.4 quittiert mit der Fehlermeldung -256. Der bis dahin gangbare Weg des Windows-Druckers bleibt Ihnen am Ende verwehrt. Alles, was nicht auf den Namen Vista hört, wird offensichtlich ausgesperrt oder fällt neuen Sicherheitsrichtlinien zum Opfer. Wir müssen deshalb einen anderen Weg beschreiten.

1 Statt wie unter Windows XP den Windows-Drucker über SMB anzusprechen, müssen wir unter Windows Vista auf das **L**ine **P**rinter **P**rotocol (LPD) umsteigen. Bevor wir den Mac einrichten können, muss Windows Vista erst dazu animiert werden. Gehen

Sie über *Start* in die Systemsteuerung und wählen Sie mit einem Doppelklick die Option *Programme und Funktionen* aus.

2 In der linken Fensterleiste befindet sich in den *Aufgaben* der Eintrag *Windows-Funktionen ein- oder ausschalten*. Klicken Sie mit dem Mauszeiger auf den Link, bestätigen Sie den Vorgang in der Benutzerkontensteuerung, und es öffnet sich anschließend ein entsprechendes Einstellungsfenster.

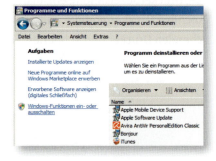

3 Klicken Sie in der Liste vor dem Eintrag *Druckdienste* mit dem Mauszeiger auf das Plussymbol. Daran anschließend ist der Eintrag *LPD-Druckdienst* mit einem Mausklick in das entsprechende Kästchen zu aktivieren. Schließen Sie das Fenster mit einem Mausklick auf den Button *OK* und starten Sie den Windows Vista-PC neu.

4 Jetzt können Sie sich Mac OS X 10.4 zuwenden und den entfernten Drucker einrichten. In Vorbereitung auf das Einrichten des Windows-Druckers benötigen Sie die Netzwerkadresse des Windows Vista-PCs, an dem der Drucker angeschlossen ist.

5 Der Weg führt Sie zunächst in die Systemeinstellungen. Benutzen Sie hierfür das Apfel-Symbol der Menüleiste oder das entsprechende Symbol im Dock. Im Abschnitt *Hardware* klicken Sie auf die Auswahl *Drucken & Faxen*. Zum Einrichten des Druckers benötigen Sie das Recht, den Mac zu verwalten. Deshalb ist das Administratorkennwort einzugeben. Klicken Sie zunächst auf das Hinzufügen-Symbol (Pluszeichen).

6 Wechseln Sie über die Symbolleiste in der Druckerübersicht zum Register *IP-Drucker* und wählen Sie das Protokoll *Line Printer Daemon – LPD* aus. Die Netzwerkadresse des Windows-PCs ist in die Zeile *Adresse* einzutragen. In die Zeile *Warteliste* tragen Sie den Freigabenamen des Windows-Druckers ein. Der Name der Arbeitsgruppe ist bei *Ort* anzugeben.

Vorsicht Falle – Netzwerkadresse

Wir sind an einem Punkt angekommen, an dem sich die automatische Vergabe der Netzwerkadressen über einen DHCP-Server rächen kann. Lässt sich in der Konfiguration des DSL- oder WLAN-Routers die Zuweisung nicht über die MAC-Adresse des Netzwerkadapters regeln, weist der DHCP-Server nach jedem Zurücksetzen des Gerätes den Rechnern willkürlich neue Netzwerkadressen zu. Dadurch besteht die Gefahr, dass die Konfiguration des entfernten Druckers hinfällig ist und neu eingerichtet werden muss. Sie sind an einem Punkt angekommen, sich zu entscheiden, das Heimnetzwerk auf die manuelle Vergabe der Netzwerkadressen umzustellen oder bezüglich des Druckens eine Lösung anzustreben, die unabhängig von der IP-Adresse des Rechners ist. Für den letztgenannten Fall sind es das Drucken am Mac und der Bonjour-Druckerassistent für Windows.

7 Nunmehr ist die Auswahl eines Druckertreibers erforderlich. Standardmäßig ist der *PostScript Drucker* in der Zeile *Drucken mit* aktiviert. Damit sollten wir uns nicht zufrie-

dengeben. Wählen Sie in der Liste den Hersteller und im Anschluss das entsprechende Modell aus. Markieren Sie den Druckertreiber, und die Druckerübersicht kann mit dem Button *Hinzufügen* geschlossen werden.

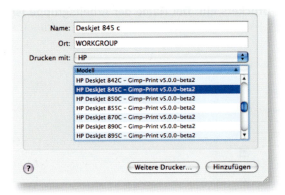

8 Zum Abschluss möchte ich einen kleinen Abstecher zu Mac OS X 10.5 machen. Trotz der überarbeiteten Druckerkonfiguration weichen die erforderlichen Anpassungen nur marginal von der Vorgängerversion ab. In der Symbolleiste ist das Register *IP* und anschließend in der Zeile *Protokoll* wie gehabt *Line Printer Daemon – LPD* auszuwählen. Alle anderen Einstellungen sind mit der Konfiguration des Windows-Druckers identisch.

Nachdem vorab der Windows XP- und in diesem Abschnitt der Vista-Drucker hinzugefügt wurden, sollten Sie abschließend die Angaben in den Systemeinstellungen *Drucken & Faxen* überprüfen. Gegebenenfalls ist das Papierformat in der Zeile *Standard-Papiergröße im Dialog Papierformat* vom US-Format auf das deutsche A4-Format zu ändern. Das Einrichten des entfernten Druckers ist damit beendet und die Systemeinstellungen können geschlossen werden.

Alternative Druckertreiber verwenden

Aus meiner Sicht stellt das gemeinsame Drucken innerhalb der Mac-Welt überhaupt kein Problem dar. Dank Bonjour für Windows und dem dazugehörigen Druckerassistenten ist die Aufgabe mit ein paar Abstrichen im Druckbild für den Windows-Benutzer ebenfalls gut und vor allem einfach gelöst. Etwas anders sieht es aus, wird vom Mac ausgehend ein Windows-Drucker genutzt. Die Liste der unterstützten Windows-Drucker ist in Mac OS X lang. Sie enthält dennoch ein paar Löcher, die vor allem durch druckerspezifische Funktionen hervorgerufen werden.

In meinem ganz speziellen Fall ist es der Canon i950. Alle Versuche am Mac, Treiber aus derselben Druckerfamilie oder andere PostScript-Treiber zu verwenden, schlugen bis heute fehl. Entweder spuckte der Drucker verwirrt Hieroglyphen aufs Papier, schwieg oder skalierte vor allem die Fototinten falsch. Am Ende landete das Sorgenkind wieder am Mac und alle anderen Rechner dürfen auf ihn zugreifen. Um Ihnen dennoch eine Alternative zu den angebotenen Druckertreibern aufzuzeigen, möchte ich etwas weiter in die Materie „Drucken unter Mac OS X" abtauchen.

Das Drucksystem im Hintergrund von Mac OS X

Wenn auch in die Jahre gekommen, ist der bereits erwähnte **L**ine **P**rinter **D**aemon (LPD) eine bewährte Methode der UNIX-Welt, Daten im Netzwerk auszudrucken. Ab Mac OS X 10.2 nutzt Apple das Drucksystem CUPS. Wenn Sie einmal einen Blick auf CUPS werfen wollen, dann rufen Sie im Internetbrowser die folgende Adresse auf: *localhost:631*. Abseits der Systemeinstellungen und Mac OS X-Oberfläche lässt sich auch über die Weboberfläche ein Drucker einrichten.

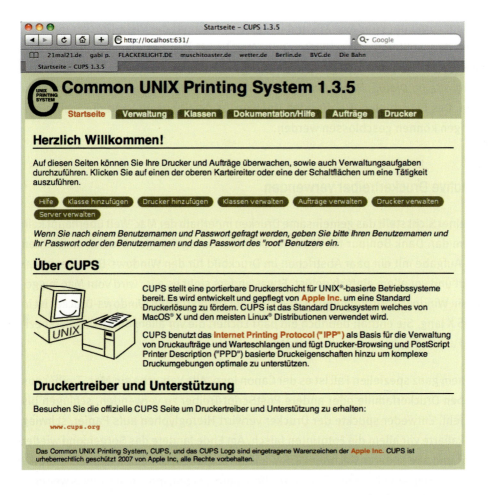

CUPS benutzt zur Druckausgabe das Internet Printing Protocol (IPP). Im Gegensatz zum ehrwürdigen LPD hat IPP den großen Vorteil, dass die Vergabe von Berechtigungen überhaupt möglich ist. Anders formuliert: Der LPD-Drucker am Windows-Rechner oder im Netzwerk kann ohne Einschränkungen von jedem Netzwerkmitglied genutzt werden. Welche Bedeutung CUPS für Apple hat, zeigte im Juli 2007 die Einstellung des Hauptentwicklers Michael Sweet als Apple-Mitarbeiter.

Neben CUPS gibt es bis Mac OS X 10.4 zusätzlich ein Druckerdienstprogramm. In Mac OS X 10.5 wurden die Aufgaben des Dienstprogramms in die entsprechenden Systemeinstellungen eingegliedert. Egal wer für das lokale Drucken verantwortlich zeichnet, die Grundlage bildet Quartz bzw. Quartz Extreme. Das wiederum basiert wie die Benutzeroberfläche von Max OS X auf dem Portable Document Format (PDF). Sie kennen das Format sicherlich von Dokumenten und Formularen, wie sie unter anderem im Internet zum Download angeboten werden.

CUPS dagegen benutzt das PostScript-Format. Die Aufgabe von Mac OS X bzw. CUPS besteht unter anderem darin, das Dokumentenformat in PostScript umzusetzen. Dabei können sogenannte **P**ostScript **P**rinter **D**escriptions (PPD) behilflich sein. In diesen Druckerbeschreibungen sind besondere Eigenschaften eines PostScript-Druckers festgehalten.

Außerdem lässt PPD die Möglichkeit zu, nicht PostScript-fähige Drucker zu beschreiben. Genau hier setzt meine Alternative zu jenen Druckertreibern an, die Apple für Windows- und Netzwerkdrucker mitliefert. Bietet der Druckerhersteller eine solche Beschreibung seines Gerätes für Mac OS X an, laden Sie in der Dialogzeile *Drucken mit* der Druckerübersicht die betreffende Datei über die Auswahl *Andere*.

Einen kleinen Schönheitsfehler hat die Sache allerdings doch. Greift der Hersteller auf spezielle Filter zurück, müssen sie selbstverständlich am Mac installiert sein. Ist das nicht der Fall, bleibt Ihnen dieser Umweg ebenfalls verschlossen.

Die letzte Ausfahrt PDF

Haben Sie keinen brauchbaren Zugang zum Drucker gefunden und muss er partout am Windows-Rechner angeschlossen sein, dann bleibt Ihnen als letzte Möglichkeit die PDF-Ausgabe. Erzeugen Sie über den Drucken-Dialog ein PDF und verbinden Sie sich anschließend mit der Freigabe des Windows-Druckknechts. Die Dateien lassen sich mit dem kostenlosen Acrobat Reader (*www.adobe.de*) oder anderen Alternativen öffnen und lokal ausdrucken.

Das Drucksystem zurücksetzen (Mac OS X 10.4)

Unzählige Versuche, eine optimale Druckerkonfiguration zu finden, sind fehlgeschlagen und die Konfigurationsliste ist durchzogen von Pleiten, Pech und Pannen? Das Drucksystem in Mac OS X 10.4 lässt sich schnell von den Altlasten befreien.

1 Öffnen Sie die Auswahl *Drucken & Faxen* im Abschnitt *Hardware* der Systemeinstellungen. Verschaffen Sie sich administrative Rechte und klicken Sie mit gehaltener [alt]-Taste auf das Hinzufügen-Symbol (Pluszeichen).

2 Wenn Sie an der Radikalkur festhalten wollen, dann klicken Sie mit der Maus auf den Button *Zurücksetzen*. Jetzt werden alle Einträge in der Druckerkonfiguration sowie Druckaufträge gelöscht.

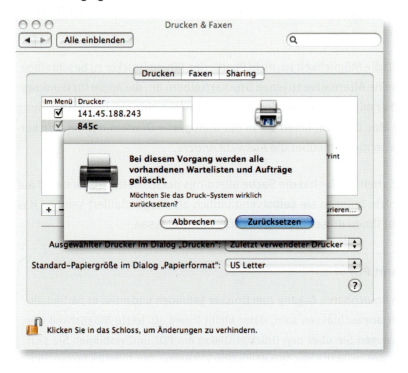

Das Drucksystem zurücksetzen (Mac OS X 10.5)

Auch unter Mac OS X 10.5 besteht die Möglichkeit, in Sachen Drucksystem die Notbremse zu ziehen.

1 Gehen Sie in den Systemeinstellungen zur Auswahl *Drucken & Faxen* im Abschnitt *Hardware*.

2 Klicken Sie mit der rechten Maustaste (Ein-Tasten-Maus control + Mausklick) in die Druckerliste und wählen Sie die Option *Drucksystem zurücksetzen*. Wie unter Mac OS X 10.4 löscht der Rettungsanker alle Drucker und Druckaufträge.

3.4 Netzwerkdrucker am Mac einrichten und benutzen

In meiner Einführung habe ich auf die Möglichkeit verwiesen, einen Drucker wie Ihre Rechner in das Heimnetzwerk einzufügen. Zwei Lösungsansätze stehen Ihnen hierfür offen. Entweder setzen Sie einen DSL- oder WLAN-Router mit integriertem Print-Server ein oder erwerben einen netzwerkfähigen Drucker. Letztgenannter ist im Vergleich zum Router mit Print-Server oft teurer und die Produktauswahl ist kleiner. Egal welcher Variante Sie den Vorzug geben, im Vergleich zum Drucken via PostScript lassen sich hier bessere Druckergebnisse erzielen. Die Aufbereitung des Druckauftrags erfolgt am lokalen Rechner und unter Zuhilfenahme des herstellereigenen Druckertreibers. Voraussetzung ist natürlich, dass der Druckerhersteller beide Betriebssysteme mit eigenen Treibern unterstützt. Einige Hersteller unterstützen neben SMB auch AFP (AppleTalk und Bonjour), wodurch sich die Konfiguration am Mac deutlich vereinfachen lässt. Insoweit beim Einrichten Ihres Heimnetzwerks nicht auf vorhandene Ressourcen zurückgegriffen werden muss, kann ich Sie nur dazu animieren, primär die Lösung des Netzwerkdruckers ins Auge zu fassen.

Der Netzwerkdrucker wird wie ein Rechner in das Heimnetzwerk eingebunden und über seine Netzwerkadresse angesprochen. Die Konfiguration des Druckerservers erfolgt über eine webbasierte Oberfläche, die über einen Internetbrowser aufgerufen wird. Neben der allgemeinen Konfiguration rund um die Netzwerkadresse müssen Sie Angaben zu den unterstützten Netzwerkprotokollen machen.

An dem Punkt angekommen, wird es für mich schwierig, Ihnen analog zum bisherigen Vorgehen die Konfiguration des Netzwerkdruckers aufzuzeigen. Ich muss Sie auf das Gerätehandbuch des Druckerherstellers verweisen und Sie bitten, mit dessen Hilfe die Konfiguration des Print-Servers in Eigenregie zu übernehmen. Basierend auf den eigenen Erfahrungen habe ich mich für den **L**ine **P**rinter **D**aemon (LPD) entschieden.

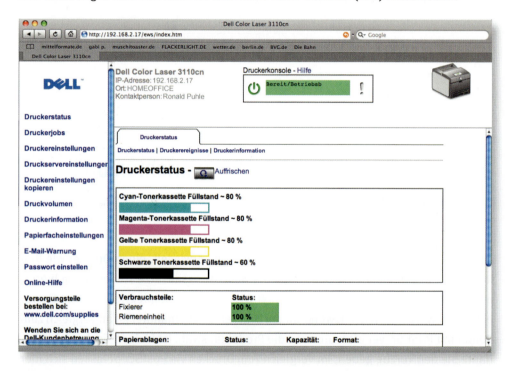

Mit diesem Schritt unterscheidet sich das Einrichten des Netzwerkdruckers am Rechner nur unwesentlich von der bereits demonstrierten Konfiguration eines Windows- bzw. LPD-Druckers. Außerdem sind die Unterschiede zwischen den beiden Mac OS X-Versionen nicht so gravierend, dass für Sie gilt, irgendwelche Besonderheiten berücksichtigen zu müssen.

Ist der Netzwerkdrucker PostScript-fähig, haben Sie mit Ihrem Mac gute Karten, ihn ohne Schwierigkeiten einzubinden. Um alle Druckoptionen und damit die ganze Palette

der Möglichkeiten auszuschöpfen, sollten Sie sich trotzdem auf die Suche nach einem herstellereigenen Druckertreiber machen. Er ist vor dem Einrichten des Netzwerkdruckers zu installieren. Des Weiteren benötigen Sie die Zugangs- und Einrichtungsdaten wie das verwendete Druckprotokoll, den Standort, die Netzwerkadresse und gegebenenfalls die Benutzeridentifikation. Alle Informationen erhalten Sie vom Netzwerkadministrator.

Die nachfolgenden Schritte werden alle unter Mac OS X 10.5 ausgeführt. In Abänderung der erforderlichen Netzwerk- und Zugangsdaten können Sie die Konfiguration des Netzwerkdruckers unter Mac OS X 10.4 dem Beispiel zum Einrichten eines Windows-Druckers unter Windows XP bzw. LPD-Druckers am Windows Vista-Drucker bequem ableiten.

1 Gehen Sie über das Apfel-Symbol in der Menüleiste oder das entsprechende Dock-Symbol in die Systemeinstellungen. Klicken Sie mit dem Mauszeiger im Abschnitt *Hardware* auf die Auswahl *Drucken & Faxen*.

2 Um einen Drucker hinzuzufügen und ihn einzurichten, benötigen Sie das Recht, den Mac verwalten zu können. Dementsprechend müssen Sie sich als Administrator anmelden. Daran anschließend klicken Sie mit dem Mauszeiger auf das Hinzufügen-Symbol (Pluszeichen).

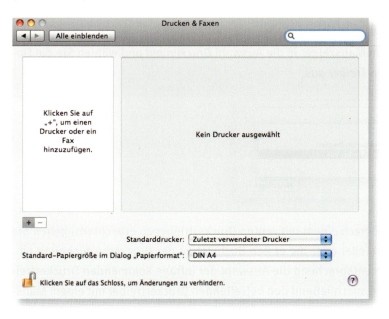

3 Wechseln Sie im Einrichtungsmenü zur Registerkarte *IP*. Jetzt sind die Angaben zum Netzwerkdrucker gefragt. In der Zeile *Protokoll* wählen Sie entsprechend der Vorgabe des Netzwerkadministrators das verwendete Druckerprotokoll aus. In der Regel kommt hier das **I**nternet **P**rinting **P**rotocol (IPP) oder **L**ine **P**rinter **D**aemon (LPD) zum Einsatz. Tragen Sie anschließend in die Zeile *Adresse* die Netzwerkadresse des Netzwerkdruckers ein. In der Zeile *Name* vergeben Sie den Druckernamen, wie er später am Mac in der Druckerliste angezeigt wird. Fügen Sie abschließend in der Zeile *Standort* den Standortnamen des Netzwerkdruckers hinzu.

4 Gehen Sie mit dem Mauszeiger in die Auswahl *Drucken mit* und wählen Sie die Option *Wählen Sie einen Treiber aus*.

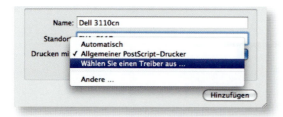

5 Um sich die Suche nach einem relevanten Druckertreiber zu erleichtern, geben Sie im Suchfeld den Hersteller oder die ersten Buchstaben der Druckerbezeichnung ein. Mac OS X grenzt dementsprechend die Auswahl der infrage kommenden Druckertreiber ein. Markieren Sie anschließend den betreffenden Druckertreiber mit einem Mausklick und klicken Sie auf den Button *Hinzufügen*.

6 Insoweit mit dem Netzwerkdrucker besondere Druckoptionen verbunden sind, muss die Konfiguration des Gerätes spezifiziert werden. In dem vorliegenden Fall ist eine sogenannte Duplex-Einheit installiert. Sie ermöglicht den beidseitigen Druck. Dementsprechend ist im Fenster *Erweiterungsoptionen* die Option *Duplex-Modul* zu aktivieren. Danach kann die Erweiterung mit einem Mausklick auf den Button *OK* geschlossen werden. Dasselbe gilt für das Konfigurationsmenü und den Button *Hinzufügen*.

7 Das Einrichten und Konfigurieren des Netzwerkdruckers ist somit abgeschlossen. Bevor Sie jedoch die Systemeinstellungen schließen, werfen wir noch einen kurzen Blick auf die Vorgaben zum Standarddrucker und dem Papierformat. Letztgenanntes sollte bei Bedarf auf das typische *DIN A4* geändert werden. Wenn Sie keine weiteren Drucker an Ihrem Mac einrichten, kann die Einstellung in der Zeile *Standarddrucker* unverändert bleiben. Ist das nicht der Fall, klicken Sie mit dem Mauszeiger in die Auswahlliste und legen den Standarddrucker entsprechend fest. Bei jedem Druckauftrag erscheint er an erster Stelle und kann sofort zum Ausdruck genutzt werden.

4.
Ihren Mac im
Netzwerk schützen

Mac OS X ist ein sicheres Betriebssystem. Den Grundstein hierfür legt der UNIX-Unterbau FreeBSD, ein Betriebssystem aus der großen Open-Source-Gemeinde. Wenn das Thema Sicherheit zur Sprache kommt, wird es in erster Linie mit der Abwehr bösartiger Programme in einen Zusammenhang gebracht. Hier hat Mac OS X bedingt durch seine geringe Verbreitung den Ruf, angeblich unattraktiv zu sein. Der Ansatz klingt im ersten Moment logisch, würde aber potenzielle Angreifer nicht wirklich vom Verseuchen des Macs abhalten. Vielmehr sind es die Schutzmechanismen des Betriebssystems, die es dem potenziellen Angreifer schwer machen, den Mac vollständig zu übernehmen.

Schadroutinen im klassischen Sinn schleusen sich vom Benutzer unbemerkt in das System ein und richten ihr Unheil an. Zudem sind sie oftmals bemüht, ihre Existenz zu sichern und sich dementsprechend auf anderen Rechnern fortzupflanzen. Auf dieser Grundlage haben es Schadroutinen unter Mac OS X schwer, auf dem Apple-Computer Fuß zu fassen.

In den letzten Jahren sind einige Konzeptstudien lautstark propagiert worden, die die Verletzbarkeit von Mac OS X demonstrieren sollen. Eines haben bisher alle synthetischen Belzebuben gemein. Sie konnten sich weder heimlich noch ohne Zutun des Benutzers in das System einnisten. Selbst wenn der unbekümmerte Benutzer die Schadroutinen ausführt, halten sich die Konsequenzen in Grenzen. An einen Versuch der Fortpflanzung war bisher überhaupt nicht zu denken. Im Zusammenhang mit Viren, Würmern und Trojanern ist offenbar in erster Linie der kritische Benutzer und kein Antivirenprogramm gefordert.

Ungeachtet der systembedingten Sicherheitshürden, die bösartige Programme überwinden müssen, besteht kein Grund, blauäugig auf jedwede Sicherheitsmaßnahmen zu verzichten. Betriebssysteme und Programme sind heute derart komplex aufgebaut, dass sie mit hoher Wahrscheinlichkeit Fehler enthalten. Es kann zudem nicht ausgeschlossen werden, dass die Programmfehler sicherheitsrelevante Bedeutung haben. Anfang 2007 deckte der Month of Apple Bugs einige Sicherheitslücken in Mac OS X auf. Im Zuge dessen reagierte Apple und stellte eine Reihe von Sicherheitsupdates zur Verfügung. Das zeitnahe Aktualisieren Ihres Betriebssystems ist also ein wesentlicher Baustein in Sachen Sicherheit.

Bereits bei der Konfiguration der Schnittstelle zwischen dem Internet und Heimnetzwerk haben wir wichtige Sicherheitsaspekte nicht aus den Augen verloren. So soll uns der Paketfilter im DSL- oder WLAN-Router jene Daten fernhalten, die nicht explizit aus dem Internet angefordert wurden. Mac OS X 10.4 verwendet in seiner Personal Fire-

wall denselben Schutzmechanismus wie unser Router. Erhöht deshalb das Aktivieren der Mac OS X-Firewall die Sicherheit im lokalen Netzwerk? Eine Neuerung in Mac OS X 10.5 ist die sogenannte Programm-Firewall. Sie soll die Konfiguration des bisherigen Paketfilters erleichtern.

4.1 Die Firewall einrichten und sinnvoll konfigurieren

In den zurückliegenden Kapiteln waren bereits mehrfach Sicherheitsaspekte im lokalen Netzwerk ein Thema. In erster Linie ging es darum, das Heimnetzwerk vor unerlaubten äußeren Zugriffen zu schützen. Dazu wurde im DSL- und WLAN-Router der Paketfilter aktiviert und die drahtlose Datenkommunikation sicher verschlüsselt. Auch wenn es im ersten Moment nicht vordergründig als Sicherheitsmaßnahme zu erkennen ist, bilden die Einrichtung einer Freigabe und das Zuweisen der zugriffsberechtigten Benutzer einen weiteren Sicherheitsbaustein. Würden Sie stattdessen ein ganzes Laufwerk anderen Netzwerkmitgliedern zur Verfügung stellen, lägen alle Daten im Netzwerk wie auf dem Präsentierteller offen.

Offensichtlich konzentriert sich das Thema Sicherheit nicht auf einen einzigen Schutzmechanismus und auf die leidige Frage, unter Mac OS X die Firewall zu aktivieren oder zu deaktivieren. Deshalb möchte ich im Folgenden allgemeine Hinweise zum Thema des Kapitels geben. Ausgehend von der Tatsache, dass wir uns bereits an der einen oder anderen Stelle des Buches in der entsprechenden Systemkonfiguration befanden, sind die nachfolgenden Ratschläge in Kurzform gehalten.

Allgemeine Tipps zur Sicherheit

Sicherlich haben Sie sich beim Lesen des Buches an der einen oder anderen Stelle gefragt, weshalb ich Sie vor dem Ändern einer Systemeinstellung zur Eingabe des Administratorkennworts auffordere.

Für die tägliche Arbeit mit Ihrem Mac ist der Standardbenutzer vollkommen ausreichend. Nachdem Mac OS X installiert und den Erfordernissen in seiner Netzwerkumgebung an-

gepasst wurde, legen Sie in den Systemeinstellungen einen entsprechenden Standard-Account an und stellen sich Ihre persönliche Benutzeroberfläche zusammen. Mac OS X macht es nicht erforderlich, permanent mit erweiterten Rechten zu arbeiten. Sicherlich ist es an der einen oder anderen Stelle zeitraubend, zwischen den Benutzertypen Standard bzw. Administrator (kurz Admin) hin und her zu wechseln. Vielleicht ist in diesem Fall der schnelle Benutzerwechsel eine Alternative. Im Gegensatz zum An- und Abmelden eines Benutzers, bei dem alle gestarteten Programme geschlossen werden, bleiben beim schnellen Benutzerwechsel alle Anwendungen im Hintergrund aktiv. Wenn sich der zwischenzeitlich angemeldete Benutzer wieder abmeldet, kann der vorherige Benutzer einfach seine Arbeit fortsetzen.

1 Um den schnellen Benutzerwechsel zu aktivieren, gehen Sie in die Systemeinstellungen und klicken mit dem Mauszeiger im Abschnitt *System* auf die Auswahl *Benutzer*. Wechseln Sie unterhalb der Benutzerliste auf die *Anmelde-Opt.* Aktivieren Sie die Option *Schnellen Benutzerwechsel ermöglichen* und wählen Sie anschließend in der Zeile *Optionen* die Darstellung des Benutzernamens in der Menüleiste aus. Nicht nur als Merkhilfe für entfernte Anmeldungen habe ich mich für den Kurznamen entschieden.

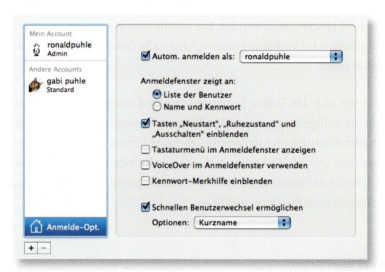

2 Um den schnellen Benutzerwechsel auszuführen, klicken Sie in der Menüleiste auf Ihren Benutzernamen bzw. Kurznamen und wählen aus der Benutzerliste den entsprechenden Account aus. Anschließend werden Sie aufgefordert, das persönliche Kennwort einzugeben.

3 Um sich als aktiver Benutzer abzumelden, gehen Sie über das Apfel-Symbol zur Auswahl *Benutzername abmelden*. Alle Anwendungen und der betreffende Benutzer-Account werden geschlossen. Alternativ steht Ihnen natürlich auch der schnelle Benutzerwechsel als Option offen.

So praktisch der schnelle Benutzerwechsel auch ist, sollten Sie zwei Dinge beachten. Insgeheim vertraue ich bei meiner Empfehlung darauf, dass beide aktiven Benutzer aus Sicht der Sicherheit im Betriebssystem so voneinander getrennt sind, dass keine böswilligen Übergriffe aus der doppelten Anmeldung möglich sind. Unter dem Strich soll die Bequemlichkeit nicht neue Sicherheitsgefahren nach sich ziehen. Im Auge sollten Sie außerdem die benötigten Systemressourcen haben. Immerhin sind zwei oder mehr Benutzer gleichzeitig aktiv. Das schraubt die Ansprüche bezüglich des Arbeitsspeichers und des Prozessors nach oben.

Wenn es aus irgendwelchen Gründen wirklich erforderlich ist, den Mac ausschließlich als Administrator nutzen zu müssen, sollten geschützte Systemeinstellungen nicht bedenkenlos offenliegen. Gelänge es einer Schadroutine, sich in Ihren Mac einzunisten, macht ihr die nachfolgende Grundeinstellung das Leben etwas schwerer. Gehen Sie in den Systemeinstellungen zum Abschnitt *Persönlich* und klicken Sie mit dem Mauszeiger auf die Auswahl *Sicherheit*. Aktivieren Sie im unteren Abschnitt die Option *Kennwort verlangen für die Freigabe von geschützten Systemeinstellungen*. Fortan müssen Sie sich an den relevanten Stellen der Systemeinstellungen als Administrator identifizieren. Welche das sind, habe ich mit Beharrlichkeit an den entsprechenden Stellen des Buches erwähnt.

Kennwort verlangen beim Beenden des Ruhezustandes oder des Bildschirmschoners

Für alle Accounts auf diesem Computer:

☐ Automatisches Anmelden deaktivieren

☑ Kennwort verlangen für die Freigabe von geschützten Systemeinstellungen

☐ Abmelden nach 60 ⟨⟩ Minuten Inaktivität

☐ Sicheren virtuellen Speicher verwenden

🔓 Klicken Sie in das Schloss, um Änderungen zu verhindern. (?)

In denselben Sicherheitseinstellungen haben Sie die Möglichkeit, Ihren Ordner *Privat* zusätzlich durch eine Verschlüsselung zu schützen. Die Funktion nennt sich File-Vault. Als Benutzer, der den Mac verwalten darf, müssen Sie ein Hauptkennwort festlegen. Im Bedarfsfall können Sie damit den aktivierten FileVault-Schutz wieder aufheben. Nachdem das Hauptkennwort vergeben wurde, starten Sie den zusätzlichen Schutz Ihrer Privatsphäre mit einem Mausklick auf den Button *FileVault aktivieren*. Anschließend übernimmt Mac OS X im Hintergrund das Ver- und Entschlüsseln des geschützten Privatbereichs.

Ausgehend von den aktuellen Problemen beim Zugriff auf Freigaben des Windows-Betriebssystems sollten Sie bei der Vergabe der Zugriffsrechte immer mit Bedacht vorgehen. Ich bin mir der offenen Fragen, die durch die Verbindungsprobleme vor allem zwischen Windows Vista und Mac OS X 10.5 bestehen, bewusst. Oft ist die Vergabe der vollen Zugriffsrechte für jeden Benutzer bzw. den Gast-Account der einzige Rettungsanker. Deshalb sollten in den Freigaben immer nur Kopien und nie die Originaldateien abgelegt werden. Wie wertvoll das digitale Gut ist, erkennen viele Nutzer erst dann, wenn es versehentlich überschrieben oder gar gelöscht wurde. Im nächsten Kapitel werde ich Ihnen eine Lösung vorschlagen, wie Sie durch die Erweitung des Netzwerks mit einer externen Festplatte und ohne Änderungen an den im Netzwerk präsenten Rechnern den Datenaustausch bewerkstelligen können. Hier entfallen generell das Einrichten von Freigaben und das Aktivieren der Dienste an den Computern. Der Datenaustausch innerhalb des Netzwerks konzentriert sich ausschließlich auf die Netzwerkfestplatte.

Lassen Sie mich beim Thema Netzwerk verweilen. Wir kennen die Bedeutung der Dienste und die Notwendigkeit, sie für die eine oder andere Aufgabe im Netzwerk aktivieren zu müssen. Ist das geschehen, hört der Rechner permanent den Netzwerkverkehr ab und wartet auf ein Zeichen, den entsprechenden Dienst lokal zur Verfügung zu stellen. Als ein besonders schlechtes Beispiel ging Windows XP voran. Erst eine beispiel-

lose Schädlingswelle brachte Microsoft in Zugzwang und stattete das Betriebssystem mit einer systemeigenen Firewall aus. Welche Aufgaben eine Firewall im Detail erfüllen soll, möchte ich Ihnen im nächsten Abschnitt erläutern. An dieser Stelle lautet mein Rat, generell ungenutzte Dienste zu deaktivieren. Das ist der beste Schutz vor unerwünschten Besuchern.

Lassen Sie mich in dem Zusammenhang noch einmal das Thema „DSL- und WLAN-Router" aufgreifen. Viele Geräte verfügen über eine sogenannte Fernwartung. Sie erlaubt es Ihnen, die Konfiguration nicht nur vom lokalen Netzwerk, sondern auch vom Internet aus zu ändern. Wenn überhaupt, ergibt die Aktivierung der Funktion nur dann einen Sinn, wenn Sie längere Zeit unterwegs sind und sich die Familie zu Hause über Unregelmäßigkeiten im Betrieb des DSL- oder WLAN-Routers beschwert. Generell sollte die Funktion deaktiviert bleiben.

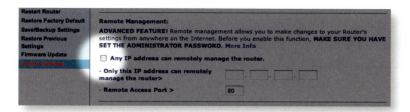

Anfang 2008 machte im Internet die erste Schadroutine für DSL- und WLAN-Router die Runde. Sie hat es auf die sogenannte UPnP-Schnittstelle (**U**niversal **P**lug a**n**d **P**lay) abgesehen, die zur vereinfachten Netzwerkeinbindung von Geräten dient. Mithilfe fingierter E-Mails oder speziellen Programmcodes in Internetseiten kam der Angriff über die Hintertür aus dem lokalen Netzwerk. Er öffnete UPnP-Ports, wodurch vom Internet aus eine Änderung der Router-Konfiguration möglich wurde. Der Vorfall ist einmal mehr ein Plädoyer dafür, im Rahmen der Möglichkeiten die Herstellervorgaben durch den Benutzer zu ändern. Das betrifft das Zugangskennwort sowie nicht benötigte Funktionen und Schnittstellen, die man kurzerhand deaktiviert. Dazu zählt auch die automatische Suche des Routers nach Updates seiner Betriebssoftware.

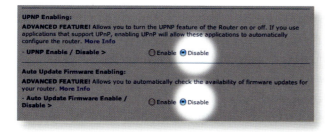

Sollten Sie Unregelmäßigkeiten im laufenden Netzwerkbetrieb feststellen, dann heißt es zuerst, Ruhe zu bewahren. Schauen Sie in der Konfiguration des DSL- oder WLAN-Routers nach, welche Rechner sich mit dem lokalen Netzwerk verbunden haben. Melden Sie sich dazu nur über eine kabelgebundene Netzwerkverbindung am Gerät an. Befindet sich in der Client-Liste ein fremder Rechner, ändern Sie das Zugangskennwort zur Gerätekonfiguration und WLAN-Verbindung. Schöpfen Sie die Vielfalt der Buchstaben- und Zahlenkombinationen bei der Kennwortvergabe und Länge der Phrase angemessen aus. Vergeben Sie dem drahtlosen Zugangspunkt außerdem einen neuen Namen (SSID). In der logischen Konsequenz sind die Zugangseinstellungen der drahtlos verbundenen Rechner ebenfalls zu ändern.

Herrscht in Sachen Datenverkehr im Heimnetzwerk unerwarteter Hochbetrieb, versuchen Sie, den Rechner ausfindig zu machen, der für das gesteigerte Datenaufkommen verantwortlich ist. Insoweit sich die Aktivität nicht durch einen vor MByte strotzenden Download erklären lässt, trennen Sie kurzerhand die Netzwerkverbindung. An einem anderen Rechner kann nun überprüft werden, ob sich der Zustand geändert hat. Nicht immer sind Viren und anderes digitales Ungetier für einen erhöhten Datenverkehr verantwortlich. Betriebssysteme und Programme sind oft so konfiguriert, dass sie selbsttätig nach Aktualisierungen suchen und diese dann automatisch laden. Der Vorgang kann durchaus zu Lastspitzen führen, die alle anderen Netzwerkmitglieder schnell zu spüren bekommen.

Halten Sie Ihren Mac und die installierten Anwendungen auf dem Laufenden, selbst wenn in einschlägigen Internetforen gern über Probleme und Nachwehen diskutiert wird. Vorsichtige Zeitgenossen setzen ohnehin auf eine regelmäßige Datensicherung, wodurch sich die Retour eines Programmupdates dementsprechend vereinfacht.

Was ist eine Firewall?

Eine Firewall hat die Aufgabe, den ein- und vereinzelt auch den ausgehenden Datenverkehr zu überwachen. Alles, was den Regeln der Firewall entspricht, darf den Rechner passieren. Widerspricht es den Auflagen, wird es am Zutritt bzw. Versenden gehindert. In großen Netzwerken übernehmen eigenständige Rechner die Aufgabe der Firewall. Sie bilden das Verbindungsglied zwischen dem lokalen Netzwerk und dem Internet. Anders formuliert, repräsentiert die Firewall eine Brandmauer zwischen dem eigenen (vertrauenswürdigen) Netzwerk und einer eher unsicheren Quelle wie dem Internet.

Die Firewall ist ein komplexes System, das unterschiedliche Sicherheitsstrategien in sich vereinen kann. Zwei Techniken habe ich im Rahmen des Buches bereits vorgestellt. So gehören unter anderem die Namensumsetzung als auch der Paketfilter im DSL- und WLAN-Router zu den Sicherheitsmechanismen der Firewall.

Ist in einem Betriebssystem eine Firewall implementiert oder wird nachträglich als Systemerweiterung installiert, spricht der Fachmann von einer Personal Firewall. Ihre Aufgabe besteht darin, den am Computer eingehenden Datenverkehr zu kontrollieren. Bis Mac OS X 10.4 wurde von Apple ein Paketfilter (*ipfw* oder *ipfirewall*) eingesetzt. In Mac OS 10.5 hat man ihn durch eine neue Technologie, die sogenannte Programm-Firewall (Application Firewall), ersetzt. Neben der höheren Sicherheit für das gesamte System führt Apple auch das Argument der Benutzerfreundlichkeit ins Feld. Wie das Beispiel Datenaustausch via FTP später zeigen wird, kann man das Argument nicht von der Hand weisen. Die Suche nach den erforderlichen Ports macht die Konfiguration der „alten" Firewall zum Geduldsspiel und erfordert großzügige Freigaben.

---

ipfw lebt weiter

Mit der Einführung der Programm-Firewall verschwand der bisherige Paketfilter zwar aus den Systemeinstellungen, nicht aber aus Mac OS X 10.5. Beide Firewalls können gleichzeitig den Datenverkehr überwachen, da sie auf unterschiedlichen Ebenen arbeiten. Der Paketfilter lässt sich über das Terminal oder mithilfe eines Programms wie WaterRoof, *www.hanynet.com*, konfigurieren. Wenn Sie nicht über die entsprechenden Erfahrungen verfügen, sollte an der Grundkonfiguration nichts geändert werden.

Ohne Firewall sicher arbeiten

Kurz nach der Einführung von Mac OS X 10.5 sorgte die Programm-Firewall für reichlich Gesprächsstoff. Wenn der Anwender in der Hoffnung der völligen Abschottung seines Macs die damalige Option *Alle eingehenden Verbindungen blockieren* aktiviert hat, waren dennoch einige Systemdienste erreichbar. In seinem ersten Systemupdate hat Apple die Sicherheitsstufe in *Nur notwendige Dienste erlauben* umbenannt und außerdem die Liste der aktiven Dienste eingeschränkt. Für weitere Diskussionen hat die Tatsache gesorgt, dass nach der Installation von Mac OS X die Firewall deaktiviert ist. Ohne die Problematik großzügig aktivierter Dienste herunterspielen zu wollen, hat mich

an der Argumentation besonders der Dauervergleich zum Windows-Betriebssystem gestört. Immerhin treffen hier zwei unterschiedliche Welten aufeinander, deren Architektur auf völlig unterschiedlichen Herangehensweisen beruht.

Ungeachtet der irreführenden Formulierung im Ur-Leopard stelle ich mir ernsthaft die Frage, wozu ein Anwender eine Netzwerkverbindung physisch herstellt, wenn er im nächsten Schritt mithilfe der Firewall den Mac abschotten möchte? Ist ein Mac-Benutzer bei seinen Überlegungen an dem Punkt angelangt, wäre es weitaus pragmatischer, in der Netzwerkkonfiguration alle netzwerkfähigen Adapter zu deaktivieren und generell auf jede kabelgebundene und drahtlose Netzwerkverbindung zu verzichten. Ein bisschen Netzwerk zur Befriedigung des eigenen Sicherheitsbedürfnisses gibt es nicht.

Unser Heimnetzwerk ist zum Internet hin über eine Adressenumsetzung und idealerweise mit einem Paketfilter gesichert. Diese Sicherungsaufgaben übernimmt der DSL- oder WLAN-Router. Das zusätzliche Aktivieren der Mac OS X-Personal Firewall steigert ohne Zweifel das Sicherheitsgefühl, doch bringt es im Endeffekt wirklich mehr Sicherheit? Lassen Sie mich den Sicherheitsaspekt einer Schutzmaßnahme aus einem anderen Blickwinkel betrachten. Der Airbag im Auto verhindert keinen Verkehrsunfall. Als Fahrzeugführer müssen Sie immer davon ausgehen, dass es zu einem Zusammenstoß kommen kann. Die Aufgabe des Airbags ist es, ab einem gewissen Risiko schützend einzugreifen. Verdoppelt sich der Schutz bei einem Frontalzusammenstoß, wenn zwei Ballons aus dem Lenkrad geschossen kommen? Besteht trotz doppelter Absicherung nicht eher die Gefahr, sich erst recht zu verletzen? Beide Airbags könnten sich immerhin selbst behindern und am eigentlichen Fahrzeuginsassen förmlich vorbeischießen.

Sicherlich lassen sich Unfälle im Straßenverkehr nicht vermeiden. Immerhin spielen die unberechenbaren Faktoren Mensch und Maschine eine große Rolle. Innerhalb des Heimnetzwerks halte ich wenig davon, den Mac durch eine Firewall abzuschotten. Selbst wenn der Mac ausschließlich als Client betrieben wird und keine eigenen Dienste wie File Sharing oder die gemeinsame Nutzung eines Druckers zur Verfügung stellt, ist er ein Mitglied des Netzwerks. Demzufolge werden Dienste wie Bonjour & Co. und ihre Netzwerkaktivitäten benötigt. Auf der anderen Seite haben Sie es selbst in der Hand, die eine oder andere aktive Option zu deaktivieren und damit Dienste abzuschalten. Dasselbe gilt für Programme, die im lokalen Netzwerk nach gemeinsam genutzten Ressourcen wie Musiktitel und Fotos suchen. Im Endeffekt bietet Ihr Mac weniger Angriffsfläche, allerdings zulasten der Kommunikation mit anderen.

Ein Beispiel ist die automatische Zeiteinstellung in Mac OS X. Sie greift relativ häufig auf das Internet zu und gibt Ihnen im Gegenzug sekundengenau die aktuelle Zeit wieder. Wenn Sie auf die Genauigkeit verzichten können, sollte die Zeitabfrage deaktiviert werden.

1 Gehen Sie über das Apfel-Symbol in der Menüleiste oder das entsprechende Dock-Symbol in die Systemeinstellungen. Klicken Sie mit dem Mauszeiger im Abschnitt *System* auf die Auswahl *Datum & Uhrzeit*. Um Änderungen vornehmen zu können, müssen Sie über administrative Rechte verfügen. Im gleichnamigen Register lässt sich die Option *Datum & Uhrzeit automatisch einstellen* deaktivieren. Der dafür zuständige Dienst stellt umgehend seine Arbeit ein.

2 Wenn Sie mit Freigaben arbeiten, dann hat ein sogenannter Gast-Account die Möglichkeit, sich per Netzwerkzugriff den Inhalt der freigegebenen Ordner anzusehen. Sie können dieses Zugriffsrecht des Gast-Accounts einschränken. Gehen Sie über das Apfel-Symbol oder das entsprechende Symbol im Dock in die Systemeinstellungen. Klicken Sie mit dem Mauszeiger im Abschnitt *System* auf die Auswahl *Benutzer*. Wählen Sie in der Benutzerliste den Gast-Account aus und deaktivieren Sie die Option *Gästen den Zugriff auf freigegebene Ordner erlauben*. Damit verwehren Sie nicht autorisierten Netzwerkmitgliedern ohne Anmeldung den Blick in Ihre Daten.

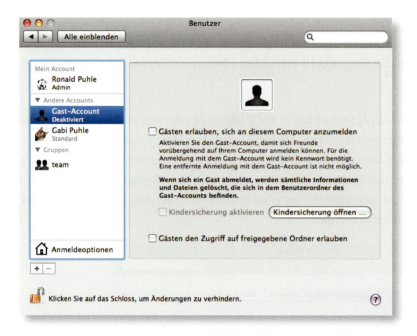

Vorsicht Falle: Datenaustausch zwischen Mac OS X 10.5 und Windows Vista

Unter Umständen muss der Gast-Account aktiviert bleiben, wollen Sie vom Windows Vista-PC auf eine Freigabe unter Mac OS X 10.5 zugreifen. Anderenfalls bleibt Ihnen der Blick auf die Dateien in der Freigabe verwehrt. Wird der Mac ausschließlich im Heimnetzwerk betrieben, können Sie bei Bedarf die Zugriffsrechte vom Leserecht in ein Lese- und Schreibrecht umwandeln. Wird der Mac dagegen direkt mit dem Internet oder einem anderen Netzwerk verbunden, sollten Sie im Interesse der eigenen Sicherheit auf die zugegeben sehr großzügige Handhabung unbedingt verzichten.

Einige der sogenannten iApps wie iPhoto oder iTunes durchsuchen das lokale Netzwerk nach freigegebenen Bibliotheken und stellen den Inhalt anderen Mitgliedern des Heimnetzwerks zur Verfügung. Der Service ist nur verfügbar, wenn eine entsprechende Anwendung gestartet wurde. Um ihn dennoch zu unterbinden, rufen Sie über die Menüleiste *Name der iApp* die Einstellungen auf. Anschließend wechseln Sie in die Registerkarte *Freigabe* (iTunes) oder *Freigeben* (iPhoto). Hier sind jene Optionen zu deaktivieren, die nach anderen Freigaben suchen oder Ihre Daten als Freigabe im lokalen Netzwerk zur Verfügung stellen.

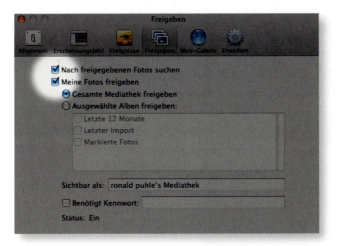

Firewall konfigurieren (Mac OS X 10.4)

In Mac OS X 10.4 übernimmt ein Paketfilter die Aufgabe der Firewall. Er kontrolliert den eingehenden Netzwerkverkehr und weist Datenpakete ab, die in keinem Zusammenhang mit den angeforderten Informationen stehen. Unser Heimnetzwerk sollte bereits zum Internet hin mit solch einem Schutzmechanismus ausgestattet sein. Aus meiner Sicht ist es deshalb wenig sinnvoll, innerhalb des lokalen Netzwerks den Mac ein weiteres Mal mit demselben Sicherheitssystem abzuschirmen. Stellt Mac OS X dagegen direkt eine Verbindung zum Internet her, ist der Paketfilter ein bewährtes Instrumentarium, um den Rechner vor neugierigen Blicken und böswilligen Attacken zu schützen.

Sowohl die Paketfilter als auch die Programm-Firewall in Mac OS X 10.4 und 10.5 kontrollieren ausschließlich den eingehenden Netzwerkverkehr. Im Anschluss an die Konfiguration der beiden Personal Firewalls stelle ich Ihnen ein Programm vor, mit dem sich auch der ausgehende Datenverkehr des Macs überwachen und kontrollieren lässt.

1 Gehen Sie über das Apfel-Symbol oder das entsprechende Symbol im Dock in die Systemeinstellungen und klicken Sie mit dem Mauszeiger im Abschnitt *Internet & Netzwerk* auf die Auswahl *Sharing*. Um die Einstellungen der Personal Firewall ändern zu können, benötigen Sie als Benutzer administrative Rechte. Klicken Sie anschließend mit dem Mauszeiger auf den Button *Start*.

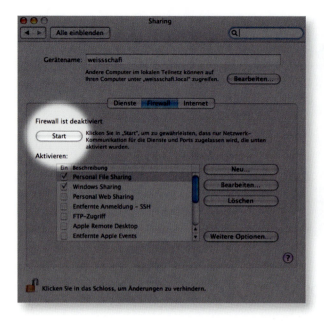

2 Insoweit Sharing-Dienste von Ihnen bereits gestartet wurden, sind die betreffenden Einstellungen in der Firewall aktiviert und müssen bei der Konfiguration nicht weiter berücksichtigt werden. Klicken Sie auf den Button *Weitere Optionen*. Die Option *UDP-Verkehr blockieren* bewirkt, dass Mac OS X das Transportprotokoll UDP beim eingehenden Datenverkehr nicht berücksichtigt. Da vor allem im Zusammenhang mit dem Windows Sharing das Aktivieren der Sicherheitseinstellung kontraproduktiv ist, bleibt die Option unverändert deaktiviert. Dasselbe gilt für den Tarn-Modus. Ist die Aufgabe des Macs als reiner Client definiert, erhöht das Aktivieren der beiden Optionen durchaus den Schutz vor möglichen Angriffen. Um sich eventuelle Ereignisse, die im Zusammenhang mit der Firewall stehen, anzeigen zu lassen, aktivieren Sie die Firewall-Protokollierung. Nach dem Anpassen der erweiterten Optionen kann das Fenster mit einem Mausklick auf den *OK*-Button geschlossen werden.

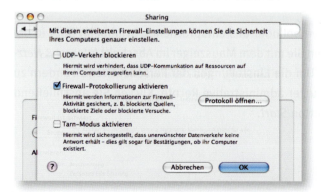

3 Um der bestehenden Liste weitere Dienste hinzuzufügen, klicken Sie mit dem Maus-zeiger in den Firewall-Einstellungen auf den Button *Neu*. In der Auswahl *Dienste* wer-den bereits einige Konfigurationen der Firewall angeboten. Ist der erforderliche Dienst darunter, wählen Sie ihn dementsprechend aus.

4 Die Konfiguration des Dienstes ist in dem Fall fast abgeschlossen. Mac OS X 10.4 gibt bereits die Ports vor, die für den reibungslosen Betrieb benötigt werden. Sie kön-nen das Fenster mit einem Mausklick auf den Button *OK* schließen.

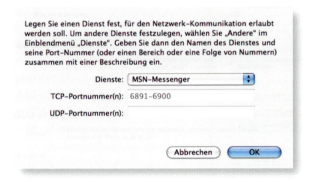

5 Befindet sich der erforderliche Dienst und die damit verbundene Firewall-Konfigu-ration nicht in der angesprochenen Auswahl, müssen die Ports manuell freigeschal-tet werden. Wählen Sie aus der *Dienste*-Auswahl den Eintrag *Andere*. Jetzt kommt der schwierigste Teil. Sie müssen die Ports eintragen, die von der Firewall nicht blockiert werden dürfen. In dem folgenden Beispiel habe ich mich an der Konfiguration einer ak-tiven und passiven FTP-Verbindung orientiert.

Demzufolge werden die TCP-Ports 20, 21 und 1024 bis 65535 benötigt. Je nach Programm und Dienst weichen die Einstellungen davon ab. Welche Ports freizugeben sind, erfahren Sie in den Dokumentationen des jeweiligen Programms. Wieder schließt ein Mausklick auf den *OK*-Button die Konfiguration ab.

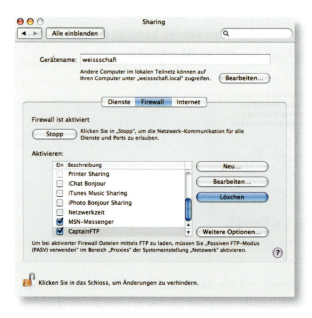

6 Um eine bestehende Freigabe der Ports aus den Regeln der Firewall zu nehmen, haben Sie zwei Möglichkeiten. Insofern der Eintrag nicht mehr benötigt wird oder gar hinfällig ist, ist die Regel mit einem Mausklick zu markieren und anschließend über den Button *Löschen* aus dem Regelwerk zu löschen.

7 Wollen Sie dagegen die Regel nur für kurze Zeit und zu einem späteren Zeitpunkt wieder anwenden, lässt sie sich einfach in der Liste aktivieren bzw. deaktivieren. Klicken Sie dazu mit dem Mauszeiger in die Spalte *Ein* und setzen oder entfernen Sie den entsprechenden Schalter.

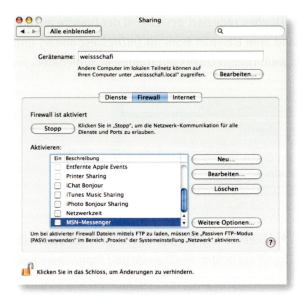

Firewall konfigurieren (Mac OS X 10.5)

Wie bereits erwähnt, hat Apple in Mac OS X 10.5 eine Programm-Firewall eingeführt. Außerdem ist das Konfigurationsmenü von der Auswahl *Sharing* in den Bereich *Sicherheit* im Abschnitt *Persönlich* umgezogen. Um die Personal Firewall zu konfigurieren, wechseln Sie zum Register *Firewall*. Für Veränderungen der Grundkonfiguration benötigen Sie das Recht, den Mac verwalten zu können. In der Standardeinstellung *Alle eingehenden Verbindungen erlauben* werden alle eingehenden Verbindungen zugelassen. Abgesehen von den „normalen" Sicherheitsfunktionen des Betriebssystems sind alle eingerichteten Dienste und Programme vom Netzwerk aus erreichbar.

Die Option *Nur notwendige Dienste erlauben* reduziert den Zugriff der Dienste auf das Netzwerk. Davon nicht betroffen sind zum Beispiel Bonjour (*mDNSresponder*) und DHCP (*configd*). Programme können weiterhin Netzwerkverbindungen aufnehmen.

Möchten Sie selbst bestimmen, welche Dienste und Programme Zugriff auf das Netzwerk haben, muss die dritte Option *Zugriff auf bestimmte Dienste und Programme festlegen* aktiviert werden.

Bevor ich Ihnen das Zulassen und Verbieten von Netzwerkverbindungen demonstriere, gilt es, ein paar Besonderheiten der Programm-Firewall zu erläutern. Wurden von Ihnen Sharing-Dienste aktiviert, erscheinen diese in der Regelliste der Programm-Firewall. Um sie dort zu entfernen, müssen die Dienste deaktiviert werden. Es entbehrt einfach jeder Logik, einen oder mehrere Sharing-Dienste zu aktivieren, um anschließend die entsprechenden eingehenden Netzwerkverbindungen zu verbieten.

Damit Mac OS X 10.5 unterscheiden kann, welche Programme aus einer vertrauenswürdigen Quelle stammen oder nicht, sollen Programmhersteller ihre Software bei einer Zertifizierungsstelle digital signieren lassen. Generell kann jedes Programm, signiert oder  nicht, eine Netzwerkverbindung herstellen. Liegt keine Signatur vor bzw. wurde in der Programm-Firewall noch keine Regel für die betreffende Applikation festgelegt, gibt Mac OS X 10.5 eine Meldung aus und Sie müssen explizit den Netzwerkzugriff erlauben oder blockieren.

Geben Sie den Netzwerkzugriff frei, legt Mac OS X 10.5 für das Programm eine eigene digitale Signatur an und fügt die Regel der Programm-Firewall hinzu. Beim nächsten Programmstart oder Verbindungsaufbau erfolgt keine weitere Abfrage.

Ausnahme: die programmeigene Integritätsprüfung

Einige Programme prüfen beim Start selbst ihre Integrität. In dem Fall legt Mac OS X 10.5 keine eigene digitale Signatur an. Ungeachtet dessen müssen Sie den Zugriff auf das Netzwerk erlauben. Diese Abfrage erfolgt allerdings bei jedem Ausführen und Verbindungsversuch des Programms.

Möchten Sie einem Programm den Zugriff aus das Heimnetzwerk oder auf das Internet verweigern, muss es mit der entsprechenden Regel der Programm-Firewall hinzugefügt werden.

1 Klicken Sie mit dem Mauszeiger in den Einstellungen der Programm-Firewall auf das Hinzufügen-Symbol (Pluszeichen).

2 Wählen Sie das betroffene Programm in der geöffneten Liste aus und klicken Sie anschließend auf den Button *Hinzufügen*. Das Programm wird in den Regeln der Programm-Firewall aufgenommen.

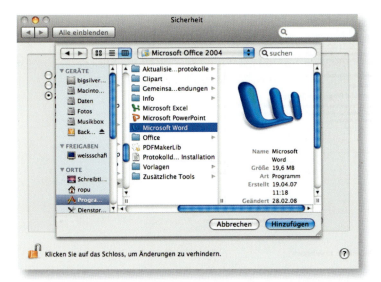

3 Zunächst sind eingehende Netzwerkverbindungen für die hinzugefügte Applikation erlaubt. Klicken Sie mit dem Mauszeiger auf den entsprechenden Eintrag und ändern Sie die Option in *Eingehende Verbindungen blockieren* um. Das Programm ist nicht mehr vom Netzwerk aus erreichbar.

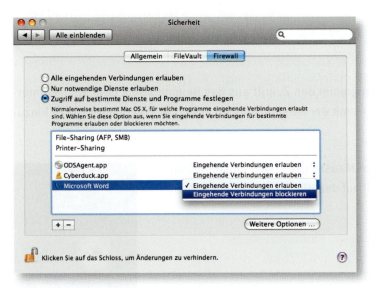

Zum Abschluss möchte ich auf eine weitere Option der Programm-Firewall verweisen. Wenn Sie den Zugriff auf Ihren Mac reglementieren, steht Ihnen der Button *Weitere Optionen* zur Verfügung. Neben der Protokollierung der Firewall-Aktivitäten lässt sich wie unter Mac OS X 10.4 auch hier ein sogenannter Tarn-Modus aktivieren. Salopp formuliert, stellt sich der Mac bei Anfragen stumm, ob eine Netzwerkadresse an einen Rech-

ner vergeben wurde. Insoweit der Mac Mitglied eines Netzwerks ist und für andere Rechner erreichbar sein soll, ist der Tarn-Modus kontraproduktiv und sollte deshalb deaktiviert bleiben. Wenn dagegen der Mac direkt mit dem Internet verbunden und Ihr Sicherheitsbedürfnis ausgeprägt ist, sollten Sie den Tarn-Modus aktivieren.

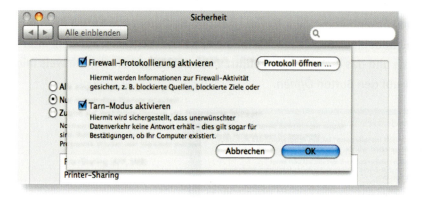

Den ausgehenden Netzwerkverkehr überwachen

Bisher war im Zusammenhang mit der Firewall immer von der Überwachung des eingehenden Datenstroms die Rede. Wenn mich etwas an der Kontrolle des Datenverkehrs unter Mac OS X stört, dann ist es die fehlende Überwachungsmöglichkeit des Zugriffs vom Mac auf eine bestehende Netzwerkverbindung. Insbesondere der Hunger vieler Programme, im Internet nach Updates zu suchen, kann sich unter Umständen als Spaßbremse im Netzwerk erweisen. Mit einer Überwachung des ausgehenden Netzwerkverkehrs hätten Sie die Kontrolle über alle Programme und lokalen Dienste, die ihrerseits Kontakt zum lokalen Netzwerk oder Internet suchen. Sinnvoll wäre es außerdem, ausgewählten Programmen den Zugriff gar zu verweigern.

Seit ein paar Jahren schließt an meinem Mac die österreichische Shareware Little Snitch (*www.obdev.at*, 25 US-Dollar) diese Lücke. Deshalb möchte ich Ihnen das Programm vorstellen und die Konfiguration demonstrieren. Bevor Sie einen Lizenzschlüssel kaufen, kann die Shareware von Ihnen ausgiebig getestet werden. Während dieser Zeit ist die Laufzeit auf drei Stunden beschränkt. Erst ein Neustart aktiviert wieder die Kontrolle des ausgehenden Netzwerkverkehrs. Little Snitch ersetzt nicht, sondern ergänzt die Personal Firewall in Mac OS X. Analog des Einsatzes der Mac OS X-eigenen Personal Firewall und deren Überwachung des eingehenden Netzwerkverkehrs bilden Regeln die Grundlage der Tätigkeit von Little Snitch.

Little Snitch installieren und einrichten

1 Laden Sie sich die aktuelle Little Snitch-Version von der Homepage der Programm-macher unter *http://www.obdev.at/products/littlesnitch/index-de.html* herunter und doppelklicken Sie anschließend auf das gespeicherte Disk Image. Nachdem es gemoun-tet wurde, doppelklicken Sie mit dem Mauszeiger auf die Datei *Little Snitch Installer. app*. Mac OS X blendet einen Sicherheitshinweis ein, da das Programm aus dem Inter-net geladen wurde und das erste Mal ausgeführt wird. Bestätigen Sie den Hinweis mit einem Mausklick auf den Button *Öffnen*.

2 Klicken Sie im Installationsprogramm mit dem Mauszeiger auf den Button *Installie-ren*. Da im Anschluss ein Neustart erforderlich ist, blendet Little Snitch einen entspre-chenden Hinweis ein, der mit *Installation fortsetzen* zu bestätigen ist. Folgen Sie den weiteren Anweisungen und führen Sie im Anschluss den Neustart des Macs durch.

3 Nachdem der Neustart ausgeführt wurde, startet Little Snitch automatisch und blen-det jene Regeln ein, die von den Programmentwicklern bereits vorgegeben sind.

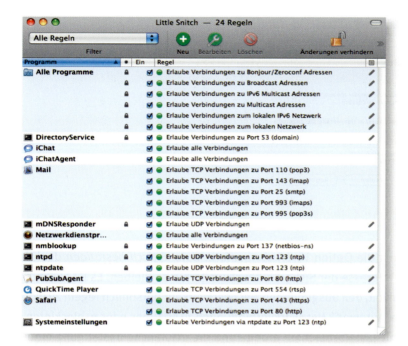

4 Das Regelwerk enthält bereits einige Einträge, und diese Regeln werden Ihnen dementsprechend angezeigt. Die Liste wirkt im ersten Moment vielleicht etwas verwirrend. Die Darstellung lässt sich jedoch auf einen bestimmten Typus (zum Beispiel Programme oder Systemprozesse) einschränken. Gehen Sie dazu in den oberen Teil des *Regel*-Fensters und wählen Sie die entsprechende Anzeigeoption aus.

5 Little Snitch ist so vorkonfiguriert, dass die wichtigsten Dienste und einige Apple-Programme ohne eine Meldung ihre Arbeit verrichten können Zur Grundkonfiguration gehört auch, dass lokale Netzwerkverbindungen für alle Programme zugelassen sind. Nach dem kurzen Abstecher in die bisherige Regelliste soll Little Snitch an einigen Punkten sinnvoll angepasst werden. Gehen Sie über die Registerkarte in die Auswahl *Konfiguration*. Im Register *Allgemein* wird Ihnen der aktuelle Status angezeigt (*Netzwerkfilter Ein* bzw. *Aus*). Wie bereits erwähnt, ist die Laufzeit von Little Snitch ohne gültigen Registrierungsschlüssel auf drei Stunden begrenzt. Sollten Sie eine Lizenz erworben haben, kann der entsprechende Schlüssel über den Button *Registrieren* eingegeben und anschließend das Programm für den Dauerbetrieb freigeschaltet werden.

6 Normalerweise ist die Option *Verbindungsalarm automatisch bestätigen* deaktiviert. Das sollte im Interesse der Sicherheit auch weiterhin so bleiben. Es ist aus meiner Sicht wenig sinnvoll, den ausgehenden Netzwerkverkehr persönlich regeln zu wollen und pauschal per Automatik Netzwerkverbindungen zu erlauben oder zu blockieren.
Da ich relativ viel mit Tastaturbefehlen arbeite und die irrtümliche Bestätigung eines
Verbindungsalarms vermeiden möchte, deaktiviere ich die Option *Bestätigen mit Re-
turn und Escape*. Gegen intelligente Regelvorschläge sollten Sie nichts einzuwenden
haben, deshalb bleibt die entsprechende Option aktiviert.

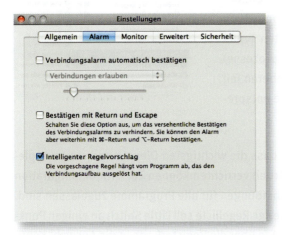

7 Wechseln Sie anschließend zum Register *Monitor*. Die Option *Netzwerkmonitor* könnte
für Netzwerkadministratoren interessant sein. Stellt der Mac eine Netzwerkverbindung
her, können Sie mithilfe des Netzwerkmonitors überwachen, welches Programm oder
welcher Dienst eine Anforderung in das Netzwerk senden möchte. Gleichzeitig können
Sie am Netzwerkmonitor ablesen, an welche Netzwerk- oder Internetadresse der Verbindungsaufbau gerichtet ist. Besonders bei Verbindungsproblemen im Heimnetzwerk

kann die Option *Lokale Netzwerkaktivitäten anzeigen* weiterhelfen. Sie erhalten damit einen Überblick darüber, ob Anforderungen an Netzwerkrechner Ihren Mac verlassen haben. Der Netzwerkmonitor lässt sich permanent einblenden oder tritt nur bei Netzwerkaktivitäten in den Vordergrund. Wird die Option *Bei Netzwerkaktivität automatisch einblenden* aktiviert, kann das Ausblenden der Anzeige individuell angepasst werden. Unabhängig vom Netzwerkmonitor ist die Anzeige des Status auch in der Menüleiste möglich. Über die kleine Erweiterung haben Sie auch Zugriff auf die Programmeinstellungen und bereits eingerichtete Regeln.

8 Abschließend sollten noch die Sicherheitseinstellungen geändert werden. Wechseln Sie deshalb zum Register *Sicherheit*. Um hier Veränderungen vornehmen zu können, müssen Sie sich als administrativer Benutzer mit Ihrem Kennwort anmelden. Um zu verhindern, dass die Festlegungen der eingerichteten Regeln von jedem beliebigen Benut-

zer geändert werden dürfen, sollte die Option *Bearbeiten der Regeln verhindern* aktiviert sein. Damit ist nur dem Benutzer das Bearbeiten der Regeln erlaubt, der ohnehin den Mac verwalten darf. In Bezug auf die Konfiguration von Little Snitch hat das Aktivieren von *Bearbeiten der Einstellungen verhindern* dieselbe Wirkung wie die zuvor erwähnte Sicherheitsoption. Um jeden unkontrollierten Zugriff auf Little Snitch zu vermeiden, sollte die Option des GUI Scripting deaktiviert bleiben.

Die Konfiguration von Little Snitch ist abgeschlossen und die Fenster *Einstellungen* und *Regeln* können geschlossen werden. Der wachsame Helfer verrichtet bereits seine Arbeit im Hintergrund. Möchte ein Programm oder Dienst, für den in Little Snitch bisher keine Regelung getroffen wurde, Kontakt zum Internet aufnehmen, wird ein entsprechender Hinweis eingeblendet.

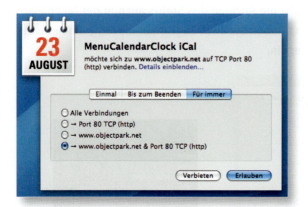

Sie haben die Möglichkeit, das Erlauben oder Blockieren der ausgehenden Netzwerkverbindung einmalig, bis zum Beenden der Anwendung oder für immer festzulegen. Des Weiteren sind Abstufungen bei der Art der Netzwerkverbindung möglich. Handelt es sich bei der Anfrage um ein Programm, das nach neuen Updates sucht, müssten Sie die Internetadresse und den vorgeschlagenen Port (in der Regel Port 80 für eine HTTP-Verbindung) freigeben. Haben Sie dagegen ein Programm gestartet, das mit mehreren ausgehenden und teilweise auch mit wechselnden Internetverbindungen arbeitet, dann sollten Sie grundsätzlich alle Verbindungen erlauben. Ein Beispiel dafür ist Adium X, mit dem sich mehrere Instant Messaging Services (zum Beispiel MSN-Messenger, AOL IM oder Google Talk) gleichzeitig in einem Messenger-Programm betreiben lassen.

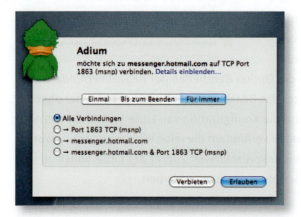

Regeln in Little Snitch ändern

1 Um eine bestehende Regel in Little Snitch zu ändern, gehen Sie über die Statusanzeige in der Menüleiste zur Auswahl *Little Snitch Regeln*. Wird die Statusanzeige nicht eingeblendet, wechseln Sie im Finder in den Ordner *Programme*, starten

die Anwendung Little Snitch Configuration.app und gehen in das Fenster *Little Snitch Regeln*.

2 Davon ausgehend, dass die Sicherheitseinstellungen in Little Snitch so geändert wurden wie zuvor beschrieben, müssen Sie sich zunächst als administrativer Benutzer anmelden. Klicken Sie dazu in

der Symbolleiste auf das Schloss-Symbol bzw. auf *Änderungen erlauben*. Anschließend geben Sie Ihr Administratorkennwort ein und klicken mit dem Mauszeiger auf den *OK*-Button.

3 Wählen Sie in der Auflistung die Regel aus, die im Nachhinein geändert werden soll. Um sich alle Informationen zur bisher bestehenden Regel anzeigen zu lassen, klicken Sie mit dem Mauszeiger in der Symbolleiste auf das *Info*-Symbol. Es öffnet sich ein seitliches Feld, das Ihnen den Speicherort, die bisherige Regel und die anvisierte Internetadresse anzeigt.

4 Um die Regel zu ändern, genügt ein Doppelklick auf den betreffenden Eintrag. Alternativ markieren Sie den Eintrag mit einem Mausklick und benutzen anschließend das Symbol *Bearbeiten* in der Symbolleiste. In dem sich öffnenden Anpassungsfenster kann die Regel von Ihnen überarbeitet werden. Neben dem Erlauben und Verbieten der ausgehenden Netzwerkverbindung bestehen die Möglichkeiten, die

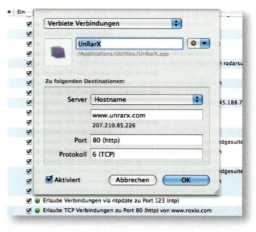

Internetadresse, den verwendeten Port sowie das verwendete Netzwerkprotokoll anzupassen. Schließen Sie die Regelanpassung mit einem Mausklick auf den Button *OK* ab. Anschließend kann das Programm Little Snitch Configuration.app wieder geschlossen werden.

Regel löschen und neu anlegen

Abgesehen von den Änderungen, eine ausgehende Verbindung zuzulassen oder zu verbieten, erfordern die anderen Regeleinstellungen schon eine gewisse Kenntnis der Materie Netzwerk. Vielleicht erleichtern Sie sich das Anlegen der neuen Regel dadurch, dass über die Symbolleiste zunächst die alte Regel gelöscht wird. Starten Sie danach die entsprechende Anwendung und warten Sie das Hinweisfenster von Little Snitch ab. Anschließend sind die gewünschten Anpassungen vorzunehmen und die neue Verbindungsregel ist zu bestätigen.

4.2 Schutz vor Viren, Trojanern & Co.

Kommt das Thema Sicherheit am Rechner zur Sprache, gehen mit hoher Wahrscheinlichkeit die ersten Gedanken immer in Richtung Computerviren, Würmer und Trojaner. Im zweiten Atemzug werden bewusst oder unbewusst die Negativerfolge des Windows-Betriebssystems kurzerhand auf den Mac projiziert. Zwar ist Mac OS X ebenso wie andere UNIX-basierte Betriebssysteme generell nicht frei von Fehlern und bietet das eine oder andere Schlupfloch, dennoch hinkt der Vergleich gewaltig. Ich möchte meine bis-

herige Strategie, den Schutz des Netzwerks durch das sinnvolle Zusammenspiel einzelner Komponenten zu erhöhen, fortsetzen. Das bedeutet gerade im Zusammenhang mit Viren, Trojaner & Co. aber auch, Halbwahrheiten und Vorurteile auszuräumen.

Was sind bösartige Programme?

Unter dem Sammelbegriff Malware werden Programme zusammengefasst, die vor dem Benutzer getarnt und gänzlich im Hintergrund böswillige Routinen ausführen. Die unerwünscht ausgeführten Funktionen dienen der Manipulation von Sicherheitseinstellungen, Systemkonfigurationen bis hin zum Löschen von Daten. Zur Gruppe der Malware gehören der Klassiker Computervirus und der Wurm. Zur Malware zählt auch das sogenannte trojanische Pferd oder kurz Trojaner, das beispielsweise in der Lage ist, sensible Daten auszuspionieren oder gar zu löschen.

Sicherheitsrisiko Mac OS X?

Wenn das Thema bösartige Schadprogramme und Mac OS X zur Sprache kommt, muss in erster Linie die geringe Verbreitung des Betriebssystems als Hauptargument herhalten. Diese viel zitierte Aussage trifft meiner Ansicht nach nicht wirklich ins Schwarze. Welche Motivation hat der Schreiber einer Schadroutine? Er möchte vom Anwender unbemerkt – und ohne große Hürden überwinden zu müssen – einen befallenen Rechner übernehmen und für seine Zwecke missbrauchen. Wenn Mac OS X eine entsprechend leichte Beute darstellen würde, wäre es dem Hacker aus meiner Sicht egal, ob ein Betriebssystem einen Marktanteil von 5 % oder 90 % hat. Angesichts der Sensibilisierung vieler Windows-Anwender bezüglich der Sicherheitsproblematik und der kontinuierlichen Aktualisierung des Betriebssystems muss der hohe Marktanteil des Betriebssystems um einige Prozentpunkte ebenso relativiert werden. Für den Hacker müssen Aufwand und Nutzen in einem angemessenen Verhältnis stehen.

Die klare Trennung des eigentlichen Betriebssystems von der Programmebene ist ein Sicherheitsmerkmal von Mac OS X. Wenn ein Programm fehlerhaft programmiert wurde, bleibt das Betriebssystem davon weitestgehend unberührt. In Mac OS X 10.5 geht Apple sogar einen Schritt weiter und kann Programme in eine sogenannte Sandbox zwingen. Isoliert vom restlichen System, werden die Zugriffe auf Dateien und Ressourcen wie das Netzwerk oder andere Programme argwöhnisch kontrolliert.

Die Quintessenz aus den Ausführungen ist, dass ein Computervirus oder -wurm unter normalen Bedingungen in Mac OS X mit eingeschränkten Benutzerrechten aktiv sein kann. Vorausgesetzt, der Hacker möchte den Rechner für seine eigenen Zwecke missbrauchen, ist das für ihn eine eher magere Ausbeute. Die Ausnahme bilden sicherheitsrelevante Softwarefehler im Betriebssystem oder in den installierten Programmen. Sie können dazu führen, dass ein eingeschränkter Benutzer höhere Benutzerrechte erlangen und so quasi ungehindert Schadroutinen ausführen kann. Diesen Aspekt darf man bei den Betrachtungen nie vernachlässigen.

Im Allgemeinen warnt Mac OS X den Benutzer, wenn eine unbekannte Anwendung zum ersten Mal ausgeführt wird.

Streckt ein Programm, egal ob nützlich oder Schadroutine, die Finger in Richtung Systemkonfiguration aus, erfolgt die Abfrage des Administratorkennworts. Im Zweifelsfall sollten diese simplen Schutzmechanismen immer Ihre Alarmglocken laut schrillen lassen.

Der folgende Tipp ist primär kein Sicherheitsmerkmal von Mac OS X, erlaubt es Ihnen jedoch, in gewissen Grenzen hinter den Dateinamen zu schauen. Durch das Einblenden der Dateierweiterung (Suffix) haben Sie eine visuelle Kontrollmöglichkeit über Dateien, die aus dem Internet oder von Datenträgern geladen wurden. Tarnt sich eine An-

wendung zum Beispiel als Bild- oder Textdatei, sollte Sie nach einem Doppelklick das Ausführen als Programm inklusive des entsprechenden Sicherheitshinweises mehr als stutzig machen.

1 Um das Einblenden des Dateisuffixes zu aktivieren, gehen Sie in den Finder und über die Menüleiste *Finder* zu dessen Einstellungen.

2 Anschließend erfolgt der Wechsel zur Registerkarte *Erweitert*. Hier ist die Option *Alle Suffixe einblenden* zu aktivieren. Danach kann das Fenster geschlossen werden.

Trojaner kontra Mensch

Vor einem Trojaner kann Sie selbst das sicherste Betriebssystem nicht schützen. Im November 2007 machte der erste, in freier Wildbahn gesichtete Mac OS X-Trojaner OSX. RSPlug.A die Runde. Es stellt sich deshalb die Frage, wie Sie verhindern können, dass sich ein Trojaner in Ihrem Mac festsetzt. Ich möchte den bereits erwähnten Trojaner aufgreifen und den Versuch unternehmen, Ihren kritischen Blick auf angebotene Inhalte im Internet zu schärfen.

In erster Linie setzen die Programmierer bei der Verbreitung ihres Schädlings auf den Faktor Mensch (Social Engineering). Gesetzt den Fall, Sie suchen im Internet nach den neusten Peinlichkeiten einer bekannten Showgröße. In deren Verlauf führt der Weg auf eine zwiespältige Webseite, die Ihnen das entsprechende Filmmaterial kostenlos zum Download anbietet. Die einzige Bedingung ist: Vorab muss ein spezieller Videocodec installiert werden. An dem Punkt müssen erste Zweifel aufkommen. Für die Wiedergabe der gängigsten Videoformate gibt es entsprechende QuickTime-Erweiterungen (zum Beispiel DivX, Flip4Mac WMV oder Perian). Wenn jemand ein solches Filmchen in ein Videoportal stellt, dann sollen es viele Internetnutzer sehen. Ein exotischer Videocodec zum Abspielen des Materials konterkariert dieses Ansinnen.

Haben die Alarmsirenen noch nicht aufgeheult, laden Sie die angebliche Erweiterung für QuickTime als Disk Image herunter. Nach dem Download öffnet Safari das Image und der Inhalt kann ausgeführt werden. An dieser Stelle möchte ich Sie bitten, die Grundeinstellung des appleschen Internetbrowsers zu ändern.

1 Gehen Sie über dessen Menüleiste in die Auswahl *Safari* und wählen Sie die Option *Einstellungen*.

2 In dem Register *Allgemein* sollte die Funktion *„Sichere" Dateien nach dem Laden öffnen* deaktiviert werden. Jede Form eines Automatismus im Zusammenhang mit Daten aus dem Internet sollte zukünftig vermieden werden.

Alle guten Dinge sind drei. Dank der Zugriffsbeschränkung auf die Systemordner werden Sie als letzte Instanz aufgefordert, das Administratorkennwort einzugeben. Hier ist definitiv der letzte Punkt erreicht, von dem Vorhaben zurückzutreten. Zugegeben erweckt eine Installationsroutine wenig Misstrauen. Begründete Zweifel sind angebracht, wenn Schadroutinen versuchen, sich als Bild- oder Musikdatei auszugeben. Wollen Sie die Datei mit einem Doppelklick öffnen und werden im unmittelbaren Anschluss nach Ihrem Kennwort gefragt, liegt eine akute Bedrohung Ihres Macs vor.

Der bereits angesprochene Trojaner OSX.RSPlug.A hat am Mac die Namensauflösung der Netzwerkadressen manipuliert. Bestimmte Anfragen des Benutzers, die vor allem das Onlinebanking und Bezahldienste im Internet betrafen, wurden auf sogenannte Phishing-Webseiten umgelenkt. Hier wollten die Betrüger die Zugangsdaten der Kunden abgreifen und für ihre kriminellen Zwecke missbrauchen. Allein aus der Vorgehensweise, wie der Trojaner den Mac übernehmen kann, sollte immer Vorsicht und gesunder Menschenverstand Vorrang vor übergroßer Neugierde haben.

Virenschutz im gemischten Netzwerk

Während Trojaner offenbar gezielt für Mac OS X entwickelt und verbreitet werden, sieht es bei den Computerviren und -würmern glücklicherweise etwas anders aus. Dementsprechend heiß diskutiert wird in einschlägigen Foren der Sinn bzw. Unsinn, permanent ein Antivirenprogramm unter Mac OS X laufen zu lassen. Innerhalb des homogenen Mac-Netzwerks sehe ich persönlich keinen akuten Handlungsbedarf. Ohnehin stehen einige kommerzielle Antivirenprogramme für Mac OS X in dem Ruf, eher Schaden als Nutzen anzurichten. Das gilt vor allem beim Filtern des E-Mail-Verkehrs und beim Ressourcenhunger.

Dennoch möchte ich nicht pauschal den Einsatz eines Virenscanners am Mac ablehnen. Immerhin gehören Windows-Rechner zu unserem Netzwerk, die bekanntlich anfällig für Schädlingsattacken sind. Windows-Rechner sollten grundsätzlich mit einem Virenscanner und immer den neusten Virendefinitionen ausgerüstet sein. Trotz seiner Immunität gegenüber Windows-Schädlingen muss sich der Mac nicht als Virenschleuder betätigen. Daten unbekannten Ursprungs sollten deshalb vor dem Kopieren in eine Windows-Freigabe auf mögliche Viren untersucht werden. Für diese Aufgabe nutze ich den kostenlosen Virenscanner ClamXav (*www.clamxav.com*).

Nach der Installation und ersten Aktualisierung der Virendefinition ziehen Sie einfach mit der gehaltenen linken Maustaste die betreffenden Dateien vom Finder in das Arbeitsfenster des Virenscanners. Er beginnt sofort damit, die abgelegten Daten auf bekannte Viren zu untersuchen.

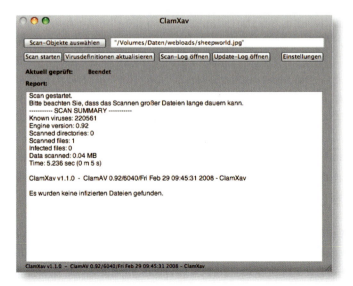

Für vorsichtige Zeitgenossen lässt sich ClamXav in seinen Einstellungen so konfigurieren, dass bestimmte Ordner permanent vom Virenscanner überwacht werden. In Betracht käme zum Beispiel der Freigabeordner, auf den auch Windows-PCs Zugriff haben.

1 Um die betreffende Freigabe unter die Aufsicht von ClamXav zu stellen, gehen Sie in die Programmeinstellungen und wechseln in das Register *Ordner-Überwachung*.

2 Ziehen Sie den Freigabeordner mit gehaltener linker Maustaste vom Finder in die Liste *Beobachtete Ordner*. Anschließend ist die Option *ClamXav Ordner-Überwachung beim Anmelden starten* zu aktivieren. Sie startet automatisch die Überwachung nach dem Hochfahren des Macs.

3 Um die Einstellungen zu speichern und mit der Überwachung der Freigabe zu beginnen, klicken Sie mit dem Mauszeiger auf den Button *Einstellungen speichern & Ordner-Überwachung starten*.

4 Werden Sie anschließend nach dem ClamXav Sentry gefragt, ist in der geöffneten Liste das Programm *ClamXav.app* auszuwählen. In der Menüleiste zeigt Ihnen ein Indikator den aktuellen Status der Überwachung an.

5 Im Disk Image von ClamXav finden Sie eine Erweiterung des Finders (*ScanWithClamXav.plugin*). Wenn Sie die Datei vom Disk Image in den Ordner *library/contextual menu items* kopieren, lässt sich über die sekundäre (rechte) Maustaste der Befehl *Mit ClamXav*

scannen bequem aufrufen. Im Finder ist die zu untersuchende Datei mit einem Mausklick zu markieren und anschließend die rechte Maustaste zu drücken.

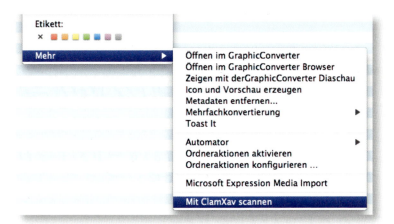

5.

Weitere Netzwerk-anwendungen mit Ihrem Mac

Unabhängig vom Betriebssystem können wir über das Heimnetzwerk Daten austauschen und einen angeschlossenen Drucker gemeinsam nutzen. Damit sind die Möglichkeiten, die uns ein Netzwerk bietet, noch nicht ausgeschöpft. Hinsichtlich der Erreichbarkeit der Daten haben wir zurzeit mit einem Handicap zu kämpfen. Sie lassen
sich nur abrufen, wenn der betreffende Rechner hochgefahren und mit dem Netzwerk
verbunden ist. In diesem Kapitel möchte ich Ihnen eine Lösung vorstellen, wie sich das
Heimnetzwerk um eine ständig erreichbare Speichermöglichkeit erweitern lässt. Neben der permanenten Verfügbarkeit hat die Festplatte im Netzwerk noch einen anderen entscheidenden Vorteil. Weder Windows-PC noch Mac müssen für den Netzwerkzugriff konfiguriert werden. Beide Systeme sind lediglich mit dem Netzwerk zu verbinden und können auf das Netzlaufwerk zugreifen.

Apples kostenpflichtiger .Mac-Dienst beinhaltet eine Speicherlösung, die wie eine Onlinefestplatte an Ihrem heimischen Mac sowie an jedem beliebigen Ort mit einem Internetzugang genutzt werden kann. Das Weblaufwerk benutzt Apple außerdem dazu,
Ihren Kalender und das Adressbuch mit anderen berechtigen Macs zu synchronisieren.
Ich möchte Ihnen eine Alternative zu iDisk & Co. vorstellen. Sind Sie nur am Speicherplatz einer Onlinefestplatte interessiert, stellt Ihnen GMX kostenlos Speicherkapazitäten zur Verfügung. Wir werden im Laufe des Kapitels unseren Mac mit dem GMX-Me-
diaCenter verbinden.

Eine weitere Möglichkeit, Daten im Netzwerk auszutauschen, bietet Ihnen ein Netzwerkprotokoll, das auf das Kopieren von Dateien und Ordnern spezialisiert ist. Wie Sie FTP,
so der Name des angesprochenen Netzwerkprotokolls, am Windows-PC und Mac nutzen können, zeige ich Ihnen ebenfalls im Laufe dieses Kapitels. Beginnen möchte ich
jedoch mit einem Lösungsvorschlag, wie Sie einen Windows XP- oder Windows Vista-
PC vom Mac aus fernsteuern können.

5.1 Windows XP & Vista vom Mac aus fernsteuern

Nicht nur im Rahmen dieses Buches hat mir ein kleines Hilfsprogramm von Microsoft
mehrfach gute Dienste geleistet. Mithilfe des Remote Desktop Connection Client lässt
sich ein entfernter Windows-PC vom Mac aus fernsteuern. Ohne direkt vor Ort sein zu
müssen, lassen sich Einstellungen unter Windows XP oder Vista ändern, Daten entfernt
kopieren oder Programme in der Ausführung überwachen. Ein konkretes Beispiel ist

das zeitintensive Rechnen von 3-D-Animationen.
Um am heimischen Mac den aktuellen Arbeits-
stand kontrollieren zu können, melde ich mich
über die Remotedesktopfunktion an und kann

bis auf wenige Einschränkungen so von zu Hause arbeiten, als säße ich direkt vor dem
Windows-PC. Während dieser Zeit ist Windows lokal gesperrt und kann nicht von anderen Benutzern genutzt werden.

Fernsteuerung kein virtueller PC-Ersatz

Der Remotedesktopservice ist kein Ersatz für einen virtuellen Windows-PC unter Mac OS
X. Das Arbeiten über die Netzwerkverbindung läuft bei Weitem nicht so flüssig, wie man
vermuten mag. Um sich den Umgang mit dem entfernten Windows-PC so angenehm wie
möglich zu machen, sollte jeder grafische Schnickschnack, angefangen beim Desktop-
design bis hin zum Hintergrundbild, deaktiviert werden.

Systemvoraussetzungen

Leider erfüllt nicht jede Windows-Version die Voraussetzung, um sich über den Remotedesktopservice fernsteuern zu lassen. Nur die folgenden Windows-Versionen sind
hierfür geeignet:

+ Windows Vista Business,

+ Windows Vista Enterprise,

+ Windows Vista Ultimate,

+ Windows XP Professional und

+ Windows Server 2003.

Microsoft bietet den Remote Desktop Connection Client in zwei Versionen an. Um eine
Remotedesktopverbindung zum Windows Vista-PC aufzubauen, ist die Version 2 erforderlich. Zu dem Zeitpunkt, an dem diese Zeilen entstehen, liegt das Programm in der
Beta 2 und nur als englische Lokalisierung vor. Ungeachtet des Beta-Status lässt sich
trotzdem hervorragend mit der neuen Client-Version arbeiten.

Windows XP konfigurieren

1 Bevor Sie den Remotedesktopzugriff ausführen können, muss der Windows-PC dementsprechend konfiguriert werden. Gehen Sie über den Button *Start* in die Systemsteuerung und doppelklicken Sie auf die Auswahl *System*. Unter Windows XP wechseln Sie in das Register *Remote* und aktivieren im Abschnitt *Remotedesktop* die Option *Benutzern erlauben, eine Remotedesktopverbindung herzustellen*.

2 Grundsätzlich haben alle Benutzerkonten mit Administratorrecht die Möglichkeit, den Remotedesktopservice zu nutzen. Soll ein Benutzerkonto mit eingeschränkten Rechten den Zugang erhalten, muss der Benutzer in die Liste der Berechtigten aufgenommen werden. Klicken Sie in den Systemeigenschaften auf den Button *Remotebenutzer auswählen* und anschließend im Fenster *Remotedesktopbenutzer* auf *Hinzufügen*.

3 Im neuen Fenster *Benutzer wählen* klicken Sie auf *Erweitert*. Es öffnet sich ein weiteres Fenster, in dem uns der Button *Jetzt suchen* interessiert. Markieren Sie mit einem Mausklick den Benutzer, der über Remotedesktop den Windows-PC fernsteuern darf und keine administrativen Rechte hat. Schließen Sie die beiden Fenster *Benutzer wählen* mit einem Mausklick auf den Button *OK*.

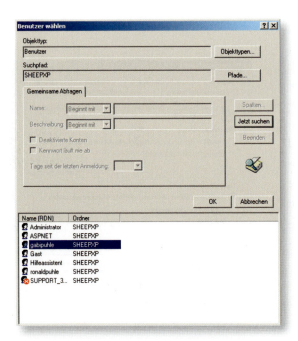

4 Der hinzugefügte Benutzer sollte jetzt im Fenster *Remotedesktopbenutzer* angezeigt werden. Neben dem Administrator kann er fortan vom Mac aus über den Remote Desktop Connection Client den Windows-PC fernsteuern. Schließen Sie das Fenster und daran anschließend die Systemeigenschaften.

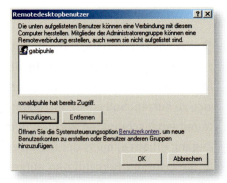

Windows Vista konfigurieren

1 Die erforderlichen Anpassungen in Windows Vista weichen nur in wenigen Punkten von der Konfiguration in Windows XP ab. Im Fenster *System*, das Sie ebenfalls über die Systemsteuerung erreichen, befindet sich auf der linken Seite eine Aufgabenliste. Klicken Sie hier auf den Eintrag *Remoteeinstellungen*. Wenn sich die Benutzerkontensteuerung zu Wort meldet, fahren Sie mit einem Mausklick auf den Button *Fortsetzen* fort.

2 Im Abschnitt *Remotedesktop* der Systemei-
genschaften (Register *Remote*) ist die Option
Verbindungen nur von Computern zulassen, auf
denen Remotedesktop mit Authentifizierung auf
Netzwerkebene ausgeführt wird (höhere Sicher-
heit) zu aktivieren. Bestätigen Sie gegebenenfalls den Hinweis zum Ruhezustand des Rechners. Wenn Sie über einen längeren Zeitraum
und in großen zeitlichen Abständen auf den
Windows-Rechner zugreifen wollen, sollte der
Ruhezustand unbedingt deaktiviert werden.

3 Wie unter Windows XP ist jeder Administrator dazu berechtigt, den Windows-PC
von einem entfernten Rechner fernzusteuern. Um einen Benutzer mit eingeschränkten
Rechten der Berechtigtenliste hinzuzufügen, verfahren Sie wie für Windows XP beschrieben.

Den Remote Desktop Connection Client am Mac konfigurieren

1 Laden Sie die neuste Version des
Remote **D**esktop **C**onnection Client
(RDC-Client) von der Microsoft Mac-
topia-Website (*www.microsoft.com/*
germany/mac/) und kopieren Sie die
Anwendung in den Ordner *Programme*. Anschließend starten Sie das Programm.

2 Bevor Sie die erste Verbindung zu einem ent-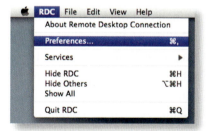
fernten Windows-PC herstellen können, sollte
die Konfiguration des RDC-Clients unbedingt
angepasst werden. In erster Linie geht es darum, die Datenübertragung vom ferngesteuerten Rechner zu optimieren sowie grafische
Elemente und andere Effekte auf ein Minimum
zu reduzieren. Erst der Eingriff erlaubt es Ihnen, relativ flüssig mit dem ferngesteuerten
Windows-PC zu arbeiten. Über die Menüleiste des RDC-Clients sind die Programmeinstellungen (*RDC/Preferences*) aufzurufen.

3 Grundsätzlich lassen sich im RDC-Client mehrere Profile anlegen, die je einem ferngesteuerten Windows-Computer zugeordnet sind. In dem Register *Login* der Programmeinstellungen geben Sie Ihr Benutzerkonto (*User Name*) und das persönliche Kennwort (*Password*) des entfernten Windows-PCs ein. Unter *Domain* tragen Sie die Netzwerkadresse des fernzusteuernden Computers ein. Sollen die Zugangsdaten im Schlüsselbund abgelegt und damit bei weiteren Anmeldungen am selben Rechner die entsprechende Eingabe entfallen, aktivieren Sie die Option *Add user information to keychain*. Wenn der Remote Desktop Connection Client immer nur in Verbindung mit einem Windows-PC genutzt wird, dann stellt die Option *Auto reconnect* der Fernsteuersoftware bei jedem Programmstart automatisch die entsprechende Verbindung her.

4 Die Arbeitsweise des RDC-Clients kann mit einer interaktiven Bildschirmkamera verglichen werden. Die Fernsteuerung empfängt Livebilder des aktuellen Bildschirminhalts, stellt sie in einem Fenster auf Ihrem Mac-Bildschirm dar und sendet Ihre Maus- und Tastaturaktionen an den ferngesteuerten Rechner zurück. Um den Bildaufbau an Ihrem Mac so einfach wie möglich zu halten, sollte bei der Übertragung auf unnötigen Ballast verzichtet werden. In diese Kategorie fallen Hintergrundbilder, Animationen, Darstellungseffekte und Windows-Designs. Dementsprechend sollten die Optionen *Show desktop background*, *Show contents of window while dragging*, *Show menu and window animation* und *Show themes* deaktiviert werden. Ist an Ihrem Mac ein zweiter Bildschirm angeschlossen, lässt sich der ferngesteuerte Windows-PC generell dorthin umlenken. Aktivieren Sie in der Auswahl *Open remote desktop window on* die Option *Secondary Display*.

5 Wenn Sie eine Verbindung zum ferngesteuerten Windows-Rechner aufbauen, kann unter Umständen der Bedarf bestehen, Daten mit dem Mac auszutauschen. Im Register *Drives* besteht die Möglichkeit, Mac-Laufwerke in den entfernten Windows-Explorer einzubinden. Der RDC-Client bietet bereits eine Auswahl verschiedener Möglichkeiten an, die durch eine eigene Vorgabe (*Other Folders*) ergänzt werden kann.

6 Soll während der Remotedesktopverbindung vom ferngesteuerten Windows-Computer ein Dokument ausgedruckt werden, kann hierfür der an Ihrem Mac angeschlossene Drucker benutzt werden. Aktivieren Sie dazu im

Register *Printers* die Option *Print to a printer connected to the Mac* und wählen Sie anschließend in der Auswahlliste den entsprechenden Drucker aus.

7 Um die Einstellungen in einem Profil zu sichern, schließen Sie die Programmeinstellungen und rufen über die Menüleiste *File* und *Save As* den *Speichern unter*-Dialog auf. Der RDC-Client legt das Profil in Ihrem Ordner *Dokumente* unter *RDC Connections* ab.

Windows-PC fernsteuern

1 Nachdem das Programm von uns konfiguriert wurde, tragen Sie in der Zeile *Computer* die entsprechende Netzwerkadresse ein und klicken mit dem Mauszeiger auf den Button *Connect*.

2 Wenn Sie sich bei der Konfiguration des RDC-Clients für den direkten Datenaustausch im Windows-Explorer entschieden haben, blendet Ihnen das Programm einen Sicherheitshinweis ein. Hat die Vorgabe ihre Richtigkeit, setzen Sie den Verbindungsaufbau mit einem Mausklick auf den Button *Connect* fort. Zukünftig lässt sich die Warnung ausblenden, wenn Sie die Option *Don't show this message again* … aktivieren.

3 Der Remote Desktop Connection Client ist in erster Linie zur Fernsteuerung eines Windows Vista-Rechners konzipiert worden. Trotzdem lassen sich Remotedesktop-verbindungen zur Vorgängerversion herstellen. Allerdings wird hierfür eine weniger sichere Netzwerkverbindung aufgebaut. Setzen Sie den Vorgang mit einem Mausklick auf den Button *Yes* fort.

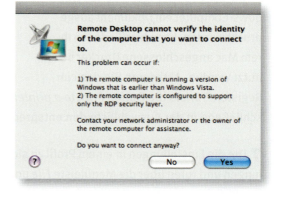

4 Abhängig davon, welcher Benutzer zurzeit am entfernten Windows-Rechner angemeldet ist, wird ein Hinweis zum Benutzerwechsel eingeblendet. Ist aktuell ein anderer als der sich anmeldende Benutzer aktiv, bestätigen Sie den Hinweis mit einem Mausklick auf den Button *Ja*.

5 Der Remote Desktop Connection Client hat die Verbindung aufgebaut und Sie können nun mit dem ferngesteuerten Windows-PC arbeiten. Wurde ein Ordner oder Laufwerk des Macs in der Programmeinstellung freigegeben, erscheint es als Netzlaufwerk im Windows-Explorer. Es können von Ihnen Programme ausgeführt oder laufende Prozesse überwacht werden. Sicherlich werden Sie schnell feststellen, dass die Bewegungsabläufe des Mauszeigers, das Öffnen von Programmen

und Dialogen im Vergleich zu einem echten Rechner etwas holpriger ablaufen als vielleicht gewohnt. Mit mehr grafischem Ballast ist das Arbeiten am ferngesteuerten Windows-PC um Längen langsamer.

Verbindung trennen

Wird die Verbindung zum ferngesteuerten Windows-PC nicht mehr benötigt, lässt sie sich über den Button *Start* am ferngesteuerten Rechner beenden. Entweder nutzen Sie die Option *Abmelden* oder *Trennen*, um die bestehende Remotedesktopverbindung zu beenden.

Es folgt eine weitere Sicherheitsabfrage, die mit einem Mausklick auf den Button *Trennen* zu bestätigen ist. Der nunmehr getrennte Windows-PC kann wieder lokal genutzt werden. Leider ist es nicht möglich, über den Remote Desktop Connection Client den Windows-PC neu zu starten. Diese Möglichkeit ergäbe vor allem dann einen Sinn, wenn Sie die Systemsteuerung ändern mussten und ein Neustart erforderlich ist.

5.2 Den Windows XP- & Vista-Rechner als FTP-Server nutzen

Neben den Netzwerkverbindungen, die wir mithilfe des Mac-eigenen **A**pple **F**ile **P**rotocol (AFP) und **S**a**MB**a (SMB) aufgebaut haben, möchte ich Ihnen eine weitere Lösung vorstellen, um Daten innerhalb des Heimnetzwerks auszutauschen. Zum Einsatz kommen soll das sogenannte **F**ile **T**ransfer **P**rotocol, kurz FTP. Dieses Netzwerkprotokoll wurde speziell zur Dateiübertragung im TCP/IP-Netzwerk entwickelt. Mac OS X unterstützt den Austausch von Dateien via FTP. Dementsprechend finden Sie in den Systemeinstellungen *Sharing* den dafür notwendigen Dienst.

Im Gegensatz zu AFP und SMB funktioniert der Datentransfer über Systemgrenzen hinweg. Es spielt keine Rolle, ob sich Ihr Rechner über ein Analogmodem oder eine DSL-Verbindung an einem FTP-Server anmeldet. Er ist der zentrale Anlaufpunkt des Datenaustauschs. Mithilfe eines entsprechenden Programms, dem FTP-Client, greifen Sie von Ihrem Rechner auf die dort abgelegten Daten zu. Als Administrator eines FTP-Servers haben Sie zwei Möglichkeiten, Daten im Netzwerk freizugeben. Der Benutzerzugang Anonymous erlaubt jedem Benutzer den Zugriff auf die gespeicherten Inhalte. Über registrierte Benutzer lässt sich der Kreis der Zugangsberechtigten einschränken. Dementsprechend sind kennwortgeschützte Benutzerkonten anzulegen.

Einen gewissen Nachteil stellen die unterschiedlichen FTP-Verbindungsmodi dar. Man unterscheidet zwischen dem aktiven und passiven FTP. Ohne zu sehr in technische Details abzuschweifen, geht es primär darum, welche Ports zum Verbindungsaufbau und zum Datentransfer verwendet werden.

In der Regel sollte der passive FTP-Modus vom Rechner zu einem FTP-Server problemlos funktionieren. Das liegt im Wesentlichen daran, dass wie bereits erwähnt der FTP-Server keine aktive Verbindung zum Rechner aufbaut. Der FTP-Server teilt vielmehr dem FTP-Programm mit, welcher Port für den Datentransfer bereitgehalten wird. Dagegen sieht der aktive FTP-Modus wie ein Angriff auf den Rechner aus. Der FTP-Server sendet von sich aus die Daten auf dem dafür vorgesehenen Port 20.

Wir wissen bereits, dass Kommunikation im Netzwerk keine Einbahnstraße ist. Demzufolge sind jene Ports für eingehende Nachrichten am lokalen Rechner zu öffnen, die vom FTP-Server zu Steuerungszwecken (zum Beispiel Port 21) genutzt werden. Auf der

anderen Seite werden Ports rechnerintern umgeleitet. Sicherlich verstehen Sie jetzt, wo der Nachteil des Datentransfers via FTP liegt. Wie bei der aktivierten Personal Firewall ist der Übergang vom lokalen Netzwerk zum Internet für aktives FTP nicht ohne Weiteres begehbar – gilt es auch hier, im DSL-Router einen Paketfilter und die Adressumsetzung zu überwinden. Um dennoch aktives FTP zum Internet zu unterstützen, müssten Ports in der Router-Konfiguration geöffnet oder der betreffende Rechner als Exposed Host freigegeben werden. Beide Varianten bergen jedoch ein gewisses Sicherheitsrisiko in sich.

In einem Heimnetzwerk empfiehlt es sich, einen Rechner als zentralen FTP-Server einzurichten und alle anderen Rechner als FTP-Clients mit ihm zu verbinden. Ich greife diese Überlegung auf und möchte Ihnen nachfolgend demonstrieren, wie der FTP-Server unter Windows einzurichten ist. Ich bediene mich dabei des Xlight FTP Server (*www. xlightftpd.com*), der von den Programmmachern in einer Personal Edition kostenlos zur Nutzung angeboten wird. Während der ersten 30 Tage nach der Installation steht Ihnen die Professional Edition zur Verfügung. Nach Ablauf der Frist wird das Programm in seinen Funktionen beschränkt. Auf den Betrieb des lokalen FTP-Servers hat die Beschränkung keinen Einfluss. Laden Sie sich die aktuelle Version des Xlight FTP Server und installieren Sie anschließend das Programm.

Datenaustausch via FTP und Xlight FTP Server (Windows)

1 Starten Sie den Xlight FTP Server und klicken Sie anschließend mit dem Mauszeiger in der Symbolleiste auf den *New Virtual Server*-Button.

2 In der Auswahl *IP Address* ist die Netzwerkadresse des Windows-Rechners auszuwählen. Die Vorgabe des Ports 21 kann unverändert bleiben. Unter *Note* lässt sich eine Beschreibung für den virtuellen FTP-Server hinterlegen. Bestätigen Sie die Angaben mit einem Mausklick auf den Button *OK*.

3 Dem Programmfenster wurde der neue FTP-Server hinzugefügt. Klicken Sie mit dem Mauszeiger in der Symbolleiste auf das *Modify Virtual Server Configuration*-Symbol.

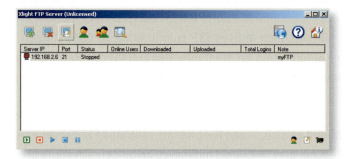

4 Xlight ist so konfiguriert, dass die Anzahl der Benutzer, die gleichzeitig auf den FTP-Server zugreifen dürfen, zunächst nicht begrenzt wird. Zwar gibt es je nach Programmversion ein Limit (Personal Edition: fünf Benutzer, Standard Edition: 50 und Professional Edition: unbegrenzt), dennoch sprechen praktische Gründe dafür, die zulässige Benutzerzahl im Heimnetzwerk weiter einzuschränken. Immerhin steht zum Datentransfer in keinem Netzwerk eine unbegrenzte Bandbreite zur Verfügung. Gehen Sie in der Auswahl *General* (linke Seitenleiste) in den Abschnitt *Server Connection Limits*. Klicken Sie in die Zeile *Maximum concurrent users* und ändern Sie den Wert. Der Eintrag 0 bedeutet die maximal zulässige Benutzeranzahl der jeweiligen Programmversion. Das Gleiche gilt für die Zeile *Maximum logins from the same IP*. Ich habe mich für drei gleichzeitige Benutzeranmeldungen mit maximal je zwei Verbindungen entschieden. Anschließend kann das Fenster mit einem Mausklick auf den Button *OK* geschlossen werden.

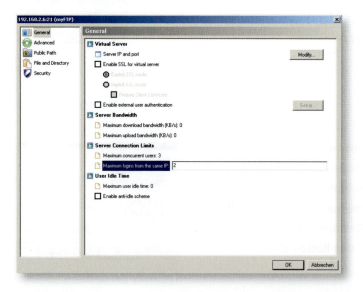

5 Klicken Sie im Xlight-Programmfenster in der Symbolleiste auf den Button *User List*. Zur rechten Hand befindet sich ein Hinzufügen-Symbol, um einen neuen Benutzer anzulegen.

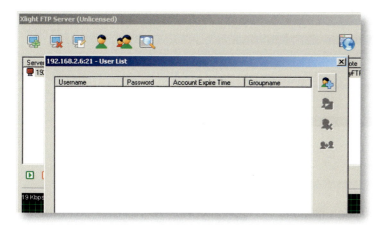

6 Vergeben Sie einen Benutzernamen und ein Kennwort. Alternativ lässt sich ein Anonymous-Account anlegen. Hier hätte jedes Mitglied des Heimnetzwerks die Möglichkeit, sich ohne Benutzername und Kennwort am FTP-Server anzumelden. Im Abschnitt *Home Path* klicken Sie auf den Button *Browse*. Wählen Sie den Ordner auf der Festplatte des Windows-Rechners aus, auf den der FTP-Client später zugreifen darf. Schließen Sie das Fenster mit einem Mausklick auf den Button *OK*.

7 Nunmehr geht es darum, dem eingerichteten Benutzer die Zugriffsrechte für das FTP-Verzeichnis zu vergeben. Markieren Sie in der User List den entsprechenden Benutzer und klicken Sie in der rechten Symbolleiste auf das Symbol *Edit*.

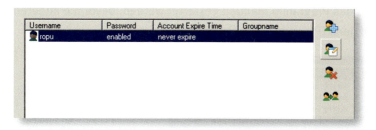

8 Klicken Sie mit dem Mauszeiger in der linken Seitenleiste auf die Auswahl *User Path* und markieren Sie im Anschluss mit einem Mausklick den entsprechenden Ordnerpfad, auf den der Benutzer zugreifen kann. Anschließend ist in der rechten Symbolleiste wieder das *Edit*-Symbol anzuklicken.

9 Im Abschnitt *Permission* können Sie festlegen, welche Zugriffsrechte der Benutzer auf das Verzeichnis haben soll. Neben dem Schreib- (*Write*) und Leserecht (*Read*) kann ein Benutzer Daten umbenennen (*Rename*), Ordner anlegen (*Create directory*), Daten und Ordner löschen (*Delete*) oder Daten bestehenden Dateien anhängen (*Append*). Damit die Zugriffsrechte auf spätere Unterordner vererbt werden, sollte die Option *Permission will ap-*

ply to its sub-directories aktiviert bleiben. Bis auf das Xlight-Programmfenster können alle anderen Fenster geschlossen werden.

10 Wenn Xlight bei jedem Neustart des Windows-PCs als Dienst gestartet werden soll, dann gehen Sie über den Button *Start* in den Programmordner *Xlight ftp server/Administrate service* und wählen den Befehl *Install as service* aus. Entscheiden Sie sich gegen diese Option, muss das Programm manuell gestartet werden, bevor die anderen Netzwerkmitglieder auf den FTP-Server zugreifen können.

11 Um den eingerichteten Server zu starten, markieren Sie im Xlight-Programmfenster den virtuellen FTP-Server. Alternativ gehen Sie in das Benachrichtigungsfeld, klicken mit der rechten Maustaste auf das Xlight-Symbol und wählen die Option *Start All Servers*. Der gestartete FTP-Server ist im Xlight-Programmfenster am gelben Symbol vor der Netzwerkadresse zu erkennen. Hat ein Benutzer eine Verbindung zum Xlight FTP Server aufgebaut, schlägt die Farbe in Grün um.

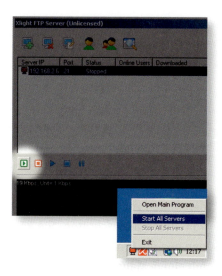

12 Unter Umständen ist vor dem ersten Verbindungsaufbau die Anpassung der Windows-Firewall erforderlich. Als ein mögliches Beispiel folgt die Konfiguration der Firewall in Windows Vista. Gehen Sie dazu über den Button *Start* in die Einstellungen und Systemsteuerung. Wählen Sie das Symbol *Windows-Firewall* aus, öffnen Sie es mit einem Doppelklick und gehen Sie zu *Einstellungen ändern*. In den Einstellungen sind das Register *Ausnahmen* und der Button *Programm hinzufügen* auszuwählen.

13 Suchen Sie im Programmordner den Eintrag *Xlight ftp server*. Sollte wider Erwarten das Programm nicht in der Liste aufgeführt sein, nutzen Sie den Button *Durchsuchen*, um es auf der Festplatte zu lokalisieren.

14 Anschließend klicken Sie auf den Button *Bereich ändern*. Der Zugriff auf Xlight und den damit verbundenen FTP-Server soll nur innerhalb des eigenen Netzwerks möglich sein. Dementsprechend ist die Option *Nur für eigenes Netzwerk (Subnetz)* zu aktivieren. Das ist eine reine Sicherheitsmaßnahme, um unsere Daten vor möglichen Zugriffen von außen abzuschotten. Sie können

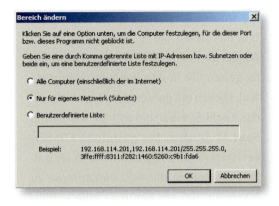

nun die Fenster *Bereich ändern*, *Programm hinzufügen* und die Windows-Firewall mit einem Mausklick auf den jeweiligen *OK*-Button schließen.

15 Um vom Mac aus auf den Windows FTP-Server zuzugreifen, haben Sie zwei Möglichkeiten. Sollen lediglich Daten vom Server auf Ihren Mac kopiert werden, dann können Sie sich über den Finder am FTP-Server anmelden. Gehen Sie dazu in die Menüleiste des Finders, *Gehe zu* und

wählen Sie den Befehl *Mit Server verbinden*. Bei der Eingabe der Netzwerkadresse gibt es einige Besonderheiten zu beachten. Da der Benutzer sich am Xlight FTP Server anmelden muss, werden der Benutzername und das Kennwort zum Bestandteil der Netzwerkadresse: *ftp://benutzer:kennwort@netzwerkadresse*. Klicken Sie anschließend mit dem Mauszeiger auf den Button *Verbinden*.

16 Wenn Sie mehr Zugriffsrechte benötigen, um zum Beispiel Dateien auf den FTP-Server hochzuladen oder ein Verzeichnis anzulegen, dann müssen Sie auf ein eigenständiges Programm, den sogenannten FTP-Client, zurückgreifen. Die nächsten Schritte führe ich mit dem kostenlosen Programm Cyberduck (*cyberduck.ch*) aus. Um mir für spätere Verbindungen die Eingabe der Zugangsdaten zu sparen, lege ich im Cyberduck ein entsprechendes Lesezeichen an. Klicken Sie dazu in der Symbolleiste auf das *Lesezeichen*-Symbol und anschließend in dem geöffneten Bereich auf das Hinzufügen-Symbol (Pluszeichen).

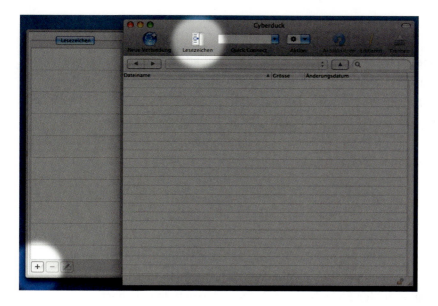

17 In der Eingabemaske sind die Angaben zur FTP-Verbindung zu machen. In der Zeile *Name* tragen Sie eine Beschreibung ein, unter der das Lesezeichen abgelegt wird. Die Netzwerkadresse des Windows-Rechners ist in die Zeile *Server* einzutragen. Ebenso ist der Benutzername anzugeben, mit dem Sie sich am Xlight FTP Server anmelden wollen. Anschließend kann das Fenster geschlossen werden.

18 Doppelklicken Sie in dem seitlichen Bereich auf das Lesezeichen. Der FTP-Client Cyberduck stellt eine Netzwerkverbindung zum Xlight FTP Server her. Sie müssen nur noch Ihr Kennwort eingeben und haben Zugriff auf das FTP-Verzeichnis des Windows-Rechners. Um Daten zu übertragen oder herunterzula-

den, betrachten Sie den FTP-Client wie ein zusätzliches Finder-Fenster. Nachdem der Datentransfer abgeschlossen ist, beenden Sie die Netzwerkverbindung über das *Trennen*-Symbol in der Symbolleiste des Cyberduck.

> **Alternative: Captain FTP und Crocodile Server**
>
> Eine in sich geschlossene Lösung bietet Xnet Communications mit dem Captain FTP (Mac OS X) und dem Crocodile Server für Windows an (*http://www.captainftp.com/*). Neben der FTP-Übertragung zum Windows FTP-Server bietet die kommerzielle Lösung auch die Möglichkeit, Dateien und Ordner zwischen den FTP-Clients zu übertragen. Da das Programm vor der Übertragung die Seriennummer überprüft, sind mehrere Lizenzen des Übertragungsprogramms dringend erforderlich.

Der Mac als FTP-Server

Nicht unerwähnt bleiben soll die Möglichkeit, den Mac selbst als FTP-Server zu verwenden. Das Einrichten des Dienstes ist denkbar einfach und mit wenigen Mausklicks erledigt. Soll analog zu den Freigaben zum Austausch von Daten ein bestimmter Ordner über das Datentransferprotokoll angesteuert werden, müssen wir uns eines externen FTP-Servers bedienen. Dank der Open-Source-Gemeinde stehen Ihnen kostenlose Lösungen zur Verfügung. Ich habe mich für den PureFTPd Manager entschieden und werde nachfolgend demonstrieren, wie Sie den FTP-Server einrichten können. Bevor ich jedoch damit beginne, möchte ich Ihnen zeigen, wie Sie den FTP-Server unter Mac OS X aktivieren.

Um an Ihrem Mac den FTP-Dienst einzurichten, gehen Sie in Mac OS X 10.4 über das Apfel-Symbol oder das entsprechende Symbol im Dock in die Systemeinstellungen. Klicken Sie mit dem Mauszeiger im Abschnitt *Internet & Netzwerk* auf die Auswahl *Sharing*. Im Register *Dienste* muss der Dienst *FTP-Zugriff* gestartet werden. Klicken Sie dazu in der Spalte *Ein* auf den entsprechenden Aktivierungs-Button. Danach können die Systemeinstellungen wieder geschlossen werden.

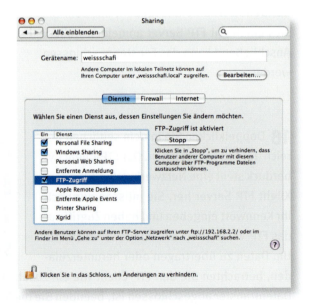

In Mac OS X 10.5 ist ebenfalls die Auswahl *Sharing* in den Systemeinstellungen unser Ziel. In der Liste *Dienst* muss die Option *File Sharing* aktiviert sein. Ist das der Fall, klicken Sie mit dem Mauszeiger auf den Button *Optionen*.

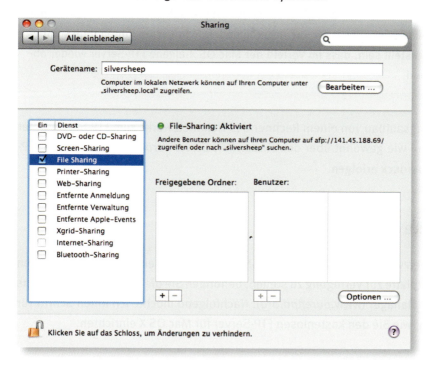

Nun müssen Sie nur noch die Option *Dateien und Ordner über FTP bereitstellen* auswählen. Schließen Sie das Fenster mit einem Mausklick auf den Button *Fertig* und im Anschluss die Systemeinstellungen.

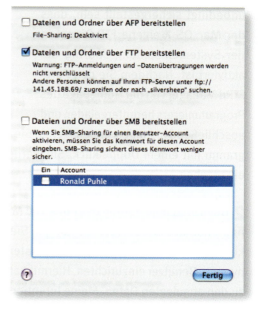

Vorsicht Falle – Konfliktpotenzial bei zwei aktiven FTP-Servern

Im nächsten Abschnitt des Kapitels beschreibe ich, wie Sie mithilfe eines Programms einen FTP-Server einrichten und gleichzeitig den Zugriff auf einen bestimmten Ordner einschränken können. Bevor Sie die nachfolgenden Schritte ausführen, muss unbedingt sichergestellt sein, dass im Vorfeld der Mac OS X-eigene FTP-Server wieder abgeschaltet wird.

Der Verbindungsaufbau von einem Rechner des Heimnetzwerks zum FTP-Server unter Mac OS X kann wie gewohnt über den Finder (*Mit Server verbinden*) oder einen FTP-Client wie Cyberduck erfolgen.

Die Alternative PureFTPd Manager

Um im Heimnetzwerk im Stil der AFP- und SMB-Freigabe nur ein Verzeichnis statt den Inhalt der Festplatte zur Verfügung zu stellen, benötigen Sie die Hilfe eines Programms wie PureFTPd Manager (*www.pureftpd.org*). Nachfolgend möchte ich Ihnen Schritt für Schritt zeigen, wie Sie den kostenlosen FTP-Server für Mac OS X einrichten.

1 Bevor Sie beginnen können, muss unbedingt sichergestellt sein, dass der Mac OS X-eigene FTP-Dienst in der Systemeinstellung *Sharing* deaktiviert ist. Nachdem Sie den PureFTPd Manager von der Homepage des Programmierers heruntergeladen und

anschließend installiert haben, gehen Sie in den Programmordner und starten das Programm mit einem Doppelklick. Sie werden aufgefordert, Ihr Administratorkennwort einzugeben.

2 Beim ersten Ausführen des PureFTPd Manager führt Sie ein Assistent durch die Konfiguration des FTP-Servers. Bestätigen Sie den Eröffnungsbildschirm mit einem Mausklick auf den Button *Continue*. Im nächsten Schritt besteht die Möglichkeit, einen Anonymous-Benutzer einzurichten. Hiermit hätte jedes Mitglied des Heimnetzwerks Zugang zu den abgelegten Daten. Meine Intention liegt darin, den Benutzerkreis aus Gründen der Sicherheit einzuschränken. Deshalb sollte die Option *Skip Anonymous account set-*

up aktiviert und das Einrichten des Anonymous-Zugangs übersprungen werden. Setzen Sie die Konfiguration mit *Continue* fort.

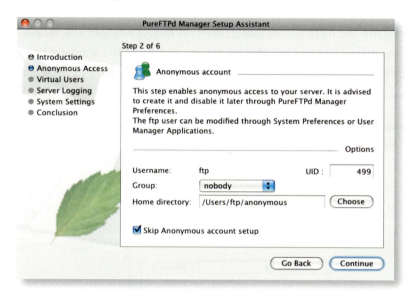

3 Anstelle der ohnehin am Mac eingerichteten Benutzer ließe sich der Zugang auch über virtuelle FTP-Benutzer bewerkstelligen. Sie sind mit dem Sharing-Benutzer unter Mac OS X 10.5 vergleichbar. Wenn Sie den Zugriff auf Ihren FTP-Server über einen einzigen Benutzer-Account realisieren wollen, dann lassen Sie die Vorgabe unverändert und setzen mit *Continue* fort. Ich möchte nachfolgend eingerichtete Benutzer verwenden. Deshalb ist auch hier die Option *Skip Virtual Users system registration* zu aktivieren.

4 Den nächsten Schritt können Sie ohne Änderung übernehmen. Hier geht es um die Ereignisprotokollierung und die Lastverteilung zwischen dem FTP-Prozess und den aktiven Programmen. Einen Schritt weiter wird es für Sie wieder interessant. Da der Zugriff nur auf die Freigabe und nicht auf die Benutzerverzeichnisse erfolgen soll, deaktivieren Sie die Option *Allow FTP Access to Mac OS X users*. Soll PureFTPd Manager beim Neustart des Macs gestartet werden, aktivieren Sie *Automatically launch PureFTPd at system startup*. Setzen Sie anschließend mit *Continue* fort.

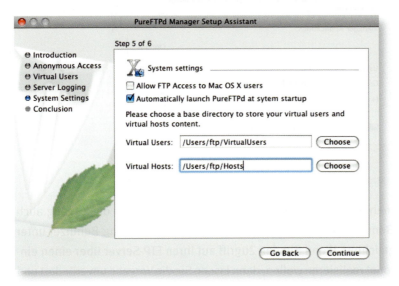

5 Die Konfiguration ist so weit abgeschlossen. Sollten sich aus Ihrer Sicht Änderungen ergeben, nutzen Sie den *Go Back*-Button. Wenn nicht, schließen Sie die Konfiguration mit einem Mausklick auf den Button *Configure* ab.

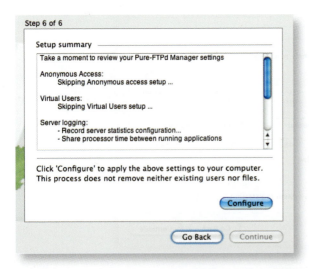

6 Wechseln Sie über die Symbolleiste im Programmfenster zum Symbol *User Manager* und klicken Sie anschließend mit dem Mauszeiger auf das Symbol *New*. Geben Sie für einen neuen Benutzer dessen Benutzernamen, den Login-Namen und das Kennwort ein. Bei den Angaben habe ich mich an den Benutzer-Accounts unter Mac OS X orientiert. Das Vorgehen hilft dabei, Irrtümer bei der Zuordnung der Benutzer zu vermeiden. Im Abschnitt *Home Directory* ist jetzt der Freigabeordner als Zielort anzugeben. Klicken Sie mit dem Mauszeiger auf den Button *Choose* und wählen Sie das entsprechende Verzeichnis aus. Achten Sie darauf, dass die Option *Restrict user access to his home directory* aktiviert ist. Damit wird der Zugriff auf dieses Verzeichnis beschränkt.

7 Ich möchte den Benutzer im PureFTPd Manager mit den eingerichteten Benutzern des Macs synchronisieren. Deshalb wähle ich über die Auswahl *User ID* im Abschnitt *User and Group* den dazugehörigen Benutzer-Account am Mac aus.

8 Analog zu *User ID* ist in der Auswahl *Group ID* die entsprechende Benutzergruppe auszuwählen. Wenn Sie zu einem späteren Zeitpunkt weitere Benutzer aus der Benutzergruppe hinzufügen, dann ist bei *User ID* ihr entsprechender Benutzer-Account zu verwenden. Die Einstellungen im Register *General* sind abgeschlossen. Klicken Sie mit dem Mauszeiger auf das Register *Transfers*.

9 Im Interesse der Übertragungsgeschwindigkeit sollten Sie auch hier die Anzahl der zeitgleichen Zugriffe einschränken. Analog dem Windows FTP-Server dürfen in dem vorliegenden Beispiel parallel zwei Verbindungen aufgebaut werden. Die Festlegung erfolgt in der Zeile *Maximum number of concurrent sessions*.

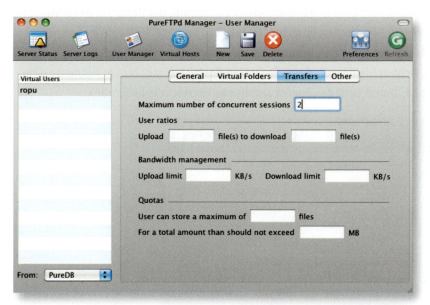

10 Das Anlegen des ersten Benutzers ist so weit abgeschlossen. Da die Freigabe von mehreren Benutzern genutzt werden soll, sind dementsprechend weitere Profile im PureFTPd Manager anzulegen. Wenn Sie ein anderes Symbol der Symbolleiste mit dem Mauszeiger anklicken, blendet das Programm einen Hinweis ein, dass die aktuellen Benutzerprofile verändert wurden. Damit die Anpassungen im User Manager wirksam werden, klicken Sie mit dem Mauszeiger auf den Button *Save*.

11 Nachdem alle weiteren Benutzer von Ihnen angelegt wurden, sind noch ein paar Anpassungen des FTP-Servers erforderlich. Klicken Sie in der Symbolleiste mit dem Mauszeiger auf das Symbol *Preferences*. Wechseln Sie im Einstellungsfenster zum Symbol *Settings*. Wie bei der Beschränkung der zeitgleichen Verbindungen pro Benutzer möchte ich die Anzahl der angemeldeten Benutzer eingrenzen. Die entsprechende Vorgabe finden Sie in der Zeile *Allow a maximum of ... users*.

12 Weitaus wichtiger als die Begrenzung der angemeldeten Benutzer ist die Anpassung der Zugriffsrechte auf die FTP-Freigabe. Wechseln Sie hierfür über das *Permissions*-Symbol in die entsprechenden Einstellungen. Da neben dem Benutzer auch eine Benutzergruppe eine Rolle spielt, sollten beide über dieselben Zugriffsrechte verfügen. In der Spalte *Files creation mask* sind die Zugriffsrechte bezüglich der abgelegten Daten anzupassen. Analog verhält es sich in der Spalte *Folders creation mask*. Hier erlauben bzw. verweigern Sie dem Benutzer und der Benutzergruppe, Ordner anzulegen und einzusehen. Nachdem die Einstellungen vorgenommen worden sind, können Sie das *Permissions*-Fenster schließen.

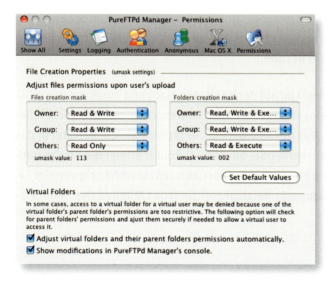

Der PureFTPd Manager-Server ist so weit konfiguriert, dass er im Heimnetzwerk genutzt werden kann. Melden Sie sich mit einem FTP-Client von einem entfernten Rechner am FTP-Server an.

5.3 Eine Festplatte in das Heimnetzwerk einfügen

Obwohl die eine oder andere Besonderheit der Betriebssysteme zu berücksichtigen ist, ist der Datenaustausch zwischen Macs und Windows-PCs relativ schnell organisiert. Aus meiner Sicht hat das bisherige Modell zwei entscheidende Nachteile. Jeder Rechner, auf dem über das Netzwerk zugegriffen werden darf, muss einzeln konfiguriert werden. Sicherlich hält sich der Aufwand in Grenzen und ist nur ein einziges Mal erforderlich. Da davon auszugehen ist, dass die Rechner Ihres Heimnetzwerks nicht ständig eingeschaltet sind, liegt der wohl entscheidende Nachteil in der undefinierten Präsenz. Ist ein Rechner heruntergefahren oder befindet sich im Ruhezustand, kann er von anderen Netzwerkmitgliedern nicht angesprochen werden.

Einige Geräte – wie zum Beispiel die AirPort Extreme Basisstation von Apple – beinhalten neben den Netzwerkkomponenten Router und drahtloser Zugangspunkt auch einen USB-Anschluss. An ihm lässt sich ein Drucker oder eine externe Festplatte zur gemeinsamen Nutzung anschließen. Unabhängig vom USB-Anschluss und stattdessen mit einem Ethernet-Anschluss versehen, lassen sich sogenannte NAS-Laufwerke (**N**etwork **A**ttached **S**torage), auch *Filer* genannt, in ein lokales Netzwerk integrieren. Die Konfiguration als Netzlaufwerk und das Einrichten der Freigaben entspricht in groben Zügen demselben Prinzip wie am Rechner.

Der Vorteil des Netzlaufwerks liegt klar auf der Hand. Alle Macs und Windows-PCs müssen lediglich in das Netzwerk eingebunden werden. Es werden keine zusätzlichen Benutzer und Freigaben benötigt. Das Netzlaufwerk als Gerät wird wie ein Rechner in das Heimnetzwerk eingebunden. Wie beim DSL- oder WLAN-Router erfolgt die Konfiguration über eine Oberfläche, die Sie im Internetbrowser abrufen. Unabhängig von der Tages- und Nachtzeit ist das konfigurierte Netzlaufwerk für jedes Mitglied des Heimnetzwerks erreichbar.

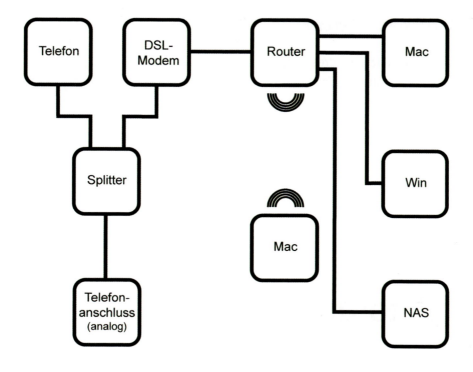

NAS-Laufwerk in ein Netzwerk integrieren

Wie Sie ein NAS-Laufwerk in Ihr Heimnetzwerk einbinden und konfigurieren, möchte ich am Beispiel des XYSTEC PX-1107 zeigen. Das Gerät wurde mir im Rahmen dieses Buches von der Firma Pearl (*www.pearl.de*) zur Verfügung gestellt, wofür ich mich an dieser Stelle bedanken möchte. Nachdem das NAS-Laufwerk an einen DSL-Router angeschlossen wurde, können Sie mit der Konfiguration des Gerätes beginnen.

Das NAS-Laufwerk direkt am Mac

Der Ethernet-Adapter des von mir verwendeten NAS-Laufwerks unterstützt Auto-MDI. Das heißt, dass das XYSTEC PX-1107 selbsttätig die Sende- und Empfangsleitung erkennt. Um das NAS-Laufwerk direkt an den Ethernet-Adapter des Macs anzuschließen, wird kein Cross-over-Kabel wie bei der PC-zu-PC-Verbindung benötigt. Um die Konfiguration der direkten Netzwerkverbindung Rechner-NAS-Laufwerk zu vereinfachen, übernimmt ein DHCP-Server im NAS-Laufwerk die Vergabe der Netzwerkadressen. Demzufolge ist der Ethernet-Adapter am Rechner auf DHCP einzustellen.

Das NAS-Laufwerk konfigurieren

1 Um die aktuelle Netzwerkadresse des NAS-Laufwerks zu ermitteln, rufen Sie zunächst das Konfigurationsmenü des DSL-Routers auf und lassen sich die Liste der angeschlossenen Geräte anzeigen. Die ermittelte Netzwerkadresse geben Sie anschließend im Internetbrowser ein und rufen mit der return-Taste das Konfigurationsmenü des NAS-Laufwerks auf.

Angeschlossene Geräte

#	IP-Adresse	Gerätename	MAC-Adresse
1	192.168.0.2	bigsilversheep	00:17:f2:00:1d:f9
2	192.168.0.3	STORAGE-0CC8	00:16:67:e0:0c:c8

(Aktualisieren) (Scannen)

2 Um in das Konfigurationsmenü des Netzlaufwerks zu gelangen, müssen Sie den Nutzernamen und das dazugehörige Kennwort eingeben. Der Hersteller schreibt für das von mir verwendete NAS-Laufwerk die Eingabe *admin* vor.

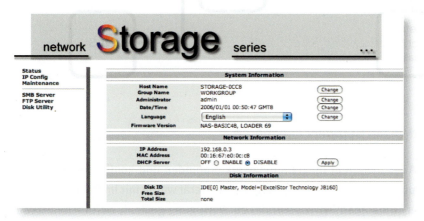

3 Sollte die in das Gehäuse des NAS-Laufwerks eingebaute Festplatte unformatiert sein, muss sie mithilfe des Konfigurationsmenüs formatiert werden. Das XYSTEC PX-1107 präpariert die Festplatte in dem Bereich *Disk Utility* (Auswahl links) für den Einsatz im NAS-Laufwerk. Um sowohl vom Mac als auch vom Windows-PC

auf das Netzlaufwerk zuzugreifen, wird die Festplatte im FAT32-Format formatiert. Um die Formatierung zu starten, klicken Sie mit dem Mauszeiger auf den Button *Format*. Es folgt gegebenenfalls ein Sicherheitshinweis, dass die Formatierung alle Daten auf der eingebauten Festplatte löscht. Nachdem der Hinweis mit *OK* bestätigt wurde, beginnt das Netzlaufwerk mit der Formatierung.

4 In dem Bereich *Disk Utility* finden Sie noch zwei weitere Funktionen, die für den Betrieb des Netzlaufwerks relevant sind. Um den Datenträger auf mögliche Fehler zu überprüfen, klicken Sie in der

Zeile *Scan Disk* auf den Button *Start*. Das Ergebnis der Überprüfung wird im darunterliegenden Fenster angezeigt. In der Zeile *Sleep Time* lässt sich festlegen, nach welcher Zeit der Inaktivität die Festplatte in den Stand-by-Modus gehen soll. Standardmäßig ist die Funktion deaktiviert (Eintrag 0 Minuten). Um Energie zu sparen und die Festplatte nicht unnötig am Laufen zu halten, können Sie eine bestimmte Zeit, zum Beispiel 10 Minuten, vorgeben. Sie ist mit einem Mausklick auf den Button *Set* zu übernehmen.

5 Nachdem die eingebaute Festplatte formatiert und die Stand-by-Zeit eingestellt wurde, sollten Sie den Namen des zukünftigen Netzlaufwerks ändern. Dazu gehen Sie in die entsprechende

Auswahl. Hier nennt sich die Option *Status*. In der Zeile *Host Name* klicken Sie mit dem Mauszeiger auf den Button *Change*. Während Sie den *Host Name* frei wählen können, ist der Gruppenname (*Group Name*) zu verwenden, der im lokalen Netzwerk bereits benutzt wird. Bisher habe ich mich an den Quasistandard *WORKGROUP* gehalten. Nachdem die Namen eingetragen wurden, sind die Einstellungen mit *OK* zu bestätigen.

6 Aus Sicherheitsgründen sollten Sie wie beim DSL- und WLAN-Router das Standardkennwort des NAS-Laufwerks ändern. Beim XYSTEC PX-1107 haben Sie in der Zeile *Administrator* die entsprechende Möglichkeit.

7 Sie können die Konfiguration des NAS-Laufwerks mit dem Einstellen des Datums und der aktuellen Uhrzeit abschließen. Dazu klicken Sie mit dem Mauszeiger in der Zeile *Date/Time* auf den Button *Change*. Zwei Möglichkeiten stehen zur Auswahl. Entweder beziehen Sie die Zeit über das Internet oder Sie stellen sie manuell ein. Für den ersten Fall ist in der Zeile *SNTP* die Option *AUTO* zu aktivieren. Außerdem sind ein Zeitserver (*Time Server*) und die entsprechende Zeitzone auszuwählen. Möchten Sie auf die Zeitabfrage aus dem Internet verzichten, sind *SNTP* auf *DISABLE* zu setzen und das Datum sowie die Uhrzeit manuell einzutragen. Die Änderungen sind mit einem Mausklick auf den Button *OK* abzuschließen.

Sicherheitsrisiko Zeitabfrage via Internet

Die automatische Zeitabfrage ist ein Dienst, der eine Verbindung zum Internet erfordert. Zwangsläufig nimmt das NAS-Laufwerk bei aktivierter SNTP-Option Kontakt zum angegebenen Server auf. Aus dem Kapitel rund um die Sicherheit im lokalen Netzwerk wissen wir, dass gestartete Dienste immer ein gewisses Risiko darstellen. Wenn Sie auf eine sekundengenaue Zeitabfrage verzichten können, kann die Option generell deaktiviert bleiben. Dadurch verhindern Sie, dass das NAS-Laufwerk von sich aus Kontakt zum Internet sucht und sich so nach außen zu erkennen gibt.

Freigaben einrichten

1 Nachdem das NAS-Laufwerk als Netzwerkgerät konfiguriert wurde, können Sie sich den Freigaben zuwenden. Beim Formatieren der internen Festplatte hat das XYSTEC PX-1107 einen Ordner *PUBLIC* angelegt. Hierauf kann bereits jedes Mitglied des Heimnetzwerks zugreifen. Um weitere Ordner anzulegen und sie nur einem eingeschränkten Benutzerkreis zugänglich zu machen, wechseln Sie über die entsprechende Auswahl zum SMB Server.

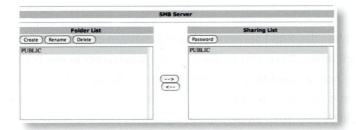

2 Im Bereich *Folder List* werden alle Ordner angezeigt, die auf der Festplatte angelegt sind. Damit der Ordner über die Netzwerkverbindung erreichbar ist, muss er in die *Sharing List* übernommen werden. Die Zugriffsberechtigung lässt sich über ein Kennwort regeln. In der *Folder List* klicken Sie mit dem Mauszeiger auf den Button *Create* und er-

stellen einen neuen Ordner. Dabei ist darauf zu achten, dass der Name keine Umlaute enthält. Ein Mausklick auf den Button *OK* legt den neuen Ordner an.

3 Um den neuen Ordner der *Sharing List* hinzuzufügen, ist er in der *Folder List* mit einem Mausklick zu markieren. Ein Mausklick auf den Pfeil nach rechts zwischen den beiden Listen gibt den neuen Ordner für den Netzwerkzugriff frei.

4 Wie bereits angekündigt, soll die Freigabe nur über die Eingabe eines Kennworts erreichbar sein. Deshalb ist der betreffende Ordner in der *Sharing List* mit dem Mauszeiger zu markieren und der Button *Password* anzuklicken. Im sich darauf öffnenden Eingabefenster ist das entsprechende Kennwort zu vergeben.

Den Mac mit dem NAS-Laufwerk verbinden

Der Aufbau einer Netzwerkverbindung zum NAS-Laufwerk unterscheidet sich nicht von der zu einem entfernten Rechner. Einzig beim Zugriff auf eine passwortgeschützte Freigabe spielt der Benutzername eine untergeordnete Rolle. Primär ist das richtige Kennwort entscheidend.

1 Gehen Sie über die Menüleiste zur Auswahl *Gehe zu* und rufen Sie den Befehl *Mit Server verbinden* auf. Alternativ drücken Sie die Tastenkombination command/⌘+K-Taste. In der Zeile *Serveradresse* ist beginnend mit *smb://* die Netzwerkadresse des NAS-Laufwerks einzugeben. Anschließend klicken Sie mit dem Mauszeiger auf den Button *Verbinden*.

2 Kurz darauf werden Sie aufgefordert, den Benutzernamen und das Kennwort einzugeben. Da das Kennwort für die Anmeldung entscheidend ist, lassen Sie den eingeblendeten Namen unverändert und geben lediglich Ihre Kennwortphrase ein. Bestätigen Sie die Eingabe mit dem Button *Verbinden*.

3 Da auf dem eingerichteten Netzlaufwerk mehrere Freigaben angelegt sind und keines in der Netzwerkadresse direkt angesteuert wurde, folgt eine Auswahl der zur Verfügung stehenden Freigaben. Wählen Sie das betreffende Verzeichnis aus. Es ist darauf zu achten, dass das eingegebene Kennwort zur Freigabe gehört.

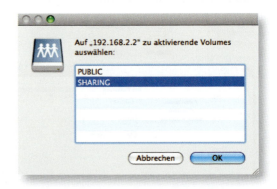

Wie gewohnt steht Ihnen nun das Netzlaufwerk als Symbol auf dem Schreibtisch oder in der Seitenleiste des Finders zur Verfügung. Wenn Sie die Verbindung zum Netzlaufwerk nicht mehr benötigen, ist sie wie bekannt zu trennen.

NAS belastet den Datenverkehr

Auf den ersten Blick ist die NAS-Lösung ein praktikabler Weg, gemeinsam genutzte Daten dorthin auszulagern und damit rund um die Uhr allen Netzwerkmitgliedern zur Verfügung zu stellen. Zwei Dinge sollten Sie jedoch nicht außer Acht lassen. Die Geschwindigkeit, mit der Daten geladen und gespeichert werden, ist nicht mit Ihrer internen Festplatte vergleichbar. Dementsprechend wird für das Lesen und Schreiben der Daten mehr Zeit benötigt. Außerdem müssen Sie davon ausgehen, dass der Datentransfer im Netzwerk ansteigt. Um in einem gewissen Rahmen beide Nachteile zu kompensieren, sollten Sie die benötigten Daten des Gemeinschaftsprojekts lokal zwischenspeichern und erst die Endversion allen anderen Benutzern auf dem NAS-Laufwerk zur Verfügung stellen.

Backup – ein Anwendungsbeispiel für Netzlaufwerke

Das zusätzliche Netzlaufwerk lässt sich auch für andere Aufgaben als den Datenaustausch innerhalb des heimischen Netzwerks heranziehen. An erster Stelle ist hier die Datensicherung (Backup) zu nennen.

Wie wichtig die Datensicherung ist, wird dem Computernutzer immer erst dann bewusst, wenn ein überraschendes System-Blackout alle persönlichen Daten dahingerafft hat. Das Betriebssystem und alle Programme sind relativ schnell wieder aufgesetzt. Dagegen bereitet die Rekonstruktion der persönlichen Daten aus den iApps (Adressbuch, iCal, iPhoto & Co.), der unzähligen Projektdateien und Lesezeichen des Internetbrowsers deutlich mehr Schwierigkeiten. Am Ende siegt die Resignation und gipfelt in dem guten Vorsatz, fortan alles besser zu machen.

In Mac OS X 10.5 hat Apple eine Backup-Lösung mit dem Namen Time Machine integriert. Sie hat die Aufgabe, Sicherungen der Daten und des Systems auf internen Festplatten oder auf externe Laufwerke anzulegen. Pfiffige Mac-Anwender haben eine Lösung gefunden, wie sich entfernte Netzwerkvolumen als nicht unterstützte Netzlaufwerke trotzdem in die Time Machine einbinden lassen. Da ich über mehrere Festplatten verteilt arbeite, von abgeschlossenen Projekten eigenständig Sicherungen anlege und in erster Linie nur an einer Sicherung der persönlichen Daten aus dem Adressbuch und iCal interessiert bin, möchte ich nachfolgend eine individuelle Lösung zur Anwendung der Time Machine von Apple vorstellen.

Backups richtig organisieren

Beim Anlegen und Ausführen von Datensicherungen auf ein Netzwerklaufwerk sind Ihnen Programme wie Deja Vu (*www.propagandaprod.com*, Shareware und Bestandteil
des Brennprogramms Toast, *www.roxio.de*) oder iBackup (*www.grapefruit.ch/iBackup/*,
Freeware) behilflich. Werden regelmäßig Backups von mehreren Rechnern über das Netzwerk angelegt und aktualisiert, muss wegen des aufkommenden Datenverkehrs der zeit-
liche Ablauf gut organisiert sein. Greifen alle Computer zur selben Zeit auf das NAS-Laufwerk zu, ist der Super-GAU auf den Datenleitungen vorprogrammiert. Staffeln Sie deshalb Backups zeitlich voneinander oder führen Sie sie an unterschiedlichen Wochen-
tagen durch. Es mag banal klingen, doch eigene Erfahrungen machen den Hinweis erforderlich: Damit das Backup-Programm selbsttätig seine Arbeit erledigen kann, muss
der Rechner eingeschaltet sein. Ist das nicht der Fall, folgt die nächste Datensicherung
erst zum nächsten geplanten Zeitpunkt.

Datensicherung mit iBackup

1 Zur Demonstration einer Datensicherung
auf einem entfernten Netzlaufwerk möchte
ich das für den persönlichen Gebrauch kostenlose iBackup (*www.grapefruit.ch/iBack-
up/*) verwenden. Bevor Sie mit der Programmeinstellung und der anschließenden Datensi-

cherung beginnen können, sollte auf dem NAS-Laufwerk ein separater Backup-Ordner
angelegt werden. Dazu rufen Sie im Internetbrowser das Konfigurationsmenü auf und
erstellen einen entsprechenden Ordner.

2 Der Ordner wird den
Freigaben hinzugefügt
und anschließend über
ein Kennwort gesichert.
Danach kann das Konfi-
gurationsmenü des NAS-
Laufwerks geschlossen
werden.

3 Laden Sie sich die neuste Version von iBackup herunter, kopieren Sie die Applikation in den Programmordner und starten Sie das Programm. Mac OS X blendet Ihnen beim ersten Programmstart einen Sicherheitshinweis ein. Setzen Sie den Startvorgang mit einem Mausklick auf den Button *Öffnen* fort.

4 iBackup arbeitet mit Sicherungsprofilen. Damit haben Sie die Möglichkeit, Datensicherungen zu unterschiedlichen Zeiten und Inhalten auszuführen. Da nicht sichergestellt ist, ob zum Zeitpunkt des geplanten Backups eine Verbindung zum Netzlaufwerk besteht, muss sich iBackup selbstständig am entfernten Laufwerk anmelden. Gehen Sie über die Menüleiste *iBackup* in die Einstellungen des Programms. Nutzen Sie das bereits bestehende Profil *Sicherung* und passen Sie es Ihren Anforderungen an. Wählen Sie in der Registerkarte *Profile* den Profilnamen aus und wechseln Sie zum Register *Verbindung*.

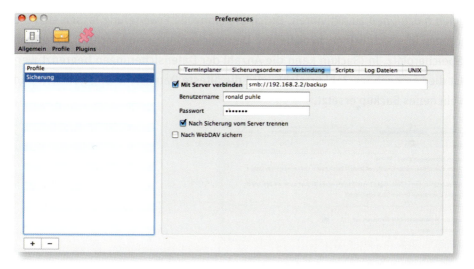

5 Zunächst ist die Option *Mit Server verbinden* zu aktivieren. Anschließend müssen die Netzwerkadresse und Freigabe als Zielort angegeben werden. Da es sich um eine SMB-Verbindung handelt, beginnt sie mit *smb://*. In den Zeilen *Benutzername* und *Passwort* sind die Zugangsdaten zum Netzlaufwerk einzutragen. Nach dem Schreiben der Datensicherung soll die Verbindung zum Netzlaufwerk von iBackup selbstständig getrennt werden. Dementsprechend ist die Option *Nach Sicherung vom Server trennen* zu aktivieren.

6 Nachdem der Speicherort festgelegt und die dafür erforderlichen Zugangsdaten in iBackup hinterlegt wurden, können Sie sich dem Zeitplan der Datensicherung widmen (Register *Terminplaner*). Drei Abstufungen sind in der Zeile *Automatische Sicherungen* möglich. Die Auswahl *Nie* erfordert vom Anwender den manuellen Start der Datensicherungen. Die Einstellung sollte nur dann gewählt werden, wenn sich auf lange Sicht wenige Änderungen an den zu sichernden Daten ergeben. Ist das nicht der Fall, lassen sich Datensicherungen im Tages- und Wochenrhythmus ansetzen. Über die Einstellregler geben Sie die Zeit minutengenau vor. Für das wöchentliche Backup können Sie außerdem den bevorzugten Wochentag auswählen.

7 Im Register *Sicherungsordner* ist ein Name für die Datensicherung zu vergeben. Die zukünftigen Datensicherungen sollen in separaten Ordnern abgelegt werden, die mit dem Datum der Sicherung zu ergänzen sind. Demzufolge ist die Option *Datum zum Ordnernamen hinzufügen* zu aktivieren. Durch die sinnvolle Erweiterung lassen sich die Sicherungen übersichtlich nachvollziehen. Datensicherungen sind wichtig, benötigen aber Speicherplatz. In iBackup kann die Anzahl der Datensicherungen begrenzt werden. Ist die vorgegebene Zahl erreicht, wird die älteste Datensicherung gelöscht und durch ein neues Backup ersetzt.

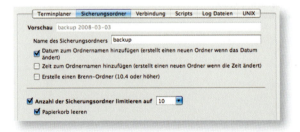

8 Nachdem iBackup in seinen Grundeinstellungen konfiguriert wurde, kann das Fenster *Preferences* geschlossen werden. Jetzt fügen wir dem Profil *Sicherung* die Programme, Benutzervorgaben und so weiter hinzu, die schlussendlich gesichert werden sollen. In der linken Seitenleiste sind bereits einige Vorgaben enthalten. Wählen Sie die entsprechende Kategorie aus und konkretisieren Sie in der dazugehörigen rechten Auswahl die Angaben. Neben den persönlichen Einstellungen und Daten lassen sich mit iBackup auch Programme und Dokumente sichern. Über das Hinzufügen-Symbol (Pluszeichen) unterhalb der linken Seitenleiste können Sie eigene Ordner der Auswahl hinzufügen.

9 Um abschätzen zu können, wie viel Speicherplatz auf dem Sicherungsmedium benötigt wird, zählt iBackup die Datenmenge entsprechend der Auswahl zusammen (Statusleiste am unteren Fensterrand). Sind alle zu sichernden Daten ausgewählt, lässt sich die erste Datensicherung als Testlauf manuell starten. Klicken Sie mit dem Mauszeiger auf den Button *Jetzt sichern*. In einem seitlichen Bereich kann der Fortgang der Datensicherung verfolgt werden. Der Bericht zeigt Ihnen außerdem mögliche Fehler oder Probleme bei der Datensicherung an.

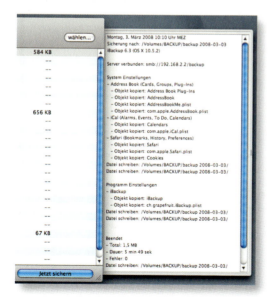

10 War das erste Backup erfolgreich, müssen Sie sich um zukünftige Datensicherungen keine Sorgen mehr machen. Das Programm lädt sich im Hintergrund automatisch bei jedem Neustart des Macs und wartet den vorgegebenen Zeitpunkt zur Datensicherung ab.

Eine Datensicherung wiederherstellen

Ist der Fall eingetreten, dass Sie ein Backup wieder in Ihr System einspielen müssen, ist iBackup selbstverständlich auch bei der Wiederherstellung behilflich. Dazu müssen Sie zunächst eine Verbindung zum Netzlaufwerk herstellen.

1 Gehen Sie über die Menüleiste zur Auswahl *Gehe zu* und wählen Sie den Befehl *Mit Server verbinden*. Alternativ öffnet der Tastaturbefehl command/⌘+K dasselbe Eingabefenster. Beginnend mit *smb://* ist die vollständige Netzwerkadresse der Backup-Freigabe einzugeben.

2 Klicken Sie mit dem Mauszeiger auf den Button *Verbinden*. Kurze Zeit später werden Sie aufgefordert, das persönliche Kennwort einzugeben. Die Angabe ist mit einem Mausklick auf den Button *Verbinden* zu bestätigen.

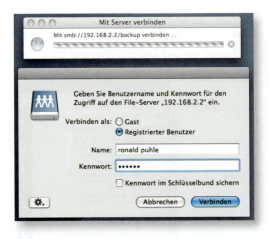

3 Wenn die Verbindung zum Netzlaufwerk und den dort abgelegten Backups hergestellt ist, öffnen Sie iBackup. In der Auswahlliste *Profil* ist der Befehl *Wiederherstellung* auszuwählen.

4 In dem sich öffnenden Fenster müssen Sie zu dem Ordner wechseln, in dem sich die Datensicherung befindet, die wieder zurückgeschrieben werden soll. Es ist lediglich der übergeordnete Backup-Ordner auszuwählen. Ist das erfolgt, klicken Sie mit dem Mauszeiger auf den Button *Auswählen*.

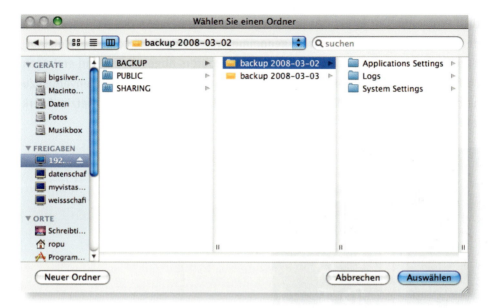

5 iBackup liest den Inhalt der Datensicherung ein und listet alle zur Verfügung stehenden Wiederherstellungsdaten auf. Analog zur Konfiguration des Backups haben Sie die Möglichkeit, aus den gesicherten Informationen die Daten zu bestimmen, die auf Ihren Mac zurückgeschrieben werden sollen. Markieren Sie mit einem Mausklick an den entsprechenden Schaltern Ihre Auswahl.

6 Haben Sie die Auswahl getroffen, kann die Wiederherstellung mit einem Mausklick auf den Button *Jetzt wiederherstellen* beginnen. iBackup blendet einen Sicherheitshin-

weis ein, dass die aktuellen Einstellungen mit dem Backup überschrieben werden. Bestätigen Sie den Hinweis, warten Sie das Zurückschreiben der gesicherten Daten ab und führen Sie anschließend einen Neustart des Systems aus.

Das Netzwerk mit NAS-Laufwerk hochfahren

Zum Abschluss des Kapitels erfolgt noch ein Hinweis in Sachen XYSTEC PX-1107 und einem möglichen Neustart des Heimnetzwerks. Obwohl der DHCP-Server im NAS-Laufwerk ausgeschaltet war, bereitete mir das Hochfahren des lokalen Netzwerks gelegentlich Probleme. Der Effekt trat überwiegend dann auf, wenn das XYSTEC PX-1107 vor dem Neustart nicht vom Netzwerk genommen wurde. Deshalb sollte das Netzlaufwerk vor dem Zurücksetzen des DSL- oder WLAN-Routers abgeschaltet und erst nach dem erfolgreichen Hochfahren wieder zugeschaltet werden. Um einen Datenverlust zu vermeiden, achten Sie unbedingt vor dem Ausschalten darauf, dass das Netzlaufwerk nicht in Benutzung ist.

5.4 So schließen Sie eine Onlinefestplatte am Mac an

Wie im lokalen Netzwerk das NAS-Laufwerk stellt WebDAV eine über das Internet erreichbare Onlinefestplatte dar. Mit der iDisk seines kostenpflichtigen .Mac-Dienstes (*www.mac.com*) bietet Apple einen WebDAV-basierten Service an. Unabhängig von Ihrem aktuellen Standort lassen sich Daten auf der Onlinefestplatte ablegen und bequem von einem anderen Ort oder Rechner wieder abrufen. Um bei dem Beispiel zu bleiben, wird die .Mac-Verbindung nicht nur zum Ablegen von Dateien benutzt. Ebenso lassen sich hierüber der Terminkalender und das Adressbuch mit anderen Macs synchronisieren. Eine Alternative, die eine auf Mac-Anwender zugeschnittene Lösung bietet, ist der ebenfalls kostenpflichtige, aber in Preis und Funktion differenzierte Dienst Macbay (*www.macbay.de*).

Macbay – eine Alternative zu .Mac

Sicherlich ist Ihnen beim ersten Einrichten des Macs der Hinweis auf Apples kostenpflichtigen .Mac-Dienst aufgefallen. Vielleicht haben Sie sich sogar für das 60-tägige Probeabonnement entschieden und finden Gefallen an den Möglichkeiten, den Mac um eine 10-GByte-Onlinefestplatte zu erweitern, eine eigene Homepage im Internet zu besitzen und den Kalender sowie das Adressbuch mit einem mobilen Mac zu synchronisieren. Ich bin der Ansicht: Insoweit Sie alle angebotenen Funktionen des Pakets nutzen, ist .Mac eine sinnvolle Erweiterung. Da ich mich primär nur für das Synchronisieren des Kalenders und Adressbuches interessiere und nach kurzer Zeit das manuelle Überspielen der entsprechenden Sicherungen leid war, habe ich mich nach einer kostengünstigeren Alternative umgesehen. Bei der Berliner SysEleven GmbH und ihrem Macbay-Service (*www.macbay.de*) wurde ich fündig.

Im Gegensatz zu .Mac bieten die Macher rund um Marc Korthaus ein in Leistung und Preis abgestuftes Modell an. Neben der Anmeldung und einem 30-tägigen Probe-Account muss eine Software, die Macbay Suite, installiert werden. Wie Sie mithilfe von Macbay Ihre iApps synchronisieren und Daten auf die Onlinefestplatte speichern können, möchte ich nachfolgend zeigen. Ausgangsbasis ist der Tarif L, in dem zusätzlich drei FTP- und WebDAV-Benutzer angelegt werden können. Als Netzwerkadministrator haben Sie somit die Möglichkeit, weiteren Mitgliedern des Heimnetzwerks eigene On-

linefestplatten zur Verfügung zu stellen. Dafür erforderlich ist die Registrierung einer eigenen Domain, die jedoch kostenlos zum Paket dazugehört.

1 Nachdem Sie sich bei Macbay (*www.macbay.de*) registriert haben, ist die aktuelle Version der Macbay Suite herunterzuladen. Öffnen Sie mit einem Doppelklick das Disk Image und starten Sie das Programm *Macbay Suite Installation.app*. Folgen Sie den Anweisungen des Installationsprogramms. Wie empfohlen sollte nach der Installation ein Neustart des Macs ausgeführt werden.

2 Nachdem der Mac neu gestartet wurde, gehen Sie in den Programmordner und starten mit einem Doppelklick die Anwendung *Macbay.app*. Im Register *Account* des Fensters *Einstellungen* geben Sie Ihren Macbay-Benutzernamen und das dazugehörige Kennwort ein.

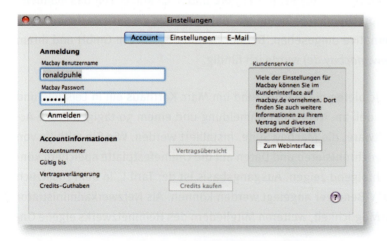

3 Anschließend wechseln Sie zum Register *Einstellungen*. Hier können die Einstellungen bezüglich des Programmstarts nach dem Hochfahren und der Verbindung zur Onlinefestplatte angepasst werden. Ich habe mich für die Minimalvariante entschieden und möchte über das entsprechende Symbol in der Menüleiste auf die zur Verfügung stehenden Macbay-Dienste zugreifen. Dementsprechend sind im Abschnitt *Erscheinungsbild* alle Optionen aktiviert. Wenn Sie die Option *Macbay nicht im Dock anzeigen und das Programmmenü ausblenden* auswählen, ist ein Neustart des Programms erforderlich. Hierfür genügt ein Mausklick auf den Button *Macbay neu starten*.

4 In jedem Macbay-Paket ist eine E-Mail-Adresse enthalten. Wenn Sie den Account nutzen wollen, dann ist Ihnen das Programm beim Einrichten des Mailprogramms behilflich. Wechseln Sie zum Register *E-Mail* und klicken Sie mit dem Mauszeiger auf den Button *Apple Mail konfigurieren*. Beim nächsten Start des Mailprogramms werden Sie aufgefordert, das entsprechende Kennwort für den Macbay-Zugang einzugeben. Um sich zukünftig die Kennwortabfrage zu ersparen, aktivieren Sie einfach die Sicherung der Phrase im Schlüsselbund. Das Fenster *Einstellungen* kann jetzt geschlossen werden.

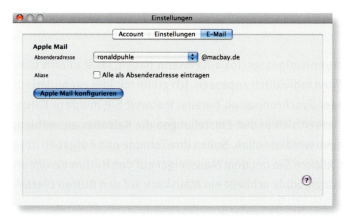

5 Da ich mich entschlossen habe, die Einstellung und Steuerung der Macbay-Anwendung über das Statussymbol abzurufen, führt der Weg zur Konfiguration der iApp-Synchronisation über das Statussymbol in die entsprechende Übersicht. Klicken Sie mit dem Mauszeiger auf das entsprechende Symbol und wählen Sie den Befehl *Übersicht anzeigen* aus.

6 Im Abschnitt *SYNC* der linken Seitenleiste sollte die Auswahl *Optionen* aktiviert sein. Das in der Mitte gelegene Fenster *Plug-ins der Macbay-Suite* zeigt alle installierten Erweiterungen an. Wählen Sie die Optionen aus, die über Macbay synchronisiert werden sollen. Klicken Sie dazu mit dem Mauszeiger auf den entsprechenden Schalter in der Spalte *Aktiv*.

7 Nachdem Sie einen Synchronisationsservice ausgewählt haben, lässt er sich über den Button *Einstellungen öffnen* individuell anpassen. Ich greife mir hier exemplarisch die Einstellungen zur Kalender-Synchronisation heraus. Insoweit Sie mehrere Kalender in iCal angelegt haben, lassen sich in den Einstellungen die Kalender auswählen, die zum Abgleich herangezogen werden sollen. Sollen Ihre Termine und Aufgaben über das Internet einsehbar sein, klicken Sie mit dem Mauszeiger auf den Button *Veröffentlichen*. Die Optionen des Zusatzmoduls schließt ein Mausklick auf den Button *Einstellungen schließen*.

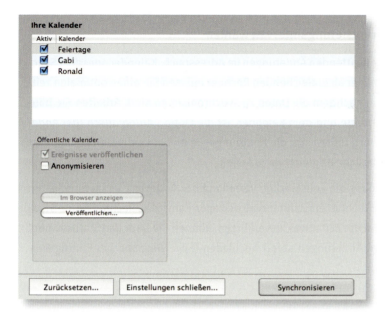

8 Wenn überschaubare Datenmengen sicher und bequem zwischen Rechnern ausgetauscht werden sollen, dann aktivieren Sie die Option *SyncOrdner*. Das Programm legt
anschließend auf Ihrem Schreibtisch einen entsprechenden Ordner an. Sollen Dateien
auf andere Macs verteilt werden, die demselben Macbay-Account zugeordnet sind, ziehen Sie sie mit der Maus in diesen Ordner. Entsprechend der Synchronisationseinstel-
lung spielt das Programm den Inhalt auf den Server hoch. Alle anderen Macs laden sich
zu einem späteren Zeitpunkt die Dateien von dort herunter.

9 Zur rechten Hand des Programmfensters geben Sie das Zeitintervall vor, nach dem die ausgewählten Daten abgeglichen werden sollen. Neben
der manuellen und automatischen Synchronisation bei Änderungen kann der Vorgang nach Stunden, Tagen oder Wochen erfolgen.

> **Das richtige Synchronisierungsintervall wählen**
>
> Abhängig von den zu erwartenden Änderungen im Adressbuch, Kalender oder dem Sync-Ordner und der Anzahl der abzugleichenden Rechner müssen Sie einen optimalen zeitlichen Abstand finden, nachdem die Daten zu synchronisieren sind. Arbeiten Sie häufig mit der Onlinefestplatte und dem Kalender, ist die Option *Automatisch (bei Änderungen)* empfehlenswert. Halten sich die Änderungen in einem moderaten Rahmen, ist der stündliche oder tägliche Abgleich vorzuziehen.
>
> Beachten Sie dabei, dass die vollständige Verteilung der Änderung im ungünstigsten Fall in der Summe pro Rechner ein Zeitintervall betragen kann (drei Rechner à eine Stunde = drei Stunden). Um die Zeit etwas zu verkürzen, können Sie über das Statussymbol in der Menüleiste Ihre Änderungen sofort hochladen (*Sync/Disk* und der Eintrag *Normal synchronisieren*).

10 In der Auswahl *Synchronisierungsmodus* wird festgelegt, wie mit den zu synchronisierenden Daten umzugehen ist. Neben dem Aktualisieren geänderter Daten (*Synchronisieren*) lassen sie sich ohne Löschen von Inhalten zusammenführen (*Daten zusammenführen*) oder gespeicherte Inhalte vom Rechner bzw. Server überschreiben.

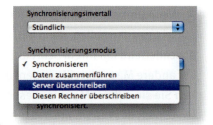

Die letztgenannte Option ist dahin gehend interessant, erklären Sie einen Mac zum Oberhaupt der Termin-, Adressen- oder Datenverwaltung, dem sich die anderen Rechner unterzuordnen haben. Dementsprechend muss der Synchronisationsmodus an den anderen Rechnern gesetzt werden (*Diesen Rechner überschreiben*).

11 Um die Macbay-Disk, das Pendant zur iDisk in .Mac, zu aktivieren, klicken Sie im gleichnamigen Abschnitt auf die Auswahl *Übersicht und Status*. Ein Mausklick auf den Button *Disk aktivieren* stellt die Verbindung zum Macbay-Server her und das entsprechende Laufwerksymbol erscheint auf dem Schreibtisch.

Alternativ kann das Auswahlmenü des Statussymbols in der Menüleiste zum Mounten der Macbay-Disk genutzt werden. Die Einstellungen am ersten Mac sind so weit abgeschlossen, dass das Übersichtsfenster geschlossen werden kann.

12 Nachdem Macbay am ersten Mac eingerichtet ist, können Sie den von Ihnen benutzten Kalender auf das Macbay-Laufwerk hochladen. An den anderen noch einzurichtenden Macs kann er so die Grundlage für die weitere Terminplanung bilden. Dazu gehen Sie in der Menüleiste auf die Macbay-Statusanzeige, öffnen mit einem Mausklick das Menü und wählen in der Auswahl *Sync/Disk* den Eintrag *Normal synchronisieren* aus.

13 Um weitere Macs in die Synchronisation von Ihrer Dateien und persönlichen Informationen einzubinden, ist an den Rechnern ebenfalls die Macbay Suite wie bereits beschrieben zu installieren und den individuellen Erfordernissen anzupassen. Welche Rechner am Ende mit dem Account verbunden sind, wird in den Sync-Optionen der Übersichtsseite unter dem Register *Geräte* angezeigt.

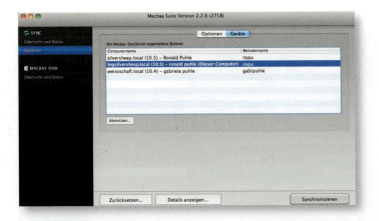

Kalender, Adressbuch & Co. differenziert synchronisieren

Ausgehend von der Tatsache, dass Sie nicht alle persönlichen Daten der iApps mit jedem Mac synchronisieren wollen, kann in der Macbay-Übersicht an jedem Mac festgelegt werden, welche Informationen abzugleichen sind. So lassen sich an Ihrem Heim- und mobilen Mac Kalender, Adressbuch und die Safari-Lesezeichen auf einen einheitlichen Stand bringen, während der Terminkalender allen Familienmitgliedern zugänglich ist.

14 Zum Abschluss möchte ich Ihnen einen Weg aufzeigen, wie Sie ohne die Synchronisationssoftware (zum Beispiel vom Windows-PC) auf die Kalender oder das Adressbuch und das WebDAV-Laufwerk online zugreifen können. In beiden Fällen führt der Weg über den Internet Explorer. Um die Kalender- und Adresseinträge einsehen oder ergänzen zu können, melden Sie sich im Kundenbereich unter *https://www.macbay.de/ config/* an. Geben Sie den Benutzernamen und das dazugehörige Kennwort ein. In der Auswahl *Organizer* liegen die gewünschten Informationen zum Abruf bereit.

15 Um auf die Onlinefestplatte zu-zugreifen, geben Sie im Internet Explorer die Adresse *https://webdav.macbay.de* ein. Kurze Zeit später werden Sie aufgefordert, den Macbay-Account-Namen und das entsprechende Kennwort einzugeben. Klicken Sie anschließend mit dem Mauszeiger auf den Button *OK*. Im Fenster des Internet Explorer wird Ihnen der Inhalt des WebDAV-Laufwerks angezeigt.

Macbay-Onlinefestplatte ohne Suite nutzen

Möchten Sie ohne Installation der Macbay Suite Ihre Onlinefestplatte benutzen, kann über den Finder eine Verbindung zum Netzlaufwerk hergestellt werden. Gehen Sie dazu in der Menüleiste zur Auswahl *Gehe zu* und wählen Sie den Befehl *Mit Server verbinden* aus. Tragen Sie als Serveradresse *https://webdav.macbay.de* ein und klicken Sie mit dem Mauszeiger auf den Button *Verbinden*. Sie werden anschließend aufgefordert, den Benutzernamen und das dazugehörige Kennwort einzugeben.

Eine Onlinefestplatte mit dem Mac verbinden

Zum Abschluss noch ein Beispiel dafür, wie Sie sich mit einem WebDAV-Laufwerk am Mac verbinden und die Onlinefestplatte als Datenspeicher nutzen können. Ein kostenloses WebDAV-Laufwerk mit einer Speicherkapazität von 1 GByte bietet GMX (*www.gmx.net*) an. Sie müssen sich lediglich kostenlos registrieren und können sich anschließend mit dem Mac am sogenannten MediaCenter anmelden.

Notieren Sie sich bei der kostenlosen Registrierung Ihre Kundennummer. Sie wird wie das Kennwort, das Sie bei der Registrierung selbst vergeben haben, zur Anmeldung an der Onlinefestplatte benötigt.

1 Gehen Sie über die Menüleiste des Finders zur Auswahl *Gehe zu* und wählen Sie den Befehl *Mit Server verbinden* aus. Alternativ ruft im Finder die Tastenkombination command/⌘+K denselben Befehl auf. Geben Sie in die Zeile *Serveradresse* die Internetadresse *https://mediacenter.gmx.net* ein und klicken Sie mit dem Mauszeiger auf den Button *Verbinden*.

2 Kurze Zeit später öffnet sich ein Fenster und Sie werden aufgefordert, Ihren Benutzernamen und das dazugehörige Kennwort einzugeben. In die Zeile *Name* ist Ihre Kundennummer einzutragen. Um sich zukünftig die Anmeldung zu vereinfachen, aktivieren Sie außerdem die Option *Kennwort im Schlüsselbund sichern*.

3 War die Anmeldung erfolgreich, erscheint nach kurzer Zeit ein Netzlaufwerk-Symbol auf Ihrem Schreibtisch. Wenn Sie sich zukünftig die Anmeldung vereinfachen wollen, legen Sie einfach einen Alias auf dem Schreibtisch an. Später genügt ein doppelter Mausklick auf die Verlinkung und Mac OS X stellt die Verbindung zum MediaCenter von GMX her. Benutzen Sie dazu die rechte Maustaste (Ein-Tasten-Maus control + Mausklick) und wählen Sie den Befehl *Alias erzeugen* aus.

4 Klicken Sie mit dem Mauszeiger auf den Namen des Alias, gegebenenfalls kurze Zeit später noch einmal (kein Doppelklick). Die Schrift sollte weiß unterlegt sein. Nun können Sie die Beschreibung des Alias ändern.

5 Sie können Ihre Daten durch Halten und Ziehen der Maustaste vom Finder zur Onlinefestplatte und umgekehrt kopieren. Wenn der Zugang zum WebDAV-Laufwerk nicht mehr benötigt wird, trennen Sie die Netzwerkverbindung über das Auswerfen-Symbol in der Seitenleiste des Finders, ziehen das Netzlaufwerk (nicht den Alias) auf den Papierkorb im Dock oder rufen über die rechte Maustaste auf dem Netzlaufwerk den Auswerfen-Befehl auf.

6.
Fachchinesisch kurz & knapp erklärt

Viele Phrasen und Anglizismen aus der Welt des Computers sind schnell aufgeschrieben oder ausgesprochen. Was sich dahinter verbirgt oder vor allem, welche technischen Details den Unterschied machen, bleibt dabei oft im Verborgenen. Trotz meiner Bemühungen, technische Problemstellungen so allgemein verständlich wie möglich zu erklären, bleibt die Konfrontation mit Fachbegriffen nicht aus. Spätestens dann, wenn ein Computer, Netzwerkadapter oder Router konfiguriert werden muss, wird man mit dem Fachchinesisch konfrontiert.

Dieses Buch richtet sich in allererster Linie an Einsteiger in die Welt des Netzwerks und Umsteiger vom Windows-PC zum Mac. Neben den Gedankenspielen in den vorherigen Kapiteln und auf Grundlage der sogenannten Zielgruppe, werden nachfolgend die wichtigsten Fachbegriffe erklärt. Dabei kommt es mir auch darauf an, wichtige Zusammenhänge verständlich darzustellen, denn wie die Zahnräder eines Getriebes greifen auch in einem Netzwerk mehrere Komponenten ineinander.

Bonjour

Der Zusammenschluss mehrerer Rechner zu einem Netzwerk zieht für den Anwender eine Reihe von Aufgaben nach sich, die in Sachen Netzwerk ein gewisses Grundwissen erfordern. Um dem Benutzer die Konfiguration des eigenen Rechners zu erleichtern und ihm kryptische Vorgaben zu ersparen, hat Apple Bonjour entwickelt. Rechner und Netzwerkressourcen, wie zum Beispiel ein gemeinsam genutzter Drucker, lassen sich ohne Eingriff in die Netzwerkkonfiguration miteinander verbinden. Bonjour erkennt die Geräte automatisch und blendet sie zum Beispiel in der Freigabenliste des Finders ein. Anstelle der üblichen Netzwerkadresse werden die Rechner außerdem mit ihrem Namen angezeigt.

Wenn Sie im Heimnetzwerk Musiktitel in iTunes oder Fotos in iPhoto zur gemeinsamen Nutzung im lokalen Netzwerk freigeben, übernimmt Bonjour die Suche nach anderen Rechnern und stellt ohne Ihr Zutun die Verbindung zu ihnen her. Zumindest bei iTunes spielt es keine Rolle, ob es sich hierbei um einen Windows-PC oder Mac handelt. Mithilfe des Druckerassistenten des kostenlosen Bonjour für Windows lassen sich Drucker, die im lokalen Netzwerk an einem Mac angeschlossen und für die gemeinsame Nutzung freigegeben sind, auch unter Windows XP und Vista nutzen.

Client

Der sogenannte Client ist in der Regel ein mit dem Netzwerk verbundener Rechner und damit ein Bestandteil des Netzwerks. Er kann über eine Netzwerkverbindung auf einen oder mehrere Server, auch Host genannt, zugreifen. Die Kommunikation zwischen Client und Server ist auf bestimmte Dienste beschränkt (z. B. E-Mail, Internet etc.). Die Begriffe Client und Server sind nicht nur auf Computer beschränkt. Ebenso können spezielle Programme so bezeichnet werden.

Daemon

Als Daemon wird in der UNIX-Welt ein Programm bezeichnet, das Dienste lokal oder im Netzwerk bereitstellt. Daemon und Dienste spielen eine wichtige Rolle beim Datenaustausch, dem Abrufen von E-Mails oder prinzipiell beim Surfen im Internet. Ein Daemon, Server oder Dienst läuft unabhängig vom Benutzer und wartet eigentlich nur darauf, über entsprechende Anforderungen aktiviert zu werden. Man spricht deshalb auch von einem Hintergrundprogramm.

Dateiserver

Der Dateiserver ist ein netzwerkgestützter Datenspeicher und zentraler Anlaufpunkt in Sachen Datenaustausch. Jeder Rechner kann sich entsprechend seiner Berechtigung mit dem Dateiserver verbinden, Daten lesen oder abspeichern. Im Heimnetzwerk übernehmen Netzwerkfestplatten oder sogenannte NAS-Laufwerke die Aufgabe eines Dateiservers. Hierbei handelt es sich um spezielle externe Festplatten, die neben einem schnellen USB 2.0-Anschluss auch über einen Netzwerkanschluss verfügen. Die Netzwerkfestplatte ist dementsprechend wie ein Rechner mit dem Netzwerk zu verbinden. Einige DSL- und WLAN-Router (zum Beispiel die AirPort Extreme Basisstation von Apple) sind mit einem USB-Anschluss ausgestattet, an den sich externe Festplatten anschließen und als netzwerkübergreifendes Speichermedium nutzen lassen. Der Vorteil einer Netzwerkfestplatte liegt in der ständigen Verfügbarkeit der Daten. Findet der Datenaustausch ausschließlich zwischen Rechnern statt, sind Sie immer darauf angewiesen, dass der entfernte Computer hochgefahren sein muss.

Daten- und Druckerfreigabe

Das Freigeben lokal gespeicherter Daten und an einen Rechner angeschlossener Drucker ist neben dem Aktivieren der entsprechenden Dienste ein elementarer Baustein, damit andere Mitglieder eines Netzwerks auf die entsprechenden Ressourcen zugreifen können. Die Freigabe von Laufwerken und Ordnern ist außerdem dann erforderlich, wenn mehrere Benutzer sich einen Rechner teilen und Dateien über die Festplatte zwischen den Benutzern ausgetauscht werden sollen. Unter der Voraussetzung, dass Sie den Zugriff auf einen Mac erlauben, sind in der Regel die eigenen Benutzerverzeichnisse freigegeben. Über einen sogenannten Briefkasten bzw. öffentlichen Ordner können Netzwerkmitglieder Dateien in Ihrem Benutzerverzeichnis ablegen. Alles, was darüber hinausgeht, muss vom Administrator des Macs extra freigegeben werden. Eng verbunden mit der Freigabe sind Zugriffsrechte. Sie stufen die Befugnis der anderen Benutzer (sowohl lokal als auch entfernt) ab, Dateien und Ordner zu öffnen, anzulegen bzw. zu speichern oder Inhalte zu löschen.

DHCP und DHCP-Server

Ein Netzwerk, wie wir es heute vom Internet und dem lokalen Netzwerk kennen, basiert auf der eindeutigen Identifikation der angeschlossenen Rechner mithilfe der Netzwerkadresse. In Anlehnung an das Internet Protocol (IP) spricht man auch von der IP-Adresse. Um die Konfiguration des Netzwerks zu vereinfachen, bedient man sich des DHCP (Dynamic Host Configuration Protocol). Der dafür erforderliche DHCP-Server ist ein Bestandteil des Netzwerks. In unserem Heimnetzwerk beinhaltet der DSL- oder WLAN-Router eine entsprechende Softwarelösung. Verbinden Sie dagegen Ihren Rechner direkt mit dem DSL-Modem, übernimmt ein DHCP-Server des Internetproviders die Vergabe der Netzwerkadresse. Das Zuweisen der Netzwerkadresse kann nach unterschiedlichen Kriterien erfolgen. Typisch für den Internetprovider ist die dynamische Vergabe der Netzwerkadresse. Bei jedem Verbindungsaufbau bekommt Ihr Rechner eine neue Netzwerkadresse zugewiesen. Wird die Verbindung beendet, steht die IP-Adresse anderen Kunden des Internetproviders zur Verfügung und kann von ihm wieder vergeben werden. Um sich die Konfiguration des Netzwerkadapters zu vereinfachen, muss DHCP als Grundeinstellung verwendet werden. In der Regel sind Windows und Mac OS X dementsprechend konfiguriert.

DNS-Server

Es liegt in unserer Natur, dass wir uns Namen deutlich leichter als Zahlenkolonnen merken können. Wenn Sie im Browser eine Internetadresse eingeben, dann ist es statt der Netzwerkadresse ein Namenszug, der nach dem Punkt eine entsprechende Endung hat. Nach dem Drücken der ⟨return⟩-Taste übernimmt im Hintergrund ein DNS-Server die Aufgabe, eine Internetadresse (z. B. *www.databecker.de*) oder einen Computernamen in eine gültige IP-Adresse zu übersetzen. Der DNS-Server lässt sich mit einem Telefonbuch vergleichen. Entsprechend dem Vor- und Nachnamen sowie der Anschrift erhalten Sie im Gegenzug eine Rufnummer. Im homogenen Netzwerk, also Windows-PCs und Macs jeweils unter sich, übernehmen Bonjour (Mac OS X) bzw. NetBIOS oder WINS (Windows) die sogenannte Namensauflösung. Statt die Netzwerkadresse beim Verbindungsaufbau einzugeben, lässt sich der Kontakt über den Computernamen bewerkstelligen.

DSL

In Deutschland wird der sogenannte Breitband-Internetzugang überwiegend mithilfe des digitalen Teilnehmeranschlusses (DSL – **D**igital **S**ubscriber **L**ine) privaten Haushalten zur Verfügung gestellt. Die Übertragungsfrequenzen von DSL liegen oberhalb der Sprachtelefonie. Dadurch werden deutlich höhere Übertragungsraten als beim Analogtelefon oder ISDN erreicht. Um das DSL-Signal vom Sprachsignal zu trennen, muss das am Teilnehmeranschluss ankommende Signal über eine spezielle elektrische Weiche, den sogenannten Splitter, aufgeteilt werden.

Für den Empfang und das Senden der digitalen Signale wird außerdem ein spezielles DSL-Modem benötigt. Da in der Regel die Sendedatenrate (Upstream) des DSL-Anschlusses niedriger als die Empfangsdatenrate (Downstream) ist, spricht man auch vom asymmetrischen DSL oder ADSL (Asymmetric DSL).

Ethernet

Ethernet ist ein Sammelbegriff, der die kabelgebundene Datenkommunikation in Netzwerken umfasst. In den Anfangstagen lokaler Netzwerke kamen Koaxialkabel zum Einsatz. In ihrem Aufbau ähneln sie dem Antennen- oder Satellitenkabel. Solche Netzwerke wurden ringförmig strukturiert und mussten zur Vermeidung von Reflexionen elektrischer Wellen am Ende abgeschlossen sein.

Diese Art des Netzwerks ist äußerst störanfällig. Ist der Netzwerkring an einer Stelle unterbrochen, kommt der gesamte Datenverkehr auf den Leitungen zum Erliegen. Heute werden Netzwerke sternförmig aufgebaut und es kommen sogenannte Twisted-Pair-Kabel (verdrillte Adernpaare) zum Einsatz. Das Verdrillen der elektrischen Leitungen hat den Vorteil, dass elektrische Störfelder kaum Einfluss auf das übertragene Signal haben.

Firewall

Eine Firewall hat die Aufgabe, den Datenverkehr im Netzwerk zu überwachen und Versuche der unerwünschten Kontaktaufnahme zu einem Rechner oder Computernetzwerk zu unterbinden. In einer Firewall können unterschiedliche Sicherheitstechniken zum Einsatz kommen. Zu den bekanntesten Schutzmechanismen gehört der Paketfilter, wie er in einem Router oder in Mac OS X 10.4 eingesetzt wird. Er sortiert ungewollt zugestellte Datenpakete aus und soll so Angriffe auf einen Rechner verhindern. In Mac OS X 10.5 setzt Apple eine Programm-Firewall ein. Ist ein Programm zertifiziert, gewährt ihm das Betriebssystem Zugriff auf ein Netzwerk. Liegt keine Prüfung der Vertrauenswürdigkeit vor, muss der Anwender den Netzwerkzugriff freigeben.

Auch die Umsetzung der lokalen Netzwerkadresse in eine Internetadresse ist ein Schutzmechanismus vor unliebsamen Besuchern. Die Aufgabe übernimmt im Heimnetzwerk ein Router. Im weitesten Sinne kann man den sogenannten Tarn-Modus als eine Firewall-Funktion betrachten. Hier werden ICMP-Anfragen (Ping) aus dem Netzwerk und Internet ignoriert, auf die der Rechner normalerweise reagieren würde (Pong). Durch den Missbrauch des Pings, angreifbare Rechner im großen Stil ausfindig zu machen, kam ICMP in Verruf und damit der Tarn-Modus auf. Der Computeranwender steht vor einer schwierigen Entscheidung. Netzwerke leben davon, andere Rechner ausfindig zu machen. Dafür wird das Internet Control Message Drotocol (ICMP) benötigt. Den besten Schutz vor unerwünschten Netzwerkzugriffen bietet immer noch das Deaktivieren nicht benötigter Dienste.

FTP

FTP (File Transfer Drotocol) ist ein Netzwerkprotokoll, das für die Übertragung von Dateien und Ordnern entwickelt wurde. Mac OS X unterstützt FTP und bietet einen entsprechenden Dienst an. Im Gegensatz zum Datenaustausch via AFP und SMB beschränkt sich der Dienst auf das jeweilige Benutzerverzeichnis. Mithilfe von Programmen (zum

Beispiel PureFTPd Manager), die die Aufgabe eines FTP-Servers übernehmen, lässt sich das Problem bequem umgehen. Um auf ein entferntes FTP-Verzeichnis zuzugreifen, können Sie den Finder bzw. den Befehl *Mit Server verbinden* oder ein spezielles Programm, den sogenannten FTP-Client (zum Beispiel Cyberduck), benutzen.

Hinsichtlich der Zugriffsrechte ist die Finder-Variante nur beschränkt einsetzbar. Er gewährt Ihnen lediglich Leserecht, was jedoch zum Herunterladen von Dateien vollkommen ausreichend ist. Mit dem externen FTP-Client lassen sich dagegen Dateien hochladen und Unterordner anlegen. Allerdings müssen Sie als angemeldeter Benutzer über die entsprechenden Rechte verfügen.

Insoweit man von einem Nachteil sprechen kann, bietet FTP zwei Übertragungsmodi, den aktiven und passiven Modus an. Dahinter verbirgt sich der Umgang mit den erforderlichen Ports und die Frage, ob der FTP-Server von sich aus eine Netzwerkverbindung zum FTP-Client herstellt. Da die Sicherheitseinstellungen eines DSL- oder WLAN-Routers den letztgenannten Fall in der Regel blockieren, ist das Hochladen von Daten vom lokalen Netzwerk zum Internet im passiven Übertragungsmodus zu empfehlen. Eine Alternative, Dateien im Internet bereitzustellen, ist das sogenannte WebDAV.

Gateway

Die Kommunikation zwischen Rechnern in einem Netzwerk erfolgt über sogenannte Protokolle. Nutzen zwei Rechner unterschiedliche Protokolle, bedarf es einer adäquaten Übersetzung. Hier kommt der Gateway als Protokollumsetzer ins Spiel. Er ermöglicht auf vielfältige Weise die Kommunikation zwischen Netzwerken und Diensten, die auf unterschiedlichen Protokollen basieren. Lassen Sie sich zum Beispiel über einen entsprechenden Dienst Faxe als E-Mail zuschicken, dann übernimmt ein Gateway die Aufgabe. Er setzt das in Ihrem Namen empfangene Fax in eine Bilddatei um und schickt Ihnen die Datei per E-Mail zu. Auch im Zusammenhang mit DSL- oder WLAN-Routern, die über ein DSL-Modem verfügen, wird oft von einem Gateway gesprochen. Allerdings werden hier die Datenpakete aus dem lokalen Netzwerk in das erforderliche PPPoE-Protokoll umgepackt statt vom Gateway übersetzt.

GSM

GSM ist ein digitaler Mobilfunkstandard, der in Deutschland im sogenannten D- und E-Netz zum Einsatz kommt. GSM trat die Nachfolge des analogen Mobilfunks an und wird deshalb auch als Mobilfunkstandard der zweiten Generation (2G) bezeichnet. Neben der Sprachtelefonie und dem Versenden von Kurznachrichten (SMS) unterstützt GSM auch die Datenübertragung. Hierfür wurde der GSM-Standard um die Dienste GPRS, HSCSD und EDGE erweitert. Um Datendienste über ein Handy nutzen zu können, muss das Mobilfunktelefon die entsprechenden Dienste unterstützen und ein Zugang vom Mobilfunkanbieter bereitgestellt werden. Insoweit das Handy über eine Computerschnittstelle (zum Beispiel Bluetooth) verfügt, lässt sich das Gerät als Mobilfunkmodem am Mac verwenden.

Internet

Das Internet ist ein weltumspannendes Rechnernetzwerk und setzt sich aus einer Vielzahl einzelner Netzwerke zusammen. Globales Ziel des Internets und der Netzwerke im Allgemeinen ist der computerübergreifende Austausch von Informationen. Theoretisch kann jeder Rechner, der mit dem Internet verbunden ist, Daten anderen Rechnern zur Verfügung stellen und von ihm empfangen. Die Kommunikation der Computer untereinander wird mithilfe der Internetprotokolle TCP/IP geregelt.

Umgangssprachlich wird das Internet mit dem World Wide Web (WWW) in Verbindung gebracht. Genau genommen handelt es sich hierbei nur um einen Dienst, der allen mit dem Internet verbundenen Rechnern zur Verfügung steht. Mithilfe des WWW und eines Webbrowsers (zum Beispiel Safari, Firefox oder Internet Explorer) lassen sich spezielle Informationen (Webseiten) weltweit abrufen. Weitere Dienste, die sich über das Internet nutzen lassen, sind das Versenden und Empfangen elektronischer Nachrichten (E-Mail), das Übertragen von Dateien und Dateiverzeichnissen (FTP), Onlinekommunikation (Chat) und vieles mehr.

Der Zugang zum Internet kann auf unterschiedlichen Wegen erfolgen. Typische Zugänge sind das Analog- oder ISDN-Modem, DSL, WLAN oder eine Mobilfunkanbindung, die von einem Internet Service Provider zur Verfügung gestellt werden.

IP-Adresse

Ein Netzwerk besteht aus einer Vielzahl von Rechnern, die in Server und Clients unterteilt werden. Auf der Basis des TCP/IP-Protokolls, das die Grundlage des Internets und unseres Heimnetzwerks bildet, müssen alle Rechner eindeutig identifizierbar sein. Deshalb wird jedem Rechner eine eigene Netzwerkadresse, auch IP-Adresse genannt, zugewiesen. Die Form und Vergabe der Netzwerkadresse ist fest vorgegeben. Ursprünglich besteht die IP-Adresse nach Version 4 (IPv4) aus vier Oktetten, die durch einen Punkt voneinander getrennt werden (zum Beispiel 192.168.2.13).

Die Akzeptanz und rasche Verbreitung des Internets machte eine Erweiterung des Adressraums erforderlich (Version 6, IPv6). Zur Vereinfachung der Schreibweise werden zwei Oktette hexadezimal und als Gruppe dargestellt, die mithilfe eines Doppelpunkts voneinander getrennt werden (zum Beispiel fe80:0000:0000:0000:020d:93ff:fe3f:006a). Im lokalen Netzwerk arbeitet man mit Netzwerkadressen nach IPv4. Eine Besonderheit gilt es dennoch zu beachten: Zum Aufbau eines privaten Netzwerks steht ein gesonderter Adressenbereich (zum Beispiel 192.168.0.0 bis 192.168.255.255) zur Verfügung. Er darf nicht öffentlich vergeben werden.

NAS-Laufwerk

Das NAS-Laufwerk (Netzwerkfestplatte) ist eine externe Speichererweiterung, die über einen entsprechenden Netzwerkanschluss mit dem lokalen Netzwerk verbunden wird. Das zusätzliche Netzlaufwerk benötigt demzufolge eine eigene Netzwerkadresse. Der Zugriff auf das Netzlaufwerk folgt im Allgemeinen denselben Regeln wie die Freigabe am Computer und ist dementsprechend zu konfigurieren. Die Konfiguration erfolgt über den Internetbrowser und ist damit nicht von einem speziellen Betriebssystem abhängig. Je nach Hersteller und Ausstattung werden unterschiedliche Protokolle unterstützt (SMB, FTP und AFP). Im Gegensatz zur Freigabe eines Rechners ist die Netzwerkfestplatte quasi jederzeit erreichbar. Das NAS-Laufwerk lässt sich mit einem Dateiserver vergleichen.

Netzwerk

Als ein Netzwerk wird ein Verbund unabhängiger Computer bezeichnet, der untereinander der Kommunikation dient. Die Sprachen des Netzwerks sind sogenannte Protokolle. Die wohl bekanntesten Protokolle sind TCP (**T**ransmission **C**ontrol **P**rotocol) und IP (**I**nternet **P**rotocol). Sie bilden als TCP/IP, umgangssprachlich oft auch Internetprotokoll genannt, die Grundlage des Internets. Mit dem Internet verbundene Rechner werden über eine Netzwerkadresse (IP-Adresse) identifiziert.

Der Austausch von Informationen im Netzwerk erfolgt über Datenpakete. Neben den reinen Nutzdaten gehören eine Reihe von Zusatzinformationen zum Datenpaket, die zur Adressierung und Sicherung des Inhalts erforderlich sind. Im kabelgebundenen Netzwerk kommt eine Technik mit dem Namen Ethernet zum Einsatz. Der Sammelbegriff schließt die Art der Netzwerkverbindung ein. Ein besonderes Merkmal der Ethernet-Technik ist die Identifizierung der Rechner und Netzwerkkomponenten anhand ihrer Hardwareadresse (MAC-Adresse).

Netzwerke lassen sich nach ihrer Struktur und räumlichen Ausdehnung unterteilen. Sind Rechner in ihrer Anzahl und auf einen bestimmten Ort begrenzt miteinander vernetzt, spricht man von einem lokalen Netzwerk (**L**ocal **A**rea **N**etwork, LAN). In Anlehnung an das LAN spricht man bei einer drahtlosen Rechnervernetzung, die ebenfalls auf einen bestimmten Ort begrenzt ist, vom drahtlosen lokalen Netzwerk (**W**ireless **L**ocal **A**rea **N**etwork, WLAN). Um eine Verbindung zum Internet herstellen zu können, benötigen Sie den Zugang zu einem Weitverkehrsnetzwerk (**W**ide **A**rea **N**etwork, WAN). Er wird durch einen **I**nternet **S**ervice **P**rovider (ISP) zur Verfügung gestellt.

Ein Netzwerk ist nicht nur auf das Heimnetzwerk oder Internet zu beschränken. Genauso fallen das Mobilfunknetz oder die drahtlose Kommunikation via Bluetooth unter diesen Sammelbegriff.

MAC-Adresse

Neben der Netzwerkadresse ist die sogenannte MAC-Adresse ein weiteres unabdingbares Merkmal des Netzwerks. Jeder Netzwerkadapter muss mit einer MAC-Adresse ausgestattet sein und dient der eindeutigen Identifikation eines Gerätes. Wenn man die Netzwerkadresse mit der persönlichen Anschrift gleichstellt, dann ist die MAC-Adresse die Identifikationsnummer im Personalausweis. Sie ist 48 Bit lang und wird als Hexade-

zimalzahl angegeben. Neben Sicherungsaufgaben bei der Datenübertragung kann die MAC-Adresse im lokalen Netzwerk vom DHCP-Server dazu benutzt werden, Netzwerkadressen immer einen bestimmten Rechner zuzuweisen.

MTU

In einem Netzwerk werden Informationen in sogenannten Datenpaketen übertragen. Die Größe der Datenpakete hängt vom jeweiligen Protokoll ab. Zu übertragende Dateien, die ihrerseits die maximale Paketgröße MTU überschreiten, müssen vom Computer in übertragbare Datenpakete zerlegt werden. Der Fachmann spricht auch vom Fragmentieren der Daten. Mit der Einführung des Breitband-Internetzugangs DSL rückte die MTU in das Interessenfeld der Heimanwender. Ethernet-Pakete (MTU: 1.500 Byte), die innerhalb des lokalen Netzwerks übertragen werden, müssen vor dem Übergang ins Internet in das PPPoE-Protokoll (MTU: maximal 1.492 Byte) umgesetzt werden. Erreicht ein Ethernet-Datenpaket die maximale Paketgröße, muss es deshalb vom Router in zwei PPPoE-Datenpakete fragmentiert werden. Der Vorgang kann sich durch Verzögerungen beim Abrufen und Laden von Informationen aus dem Internet bemerkbar machen. Durch die Anpassung der MTU aller Netzwerkadapter im lokalen Netzwerk an das PPPoE-Protokoll bzw. der verwendeten MTU des Internet Service Providers lässt sich der Effekt beheben.

Von der Anpassung der MTU dürfen Sie bezüglich der Übertragungsgeschwindigkeit kein Wunder erwarten. Vielmehr handelt es sich um einen Optimierungsprozess, der in die Kategorie Feinabstimmung fällt.

Patch- und Netzwerkkabel

Als Patch-Kabel werden konfektionierte Datenleitungen bezeichnet. Sie sind in unterschiedlichen Längen im Fachhandel erhältlich. Patch-Kabel stellen als flexible Leitung die Verbindung zwischen Netzwerkkomponenten (z. B. Computer, Router, Server) her. Zwei Verdrahtungstypen sind bei Patch-Kabeln möglich. Üblich ist die sogenannte 1:1-Verdrahtung, wie sie als Netzwerkverbindung vom Router zum PC oder von der Netzwerkdose zum PC benötigt wird. Das Gegenstück zur 1:1-Verdrahtung ist das sogenannte Cross-over-Kabel (kurz Cross-Kabel). Hier sind intern die Datenleitungen gekreuzt ausgeführt. Das Cross-over-Kabel kommt bei einer PC-zu-PC-Verbindung zum Einsatz. Wegen ihrer besonderen Beschaltung sind Cross-over-Kabel äußerlich markiert.

Port

Der Port ist ein Teil der Netzwerkadresse und dient der Zuordnung gesendeter wie emp-
fangener Daten zu einem bestimmten Dienst. Er hat eine Länge von 16 Bit und kann
Zahlenwerte von 0–65.535 annehmen. Der Bereich von 0 bis 1.023 ist für eine Reihe
von Standarddiensten (E-Mail, FTP, HTTP, Zeit- und Datumssynchronisation) reserviert.
Zwischen 1.024 bis 49.151 liegen jene Portnummern, die von Softwareherstellern für
ihre Programme registriert wurden. Der Bereich ab Port 49.152 kann ohne Registrierung frei genutzt werden.

PPPoE

Das PPPoE-Protokoll wird in Deutschland zum Aufbau einer Netzwerkverbindung über
einen ADSL-Zugang angewandt. Neben dem vom Internet Service Provider (ISP) freige-
schalteten Internetzugang benötigt der Internetnutzer seinen Account-Namen und ein
Kennwort. Die Daten erhalten Sie bei Vertragsabschluss mit dem ISP.

Protokolle

Die Festlegung, nach der die Kommunikation zwischen Rechnern abläuft, wird als Pro-
tokoll bezeichnet. Man kann deshalb das Protokoll auch als eine gemeinsame Sprache
betrachten, die erst den Austausch von Informationen und Daten ermöglicht. Wie Recht-
schreibung und Grammatik den Gebrauch einer Sprache definieren, werden in einem
Protokoll äquivalente Festlegungen getroffen. Sie betreffen zum Beispiel die Form der
Übertragung (kabelgebunden oder drahtlos), die Rangfolge der Rechner (Server oder
Client) und die eigentliche Kommunikationsform. Die Umsetzung eines Protokolls am
Computer kann durch Programme oder die installierte Hardware erfolgen. Protokolle
sind eng mit Diensten verbunden. Erst die Bereitstellung eines Dienstes an einem ver-
netzten Rechner ermöglicht über das Protokoll die Kommunikation mit anderen ver-
bundenen Computern.

RJ-XY

Die Bezeichnung RJ-XY (z. B. RJ-45) steht umgangssprachlich für die Stecker- und Buch-
senform, wie sie in Netzwerk- und Telefonverkabelungen verwendet werden. So findet

RJ-11 und RJ-14 Anwendung beim Fax-, Modem- und Telefonanschluss, während sich hinter RJ-45 das vollständig beschaltete Netzwerkkabel verbirgt.

Router

Der Router verbindet zwei unterschiedliche Netzwerke (z. B. ein lokales Netzwerk und das Internet) miteinander. Senden ein oder mehrere Clients aus dem lokalen Netzwerk Anforderungen an das Internet, merkt sich der Router den anfragenden Client und leitet die entsprechende Antwort direkt an seine Adresse weiter. Den Übergang vom lokalen Netzwerk zum Internet und die damit verbundenen Ressourcen müssen sich alle Rechner teilen. Das heißt, mit steigendem Datentransfer zum Internet wird die Geschwindigkeit bei der Übertragung entsprechend langsamer.

Switch

Der Switch ist eine besondere Form des Hubs, dem zentralen Knotenpunkt in einem sternförmigen Netzwerk. Die Besonderheit zwischen Hub und Switch liegt in der Datenkommunikation. Während der Hub Anfragen an alle Clients richtet, stellt der Switch die Verbindung mit dem betreffenden Client bzw. Rechner direkt her. Im Gegensatz zum Router ermöglicht der Switch die Kommunikation unabhängig von der Datenlast. Beim für die drahtlose Kommunikation erforderlichen Wireless Access Point handelt es sich um einen Hub. Verbindungen untereinander stellen die WLAN-Clients über diesen Knotenpunkt her.

TCP/IP

TCP/IP ist ein Netzwerkprotokoll und bildet heute die Grundlage des Heimnetzwerks sowie des Internets. Ein wesentliches Merkmal ist das Identifizieren der an das Internet angeschlossenen Rechner über die sogenannte Netzwerk- oder IP-Adresse. Die Vergabe dieser Netzwerkadressen kann manuell oder automatisch durch einen sogenannten DHCP-Server erfolgen. Wegen der Bedeutung von TCP/IP beim Siegeszug des Internets spricht man auch vom Internetprotokoll. Es gibt eine Reihe weiterer Protokolle, die auf TCP/IP basieren (zum Beispiel HTTP, FTP oder POP3). Deshalb spricht man in dem Zusammenhang auch von der Internetprotokoll-Familie.

UDP

UDP (**U**ser **D**atagram **P**rotocol) ist ein einfaches Transportprotokoll und hat ähnlich wie TCP die Aufgabe, Datenpakete im Netzwerk zu transportieren. Der Unterschied zwischen UDP und TCP liegt in der Sicherung der Datenübertragung. Beim TCP erfolgt eine Kontrolle, ob alle Datenpakete eingetroffen oder Pakete gar verloren gegangen sind. Außerdem dürfen TCP-Datenpakete in unterschiedlicher Reihenfolge am Rechner eintreffen. Der Kontrollmechanismus macht die Übertragung der Daten via TCP sicher, erfordert aber einen höheren Aufwand. Der geht zulasten der Übertragungsgeschwindigkeit.

UDP ist dagegen auf eine höhere Übertragungsgeschwindigkeit zulasten der Sicherheit getrimmt. UDP-Daten werden ohne Kontrolle, ob sie am anderen Rechner eingetroffen sind, einfach über die Netzwerkverbindung abgeschickt. Die Überprüfung auf die Richtigkeit der empfangenen Daten muss das jeweilige Programm übernehmen. Fehlen Datenpakete, muss die Software das erneute Verschicken der fehlenden Informationen veranlassen. UDP kommt überall dort zum Einsatz, wo eine schnelle Datenübertragung erforderlich ist (zum Beispiel Multimedia-Anwendungen). Im lokalen Netzwerk spielt UDP ebenfalls eine Rolle. Durch die überschaubare Größe des Netzwerks ist die Fehlerwahrscheinlichkeit bei der Datenübertragung gering. So nutzt Windows zum Beispiel UDP-Ports für seinen NetBIOS bzw. WINS-Dienst und Mac OS X für die Zeitabfrage im Internet oder QuickTime.

UMTS

Als UMTS wird ein Mobilfunkstandard bezeichnet, der vor allem höhere Datenübertragungsraten als der bisherige GSM-Standard ermöglicht. UMTS überträgt digitale Funksignale und wird auch als Mobilfunkstandard der dritten Generation (3G) bezeichnet. Höhere Übertragungsraten erweitern die bisherigen Kommunikationsmöglichkeiten der GSM-Netze um multimediale Dienste wie Videoübertragungen und mobiles Internet. Wie GSM wird UMTS stetig weiterentwickelt. So wurden zur Verbesserung der Datenübertragung die Dienste HSDPA und HSUPA von den Mobilfunkbetreibern eingeführt.

WebDAV

Um Dateien im Internet bereitzustellen, gibt es zwei Möglichkeiten: FTP und WebDAV. Während für FTP ein eigenes Protokoll verwendet wird, setzt WebDAV auf jenes Inter-

netprotokoll auf, das auch zur Übertragung von Internetseiten (HTTP) benutzt wird. Vereinfacht betrachtet ist WebDAV eine Onlinefestplatte. Der Zugriff erfolgt unter Mac OS X über eine Netzwerkverbindung. Anschließend lassen sich Dateien und Ordner per sogenanntem Drag & Drop, also dem Ziehen mit gehaltener Maustaste und Loslassen am Bestimmungsort, bewegen. WebDAV kommt bei Apples iDisk oder dem kostenlosen GMX-Dienst MediaCenter zum Einsatz.

WEP, WPA und WPA2

Im Gegensatz zur kabelgebundenen Datenübertragung ist ein Abhören der drahtlosen Kommunikation im näheren Umkreis möglich. Einen Schritt weiter gedacht und Sie stellen Ihrem Nachbarn das drahtloses Netzwerk (Wireless Access Point) inklusive Internetzugang kostenlos zur Verfügung. Die möglichen Konsequenzen reichen von einer chronischen Überlastung des Netzwerks bis hin zum Missbrauch persönlicher Daten oder des Internetanschlusses. In Ihrem eigenen Interesse muss der drahtlose Datenverkehr unbedingt abgesichert werden. Relevant für den privaten Gebrauch sind die Verschlüsselungsprotokolle WEP (**W**ired **E**quivalent **P**rivacy), WPA und WPA2 (**Wi**-Fi **P**rotected **A**ccess). WEP stammt aus den Anfangstagen des WLAN, das sich in der Praxis schnell als unsicher entpuppte. Auf der Basis von WEP wurde sein Nachfolger WPA entwickelt. Das Protokoll gilt als sicher, sorgt mit seinen verschiedenen Verschlüsselungstechniken (TKIP und EAP) beim unbedarften Anwender indessen für Verwirrung. Dessen Nachfolger WPA2 setzt auf eine AES-Verschlüsselung.

Abschließende Betrachtungen

Bei meinen Recherchen zu diesem Buch musste ich an der einen oder anderen Stelle lesen, wie inkompatibel und proprietär der Mac ist. Ich hoffe, dass dieses Buch nicht nur in Sachen Netzwerk den Gegenbeweis antritt, dass Mac OS X und der Apple-Computer im Allgemeinen dieses Image schon lange abgelegt haben. Wenn mir etwas zum Thema „Inkompatibilität" einfällt, dann ist es die fehlende Möglichkeit, direkt im Betriebssystem spezielle Windows-Programme auszuführen. Hier muss immer noch eine PC-Virtualisierung einspringen. Vielleicht sitzen trotz aller Beteuerung von Apple einige Programmierer in Cupertino an einer Lösung, die jene Windows-Programme unter Mac OS X zum Laufen bringen, die bisher nicht auf den Mac portiert wurden.

Was die enge Bindung der Hard- und Software an den Computerhersteller Apple betrifft, so habe ich kein Problem damit. Microsoft hat aus meiner Sicht mit Windows NT 3.5 selbst den Beweis angetreten, dass die enge Verzahnung des Betriebssystems mit der Hardware zum Vorteil des Benutzers ist. Er muss sich keine Gedanken um eine Rechnerkonfiguration machen und die Optimierung des Betriebssystems liegt ausschließlich beim Softwarehersteller.

Anders formuliert, Sie arbeiten mit dem Computer und nicht der Rechner mit Ihnen. Man muss selbst und vor allem unvoreingenommen die Arbeitsweise mit den Betriebssystemen erlebt haben, um zu verstehen, was den wahren Unterschied der beiden Welten ausmacht. Ich habe es nach über 10 Jahren MS-DOS und Windows getan und nehme heute gern in Kauf, ein paar Euro mehr für einen neuen Mac zu bezahlen.

Vor vier Monaten trat der DATA BECKER-Verlag mit der Idee zu diesem Buch an mich heran. Bis zu diesem Zeitpunkt hatte ich für verschiedene Foto- und Computerzeitschriften geschrieben. Anfänglich viel mir die Umstellung schwer. Dank der vorzüglichen Unterstützung durch Hans-Peter Kusserow vom DATA BECKER-Verlag tastete ich mich Schritt für Schritt an die veränderte Schreibweise heran. Bedanken möchte ich mich bei Mirko Wolf, der mit Rat und Tat zur Seite stand und die sich bei mir gelegentlich einschleichende Betriebsblindheit ausgeglichen hat.

Vier Monate harte Arbeit bedeuten auch, dass die Familie und das geliebte Hobby Fotografie ins Hintertreffen geraten. Die Familie gab mir in der Zeit die Unterstützung und den nötigen Freiraum, dass ich zum einen konzentriert an dem Projekt arbeiten und dennoch gelegentlich zur Kamera greifen konnte. Herzlichen Dank an meine Frau und die Kinder für das mir entgegengebrachte Verständnis.

Ein praxisorientiertes Technikbuch kann nur entstehen, wenn Firmen und Programmmacher den Autor wertfrei mit entsprechender Hard- und Software unterstützen. In diesem Zusammenhang möchte ich mich bei allen Beteiligten bedanken, die mich in jedweder Form unterstützt und mir das benötigte Material zur Verfügung gestellt haben.

Index

Index

Index

Index

Index

Index

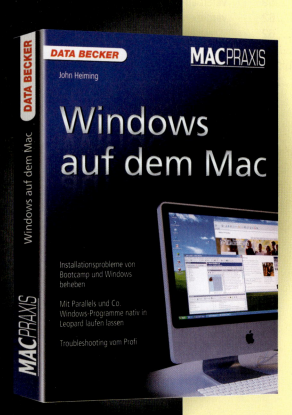

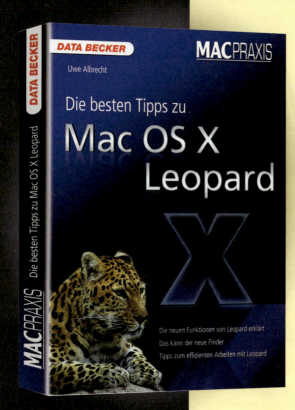